SC Freiburg
Der lange Weg zum kurzen Pass

Toni Nachbar
Otto Schnekenburger

SC Freiburg

Der lange Weg zum kurzen Pass

Mit Fotos von Albert Josef Schmidt u.a.

Aus der Reihe „Große Traditionsvereine"

VERLAG DIE WERKSTATT

Die Deutsche Bibliothek - CIP-Einheitsaufnahme

Ein Titeldatensatz für diese Publikation ist bei
Der Deutschen Bibliothek erhältlich

Copyright © 2002 Verlag die Werkstatt GmbH,
Lotzestraße 24a, D-37083 Göttingen
www.werkstatt-verlag.de
Alle Rechte vorbehalten.
Umschlagfotos: A. J. Schmidt, M. Heuberger
Satz und Gestaltung: Verlag Die Werkstatt
Druck und Bindung: Westermann Druck, Zwickau

ISBN 3-89533-335-2

Inhalt

Vorwort

Der SC Freiburg:
ein großer Traditionsverein?

Kein Pokal in der Vitrine, keine Erinnerungen an legendäre Europapokalnächte: Ein großer Traditionsverein wie der 1. FC Nürnberg oder Schalke 04, Klubs, die schon in der ersten Hälfte des 20. Jahrhunderts nationale Titel in großer Zahl sammelten, ist der SC Freiburg nicht. Dennoch ist er im letzten Jahrzehnt aus einem Dornröschenschlaf im Niemandsland der zweiten Liga erwacht und zu einem Modell-Verein geworden. Wohl kaum eine deutsche Fußballmannschaft hat sich in dieser Zeit bundesweit so viele Sympathien erworben. Und der SC Freiburg gilt als beispielhaft dafür, wie ein Verein ohne Verschuldung, großes Stadion und teure Spielereinkäufe in der Bundesliga bestehen kann.

Fußballfans tun sich schwer damit, den SC als Traditionsverein einzuordnen, weil in der Universitätsstadt Fußball lange Zeit nur wenige Gemüter bewegte. Allerdings gründeten sich bereits um die Jahrhundertwende in Freiburg viele Vereine, darunter die Vorläufer des SC Freiburg und der Freiburger FC – in jenen Pioniertagen war Freiburg eine kleine Hochburg der damals noch umstrittenen Sportart.

Der Lokalrivale FFC, der 1907 sogar die Deutsche Meisterschaft gewann, war für das Freiburger Bürgertum viel interessanter als der „Eisenbahner- und Arbeiterverein" aus dem Stadtteil Stühlinger. Doch auch der Sport-Club konnte immer wieder auf sich aufmerksam machen. 1927 zum Beispiel, als er in der Trostrunde der Süddeutschen Meisterschaft zum Heimspiel gegen den 1. FC Nürnberg 6.000 Zuschauer ins Winterer-Stadion lockte. In den sechziger und siebziger Jahren war der Sport-Club zweimal südbadischer Meister, nach dem Aufstieg in die zweite Liga 1978 verstand es der Vorsitzende Achim Stocker mit einer seriösen und sparsamen Vereinsführung, seinen SC immer am „Abgrund" Amateurfußball vorbeizuführen.

Es war ein langer Weg, bis der kurze Pass die Freiburger Mannschaft in den neunziger Jahren als Kollektiv stärker machte, als es die Summe ihrer Einzelspieler war. Personalisiert ist der erstaunliche Aufstieg in Volker Finke. Der Lehrer aus Norddeutschland, der auf faszinierende Weise den nüchternen Rationalisten und emotionalen Visionär verkörpert, verpasste der Mannschaft auf Anhieb eine unverwechselbare Handschrift. Der SC Freiburg bevorzugte nun den kurzen Pass und suchte die „Überzahl in Ballnähe". „Wenn bei uns alles läuft, ist unser Spiel wie ein Tanz", hatte Finke einmal gesagt. Schon im zweiten Amtsjahr des neuen Trainers gelang der unerwartete Bundesligaaufstieg. In der „Ära Finke" wurde zudem die Struktur des Vereins einschneidend verbessert: Ausbau des Dreisam-Stadions, Modernisierung der Trainingsanlagen, Etablierung eines professionellen Managements, Bau eines Nachwuchsleistungszentrums. All dies lässt unabhängig von den Unbillen des kurzlebigen Geschäfts eine langfristige sportliche Perspektive erhoffen. Der SC Freiburg, ein „Traditionsverein der Zukunft"?

Als „Verein ohne Vergangenheit" besitzt der SC Freiburg kein wohlsortiertes Archiv, das über seine Geschichte Auskunft geben könnte. Beim Brand der Stadt Freiburg gingen viele Dokumente verloren, andere wurden weggeworfen, weil man nicht die Notwendigkeit erkannte, die eigene Geschichte besser zu dokumentieren. Derzeit ist Peter Martin, der Vorsitzende des Ältestenrates, dabei, zum 100-jährigen Bestehen ein Vereinsarchiv aufzubauen, welches im neu gegründeten Jugendinternat im Mösle-Stadion beheimatet sein soll. Vor allem bei ihm möchten wir uns für seine Mithilfe bei der Entstehung dieses Buches bedanken. Wichtige Quellen waren die Archive der „Badischen Zeitung" und der Stadt Freiburg. Mehr als nur wertvolle Hinweise fanden wir in der Arbeit des Freiburger Sportjournalisten Robert Kauer, der in seiner Buchreihe „Phänomen Freiburg" die Vereinsgeschichte erstmals ausführlich aufgearbeitet hat. Sein verstorbener Kollege Werner Kirchhofer hat dies beim Lokalrivalen Freiburger FC getan. Ein monumentales und für die Aufarbeitung der Fußballgeschichte bedeutsames Zahlenwerk ist das große Tabellenbuch von Willi Adam und Thomas Riedel. Um die journalistische Begleitung der jüngsten SC-Geschichte verdient gemacht haben sich aber auch die Fußballzeitschrift „Hattrick", das Stadionmagazin „Heimspiel" sowie die verschiedenen Fanzines.

1889 bis 1914

Die Anfänge des Freiburger Fußballs

1889 bis 1907:
Der Fußball kommt – und die deutsche Meisterschaft

Der Fußball musste nach Freiburg importiert werden. Englische Kadetten waren es, die gegen Ende des 19. Jahrhunderts die Begeisterung für eine neue Sportart nach Freiburg trugen. Die 16 bis 20 Jahre alten Männer, die unter dem Oberst Henry Bradley Roberts im Militärinstitut an der Dreisamstraße für den Offiziersdienst geschult wurden, kickten 1889 in ihrer freien Zeit auf dem „Engländerplatz", dem heutigen Messplatz. An die englischen Kadetten erinnert noch die 1894 erbaute Kapelle an der Ecke Brombergstraße/Urachstraße, die mittlerweile von der Adventistengemeinde genutzt wird. Die Engländer erweckten das Interesse der Schüler des Berthold-Gymnasiums und der Rotteck-Oberrealschule. „Wir hatten damals nichts Eiligeres zu tun, als unsere Schulsachen loszuwerden und auf den ‚Engländerplatz' zu eilen", schrieb später Ernst Helbling, Zeitzeuge und ehemaliger Stadtdirektor. So gründete sich im „Nägelesee" ein „Fußballclub" als loser Zusammenschluss von Schülern. Man errichtete dort, wo heute die Zasiusstraße ist, auf einer Wiese ein 50 Meter langes und 30 Meter breites Spielfeld. Bald darauf gründeten Freiburger Schulen ihre eigenen Vereine, aus denen 1897 der erste Freiburger Fußballverein hervorging: der Freiburger FC. Seit Mitte der 1890er Jahre spielten die Freiburger Schulen, das Berthold-Gymnasium und die Rotteck-Oberrealschule, bereits untereinander um einen Wanderpokal eine inoffizielle Stadtmeisterschaft aus. Mit dabei: der spätere Reichskanzler Josef Wirth als rechter Läufer der Realschulen.

Das fremdartige Spiel war umstritten. „Fußballspieler und Italiener hinten einsteigen" sollen Schaffner in dieser Zeit vor der Abfahrt der Züge gerufen haben. Viele ältere Freiburger betrachteten das Treiben kopfschüttelnd, sprachen abfällig von „Fußlümmelei" und „Affentum". Insbesondere die nationalistisch gesinnten Turnervereine kritisierten das „undeutsche Spiel" bundesweit, witterten Auflehnung gegen die wilhelminische Gesellschaftsordnung. Dahinter steckten wohl Ängste, eigene Mitglieder an die neue Trendsportart zu verlieren, vermutet der Freiburger Historiker Franz-Josef Brüggemeier, der sich unter anderem mit der Sozialgeschichte des Fußballs befasst hat. Ein krasses Beispiel für die feindliche Haltung gegenüber der neuen Sportart: Der Student Walter Bensemann, zuvor Gründer des Straßburger FC und des Karlsruher FV, wurde für drei Jahre von der Uni Freiburg ausgeschlossen, weil er Schüler zum Fußball verführt und Kneipengänge nach dem Training geduldet hatte. Generell sollen die Fußballer von ihren Professoren um ein bis zwei Noten schlechter benotet worden sein. Bensemann ließ sich durch seine Strafe allerdings nicht beirren und gründete später das Fußballmagazin „Kicker", zu dessen erster Nummer der Freiburger Joseph Glaser einen Erlebnisbericht beisteuerte.

Die Anti-Fußball-Einstellung galt allerdings nicht für alle Anhänger des Turnsports. So verwendete der Freiburger Turnlehrer Heinrich Rösch so manche Unterrichtsstunde darauf, mit seinen Schützlingen an der Lorettostraße Fußball zu spielen. Der Oberrealschuldirektor Rebmann rief einen „Verein zur Förderung der Volks- und Jugendspiele" ins Leben, pachtete die Wiesen an der Lorettostraße und errichtete zwei Fußballplätze.

Es war überfällig: Der FC Basel hatte bereits einen noch gar nicht existierenden FC Freiburg zu einem Freundschaftsspiel eingeladen, da trafen sich am 17. Dezember 1897 im Restaurant „Allgeier" an der Ecke Herren- und Nußmannstraße (später Restaurant „Hindenburg") vorwiegend Studenten zur Gründung des Freiburger Fußball-Clubs. Anwesend waren u.a. Ernst Schottelius, Josef Pollack, ein Professor Specht, Dr. Karding und Felix Hunn. Georg „Gus" Manning wurde zum ersten Vorsitzenden gewählt. Und dieser Manning sollte auch danach noch Fußballgeschichte schreiben (siehe Einwurf).

          Fortsetzung S. 15

Internationaler Fußballpionier: Gus Manning

Schon der Vater tat sich als Förderer des Fußballs hervor: Gustav Wolfgang Mannheimer, ein jüdischer Kaufmann mit britischem Pass, der seinen Namen in Gustav Manning anglifizierte, hatte als leidenschaftlicher Fußballfan dem 1893 gegründeten Berliner Verein VfB Pankow als Spielwart auf die Sprünge geholfen. Sein jüngerer Sohn Gustav wechselte während seines Medizinstudiums 1897 nach Freiburg. Gerade 26 Jahre alt, wurde Gustav Manning (junior) im Gasthaus „Allgeier" zum ersten Präsidenten des neu gegründeten Freiburger Fußball-Club (FFC) gewählt.

Als rechter Flügel war Manning selbst ein halbes Jahr im Team, das sich auf Anhieb die süddeutsche Meisterschaft holte. Doch mehr Meriten als auf dem Rasen erwarb sich „Gus" Manning hinter dem Schreibtisch. Der Anglizist und Historiker Heiner Gillmeister, der sich mit Manning beschäftigte, stuft ihn zu Recht als einen der wichtigsten Akteure für die in Deutschland neue Sportart ein. Schon 1897 wurde er zum Schriftführer des Süddeutschen Fußballverbandes gewählt. Bald darauf wurde er Sprecher der süddeutschen Klubs und, unterstützt von seinem Bruder Fred, spielte er eine bedeutende Rolle bei der Gründung des Deutschen Fußball-Bundes (DFB) am 28. Januar 1900 in Leipzig.

Danach wandte Manning seine Aufmerksamkeit München zu: Als Funktionär des Süddeutschen Verbandes ermutigte er die Fußballer in den Reihen des MTV 1879 München, sich von den Turnern abzutrennen und einen eigenen Verein zu gründen: den FC Bayern München. Dessen erster Schriftführer war mit Josef Pollack ebenfalls ein Mitglied der Gründungsmannschaft des Freiburger FC. Und den ersten Präsidenten des FC Bayern, Franz John, kannte Manning aus seiner Zeit beim VfB Pankow. Pollack war im ersten Bayern-Team der Vollstrecker im Stile Gerd Müllers, interpretierte seine Mittelstürmerposition aber kreativer. Darüber hinaus leitete er als Schiedsrichter Spiele, stellte für die Wintermonate ein Eishockeyteam zusammen. Und Manning holte ihn in den Vorstand des Süddeutschen Fußballverbandes.

Verstärkt mit einem weiteren Gründungsmitglied des FFC, Ernst Schottelius, gelangen den Münchnern die ersten klaren Siege. Sie schlugen alle anderen Münchner Vereine, erzielten dabei 57 Tore und landeten ein klares 7:1 gegen die ehemaligen Teamkameraden vom MTV. Nun sahen die Bayern die Zeit gekommen, dem Süddeutschen Fußballverband beizutreten. Mit Gustav Manning und dem ersten Präsidenten des FC Bayern München, Franz John, verdankt der deutsche Rekordmeister also seine Existenz zwei jüdischen Fußballverrückten. Ein Sachverhalt, urteilt Heiner Gillmeister, der in den Annalen und gerade auch bei den Feiern zum 100-jährigen Bestehen der Bayern viel zu wenig gewürdigt wurde.

Manning siedelte 1905 nach New York, wo er sich als Facharzt für innere Krankheiten niederließ. Seine Liebe zum Fußball war nicht erloschen. Er versprach, Fußball zur Wintersportart Nummer eins zu machen und wurde bei der Gründung des amerikanischen Fußballverbandes (USSFA) im April 1913 in New York zu dessen ersten Präsidenten gewählt. 1914 nahm Manning am olympischen Kongress in Berlin teil, wo er seine Absicht erklärte, 1916 ein amerikanisches Fußball-Team zu olympischen Fußballwettkämpfen nach Berlin zu bringen. Der Erste Weltkrieg verhinderte dies, Manning wurde Commanding Officer des 339. Feldlazaretts.

Manning hörte nie auf, für den Fußball aktiv zu sein. Und empfand gegenüber dem Verband, dem er einst angehörte, eine Solidaritäts-Schuld: Als der für die Auslandsbeziehungen zuständige Mann seines Verbandes enthielt er sich 1936 der Stimme, als es um die Entscheidung ging, ob ein amerikanisches Team zu den olympischen Spielen der Nazis zu entsenden sei. 1948 zum Mitglied des FIFA-Executiv-Kommittee in London ernannt, kam Manning noch einmal zu der Gelegenheit, dem Land, in welchem er als Jugendlicher Fußball gespielt hatte, einen großen Gefallen zu tun. Schweizer Klubs, die es wagten, Wettkämpfe mit deutschen Vereinen zu bestreiten, waren von der FIFA zurückgepfiffen worden. Manning nutzte 1950 seinen Einfluss, um zu erreichen, dass der Weltverband die Deutschen wieder in seiner Organisation aufnahm. Ohne ihn wäre Deutschland 1954 in Bern nicht Weltmeister geworden. Gustav Manning erlebte dies jedoch nicht mehr. Er starb am 1. Dezember 1953 in New York, zwei Tage vor seinem 80. Geburtstag. ■

Felix Hunn, einer der Gründungsväter des neuen Vereins, war einer der besten Turner Freiburgs. Er kannte die Regeln des Spiels und galt so schon früh als „Kapazität" auf dem Platz. Durch seine Führungsqualität habe er dafür gesorgt, dass sich der Freiburger FC schon im ersten Jahr seines Bestehens die Meisterschaft des gerade gegründeten Süddeutschen Fußballverbandes holen konnte, wertete der Journalist Werner Kirchhofer in seinem Buch zum 100-jährigen Bestehen des Freiburger Traditionsvereins. Als „Fels aus Bronze", als „Tempelwächter mit flammenden Nüstern" wurden Hunns Qualitäten auf dem Platz damals von seinen Vereinskameraden umschrieben. Ohnehin hatte die studentisch geprägte Mannschaft einen Hang zur feuilletonistischen Umschreibung und philosophischen Plauderei über ihren Sport. Sensationell besiegte der FFC im Endspiel den (damals deutschen) Sportverein Straßburg mit 3:2, folgende Spieler holten den Titel: Karding (Tor), Wagner, Kohls (Verteidiger), Specht, Schottelius, Firnrohr (Läufer), George, Burkart, Hunn, Hoog, Wetzler (Sturm).

Der unverhoffte Titelträger brauchte nun nur noch eine adäquate Spielanlage und wurde mit Hilfe der Garnisonsverwaltung auf dem Exercierplatz zwischen der Mauer des Hauptfriedhofes und der Bahnlinie nach Breisach (dem heutigen Flugplatzgelände) fündig. Mit der Auflage, Tore und Eckfahnen nicht fest zu installieren, sondern zu jedem Spiel auf- und wieder abzubauen. Und sich das Gelände mit einem Schäfer und seiner Herde zu teilen. Der trieb seine Tiere sonntags über den Platz, betrachtete die FFC'ler als Eindringlinge und lieferte sich auch mal eine Schlägerei mit Ernst Schottelius.

Nachdem er eine Zeitlang geschwächelt hatte, fand der FFC 1903 auf dem ehemaligen „Engländerplatz" seine neue Heimat. Ein Großteil der Kadetten wurde wegen des Burenkriegs nach England beordert. Vom Rest verließen viele fluchtartig die Stadt, nachdem Deutsche wegen des Burenkrieges die Fensterscheiben der Offiziersschule eingeschmissen hatten. Der später zum FFC-Ehrenmitglied ernannte Sportlehrer Captain Arthur Adams überließ den Freiburgern das Gelände an der heutigen alten Stadthalle. In den Jahren danach stritt sich der Verein mit der Stadt über die Errichtung eines Bretterzauns. Als dem FFC dies wegen der „Verschandelung der Landschaft" verwehrt blieb, halfen sich die

Felix Hunn: der „Fels aus Bronze"

Fußballer auf unkonventionelle Art. Sie umzäunten das Gelände mit Draht, den sie vor den Heimspielen mit einem von einer Seidenfabrik gespendeten Tuch verhängten.

In jenen Pioniertagen war der Fußball nicht nur in Freiburg ein Sport der Gymnasiasten und der akademischen Jugend; die Arbeiter sollten ihn erst nach dem Ersten Weltkrieg für sich entdecken. Es war nicht selten, dass in Universitätsstädten beinahe über Nacht schlagkräftige Teams entstanden, die einige Jahre für Furore sorgten.

In dieser Zeit formten Felix Hunn und Hermann Bodenweber beim FFC eine neue, junge Mannschaft (das Durchschnittsalter betrug 1903 17,5 Jahre). Sie legten so den Grundstein für den deutschen Meistertitel einige Jahre später. Mit einem Sieg und einer Niederlage bestritt das Team in der Saison 1904/05 die Gauspiele gegen Straßburg und Mühlhausen und wurde aufgrund des Torverhältnisses Zweiter. Ein Jahr später errang man den Gaumeistertitel durch ein 5:1 über den FV Straßburg, musste sich dann aber im Kampf um die Süddeutsche Meisterschaft dem 1. FC Pforzheim und den Stuttgarter Kickers geschlagen geben.

Zwei studentische „Einkäufe" hoben die Spielkultur des akademisch geprägten Klubs weiter an: Der Torwart von Brittania Berlin, Dr. von Goldberger, „Gilly" genannt, kam nach Freiburg, um Chemie zu studieren. Wie der Geologiedoktorant L.C. Villiers aus Sachsen ließ er sich von Felix Hunn überreden, außerdem für den FFC Fußball zu spielen.

Und eine langjährige Karriere begann: Joseph Glaser aus dem Freiburger Vorort Waltershofen gehörte zu denjenigen, bei denen der Turnlehrer Heinrich Rösch die Leidenschaft für den Fußball geweckt hatte. Vom Orgelüben für die Ostermette weg hatte Felix Hunn den talentierten Jungen 1905 für ein Spiel in Lausanne „zwangsverpflichtet" und dem FFC damit einen großen Dienst erwiesen.

Souverän, mit 8:0 Punkten und 24:4 Toren, setzte sich der Freiburger FC in der Saison 1906/1907 im Bezirk Oberrhein gegen die alten Konkurrenten Straßburg und Mühlhausen durch. Doch die gesellschaftliche Ächtung machte den jungen Fußballern nach wie vor das Leben schwer. Hart bestraft wurden sie, wenn sie dem Unterricht fernblieben, um Meisterschaftsspiele auszutragen. So wurde der Freiburger Rechtsaußen Haase 1907 für seine Teilnahme am Spiel in Straßburg mit sechs Stunden Karzer belegt.

Durch ein 3:1 über Viktoria Berlin Deutscher Meister: der Freiburger FC im Jahr 1907.

Mit immerhin noch 5:3 Punkten und 5:4 Toren setzte sich der Verein gegen den Karlsruher FV und die Stuttgarter Kickers durch, war Südkreismeister. Durch zwei 1:0-Erfolge gegen den FC Hanau 93 erreichte der FFC das Finale um die süddeutsche Meisterschaft gegen den FC Nürnberg. Bei den Franken trennte man sich 1:1, in Freiburg gab es ein 3:1. Auf neutralem Boden in Nürnberg wurde dann auch noch der Titelverteidiger VfB Leipzig mit 3:2 besiegt, das Finale gegen die Viktoria 89 Berlin war erreicht.

3.000 Zuschauer wollten das an Pfingsten in Mannheim ausgetragene Endspiel um die Deutsche Meisterschaft sehen. Für die Fußballexperten war es eine ausgemachte Sache, dass die mit namhaften Spielern wie Röpnack, Knesebeck und Skranowitz besetzte Viktoria mit diesem südbadischen Provinzverein keine Probleme haben dürfte. Umso größer die Verwunderung, als Linksaußen Philipp Burkart eine von Felix Hunn per Kopf verlängerte Ecke ins Berliner Netz hämmerte. Der Freiburger Führung war laut der „Freiburger Zeitung" vom 22. Mai 1907 eine spielerisch schwache

**Meisterschaft 1907:
Freiburger FC
schockt Favoriten**

Anfangsphase vorangegangen, in welcher man beiden Mannschaften ihre Nervosität anmerkte. Einem umstrittenen Elfmeter in der Nachspielzeit der ersten Spielhälfte – der Schiedrichter soll seine Entscheidung im Nachhinein selbst als falsch bezeichnet haben – verdankten die Berliner den glücklichen Ausgleich. Doch im zweiten Spielabschnitt machten noch einmal Philipp Burkart und der „Waltershofener Orgelspieler" Sepp Glaser den Triumph perfekt. Freiburg war deutscher Fußballmeister, zum ersten und bislang einzigen Mal. „Englisch" sollen die Freiburger gespielt haben, ein großes Kompliment zu dieser Zeit. Berlin habe in der zweiten Halbzeit keine Chance mehr gehabt, schreibt die „Freiburger Zeitung".

Die Mannschaft, die diesen Titel errang, bildeten: von Goldberger (Tor), de Villiers, Falschlunger (Verteidiger), Bodenweber, Mayer, Hunn (Läufer), Haase, Sydler, Glaser, Hofherr, Burkart (Stürmer). Sie durften die Viktoria, eine verkupferte, mehr als einen Meter hohe Zinkguss-Figur (bis 1944 der Wanderpokal der deutschen Fußballmeister) mit nach Freiburg nehmen. Dort wurden sie bei ihrer Rückkehr stürmisch gefeiert.

Die studentisch geprägte Meistermannschaft konnte jedoch nicht lange zusammengehalten werden. Das Leben verstreute sie in die ganze Welt: De Villiers ging nach Südafrika zurück, Torhüter von Goldberger zog nach Budapest, der Schweizer Sydler wechselte nach Neuenburg, Mayer zog nach Südamerika und Hofherr nach Stuttgart. Noch einmal gelang bei einem mit Spitzenmannschaften aus ganz Europa besetzten Turnier in Turin der zweite Platz, dann hatte das geschröpfte Team über mehrere Jahre hinweg Mühe, seinen Platz in der A-Klasse zu halten.

Der Fußball-Professor:
Joseph Glaser

„Ich war mit Haut und Haaren dem Fußball verfallen", schrieb Joseph Glaser in seinen Erinnerungen. Er gehörte zu jenen, denen der Turnlehrer Heinrich Rösch die Freude am Spiel vermittelte. Als Spieler hatte Joseph Glaser große Mühen auf sich genommen, um für seinen FFC, dessen Nationalspieler er später wurde, kicken zu können. Während seiner Zeit im Internat deckten Mitschüler die Abwesenheit des Fußballers, indem sie sein Besteck verschwinden ließen, sich bei den Mahlzeiten breiter machten, sein Bett benutzt aussehen ließen und dem Rückkehrer Glaser bei seinem Einstieg über den Kohlenaufzug behilflich waren.

Wieder nach Hause zurückgekehrt, wurde Glaser zum sonntäglichen Marathonläufer. Denn für den Waltershofener dauerte der Fußweg zum Vereinsgelände und zurück (28 Kilometer) länger als das eigentliche Spiel. Gesteht man Glaser 14 im Spiel gelaufene Kilometer zu, hatte er den Marathon bewältigt. Vor jedem Spiel musste er noch die Orgel in der Vesper-Andacht spielen.

Glaser stand 1907 in jener Mannschaft, die Deutscher Meister wurde. Kurt Thoma, Mitglied des Ältestenrates des Freiburger FC, hat bei den Alten Herren noch mit Glaser in einer Mannschaft gespielt. „Er war ein Feind aller Dribblings, hat furchtbar geschimpft, wenn Mitspieler nicht abgespielt, sondern es alleine versucht haben." Thoma beschreibt Glaser als körperlosen, sehr eleganten Spielertyp. Ein Musterknabe war er aber nicht immer. Attü Nägele, den Glaser als Spielertrainer 1920 betreute, erinnert sich daran, dass es bei einer Fußballreise nach Hamburg Glaser war, der die nicht zur Oper gegangenen Mannschaftsmitglieder auf Schleichwegen aus dem Hotelzimmer und auf die Reeperbahn lotste. Beim 4:4 am folgenden Tag gegen Viktoria Hamburg soll Glaser ein Eigentor unterlaufen sein.

Insgesamt fünfmal trug Glaser das Nationaltrikot, war beim legendären 16:0-Erfolg über Russland bei den Olympischen Spielen in Stockholm dabei. Einmal, im Mai 1912 gegen die Schweiz, war Glaser sogar Kapitän der Nationalelf. Weitere Nationalspieler des FFC waren Ernst Bantle (1924 gegen Ungarn) und Heinrich Mechling (zweimal gegen die Schweiz, darunter die 1:2-Niederlage am 5. Mai 1913 in Freiburg). Nach seiner aktiven Laufbahn begann er 1915 als Vorsitzender des Gaus Oberrhein eine Karriere als Verbandsfunktionär. 1922 wurde Glaser stellvertretender Vorsitzender des Bezirks Baden-Württemberg, ein Jahr danach bekam er den Vorsitz des Spielausschusses im Süddeutschen Fußballverband.

Von 1929 bis 1936 war Joseph Glaser Vorsitzender des Spielausschusses des Deutschen Fußball-Bundes. Als solcher fungierte er bei der Fußball-Weltmeisterschaft in Italien 1934 und bei der Olympiade 1936 in Berlin. Wie andere Funktionäre auch, musste er sein Amt niederlegen, nachdem die deutsche Elf frühzeitig und vor den Augen Hitlers mit einer 0:2-Niederlage gegen Norwegen aus dem olympischen Turnier ausgeschieden war. „Diese Schmach war für die Partei wie ein Verbrechen", sagt Glasers Sohn Walter. Sein Vater blieb allerdings bis zum Ausbruch des Zweiten Weltkriegs als Beisitzer im Spielausschuss des DFB. Nach dem Ende des Zweiten Weltkriegs widmete sich Glaser, der in den fünfziger Jahren als „Freier Wähler" auch einige Jahre dem Freiburger Gemeinderat angehörte, dem Wiederaufbau des südbadischen Fußballs. Der unermüdliche Fußballliebhaber kickte währenddessen weiter in Altherren- und Traditionsmannschaften des FFC. Und zwar bis ihm sein Arzt als 74-Jährigem riet, die Fußballschuhe doch jetzt endlich an den Nagel zu hängen!

Glaser war von 1948 bis 1964 Vorsitzender des Südbadischen Fußballverbandes, von 1952 bis 1964 stand er zudem dem Badischen Sportbund vor. Glaser wurde Ehrenpräsident des FFC und erhielt von ihm den goldenen Ehrenring. Als „eine ganz große Ausnahme im sportlichen Leben" hatte ihn der DFB-Vizepräsident Ludwig Franz anlässlich seines 80. Geburtstages gewürdigt. Als vornehmer und gebildeter Mann wurde er immer wieder beschrieben. Glaser starb in der Nacht vom 11. auf den 12. August 1969 als 82-Jähriger an einer Lungenembolie. Am Tag vor seinem Tod hatte er noch das Freundschaftsspiel des FFC gegen 1860 München (3:2) verfolgt, am Todestag hatte er mit Freunden vom FFC Billard spielen gehen wollen, doch der Spielraum des Billard-Clubs Freiburg hatte geschlossen gehabt. Heute erinnert eine Sporthalle im Freiburger Stadtteil Rieselfeld an ihn. ■

Joseph Glaser mit Bundestrainer Sepp Herberger auf der Rückfahrt nach dem WM-Finale 1954 in Bern.

1904 bis 1914:
Am Anfang stand eine Schwalbe – die SC-Gründung

Als Gründungsdatum für den SC Freiburg gilt der 30. Mai 1904. Dies war die Geburtsstunde von Schwalbe, einem Verein, der auf dem dreieckigen Gelände an der Lehener Straße hinter der Kromerschen Fabrik seine Heimat hatte. Eng verknüpft mit den Gründerjahren ist der Name Fritz Bußhardt. Als Gründer und Spielführer hatte er die Geschicke in den Händen. Ein Jahr nach der Gründung wurde der Name Schwalbe in FC Mars umgewandelt. Zur Saison 1909/1910 erfolgte, um weniger kriegerisch zu klingen, ein neuerlicher Namenswechsel in Union.

1906 fand die Aufnahme in den Süddeutschen Fußballverband statt, 1907/08 wurde erstmalig in der Klasse C die Meisterschaft des Oberrheingaus errungen. In den folgenden Bezirksmeisterschaftsspielen musste sich der FC Mars dem FC Germania Durlach geschlagen geben. Er erreichte aber die Berechtigung zum Aufstieg in die Klasse B. Folgende Spieler trugen damals das Trikot: Ketterer; Bußhardt, Hellstab; Krebs, Hercher, Schwing; Karst, Morlock, Müller, Liller, Schneider.

Aus dem eigenen Nachwuchs gekommen, kristallisierte sich in den Reihen des neuen Vereins ein großes fußballerisches Talent heraus: der Mittelstürmer Oskar Müller. Mit ihm spielte der Verein auch in der Klasse B eine ausgezeichnete Rolle und konnte sich 1911 noch vor den bislang dominierenden Lokalrivalen Sport-Verein-04 und Germania platzieren. Ihre Wettspiele trugen die Fußballer von 1905 bis 1909 auf dem Exercierplatz aus, zunächst auf dem Gelände am Wachhaus, wo später das Winterer-Stadion gebaut werden sollte, später an der Eisenbahnlinie Freiburg-Breisach. 1909 erwarb der im Stühlinger beheimatete Klub auf den Eschholzwiesen hinter der Stühlinger Kirche einen eigenen Platz, den er mit großem Eigenaufwand herrichtete.

Überhaupt wurde Eigenleistung groß geschrieben, schon 1929 bemängelten die Verfasser der SC-Chronik zum 25-jährigen Bestehen, dass es der Jugend mittlerweile nicht mehr bewusst sei, dass „leben für die beiden Sport-Club-Vorläufer kämpfen bedeutet habe". Die Tore mussten auf dem Exercierplatz noch vor jedem Match auf- und abgebaut werden. Der Schmalztopf der Mütter wurde, so Oskar Müller, genutzt, um die Bälle einzufetten.

Heimat an der Lehener Straße: die Mannschaft Schwalbe im Jahr 1904.

Der Turnverein wollte die Fußballer nicht als Abteilung, da machte sich der Fußballverein 04 im Turnerheim eben selbstständig.

Das Frühjar 1904 ist auch die Gründungszeit des Freiburger Fußballvereins 04, der später unter dem Namen Sportverein Freiburg 04 mit dem FC Union zum Sport-Club fusionieren würde. Ehemalige Gymnasiasten und Oberrealschüler waren es, die unter dem bereits erwähnten Heinrich Rösch und dem Turnlehrer Rupp Fußball spielten und sich als Fußballriege dem Turnerbund anschließen wollten. Bei den konservativen Turnern aber stießen sie auf große Widerstände. So wurde im Vereinshaus des Turnerbundes, dem „Vater Jahn" (später „Germania-Säle"), ein eigener Verein ins Leben gerufen. Zu den Gründungsmitgliedern gehörten Max Zimmermann, Fritz Seckinger, Gustav Haas, August Hettstedt, Heinrich Glock, Max Weißel, Otto Schwab, Alfred Schmieder, Emil Klink, Emil Schlegel, Josef Fehrenbach und Oskar Hottinger. Der erste Vorsitzende war August Hettstedt.

Als Spielort diente anfangs der noch existierende Platz des Vereins für Volks- und Jugendspiele an der Lorettostraße beim Bahnübergang – bis die Fußballer mit ihrem Eintritt in den Süddeutschen Fußballverband ein neues Gelände ebenfalls auf dem Freiburger Exercierplatz bezogen. Bald existierte eine zweite und dritte Mannschaft, und schon in den ersten Spielrunden wurde der Senkrechtstarter Gaumeister im Oberrhein. Im August 1907 hieß es wieder umziehen, ein eigener Platz am Hölderle an der Günterstalstraße wurde zur neuen Heimat.

Als Gastgeber der „Fußball-Sechser-Turniere" mit Mannschaften aus der Schweiz und Freiburg machte sich der FFV 04 einen Namen. Beide Male ging er als Turniersieger vom Platz, errang zudem am 11. Juli 1909 bei einem stark besetzten internationalen Turnier in Basel den Ehrenpreis der Stadt Basel. Star des Teams war Fritz Seckinger. Wie Fritz Bußhardt bei Schwalbe/FC Mars/Union vereinigte er als Spielführer und Vereinschef mehrere Posten in einer Person. Als Mittelstürmer beeindruckte er die gegnerischen Abwehrreihen mit seinem „Seckinger-Schuss". „Unter einem ‚Seckinger' verstanden wir einen Schuss mit Außenrist und Außeneffet. Er nahm jeden Ball wuchtig und unerwartet, und ein ‚Seckinger' war die vom Torwart gefürchtete Art des Schusses", erinnerte sich später sein Rivale Oskar Müller.

Um sich besser vom Freiburger FC zu unterscheiden, musste sich der Verein im Oktober 1909 umbenennen. Er entschloss sich zur Umtaufe in

1912 erfolgte die Fusion aus Union und Sport-Verein 04, und es gab die erste
Mannschaft, die den Namen SC Freiburg trug.

Sport-Verein 04. 1911 kriselte es beim SV. Der Platz am Hölderle musste
wieder aufgegeben werden, der Spielerkader schrumpfte durch Verletzungen und Einberufungen zum Militär. Wieder kickte man auf dem
Exercierplatz und erhielt von der Heilig-Geist-Spital-Verwaltung einen
Korb auf die Anfrage, ob man die Gerberwiesen beim Mösle (das heutige
Mösle-Stadion) pachten könne. „Diese sind neu gedüngt und erscheinen
als Spielplatz daher untunlich", hieß es.

Es sei die richtige Erkenntnis gewesen, gemeinsam mehr zu erreichen,
die die Vereinsvorsitzenden Federer (Union), Siebler (Sportfreunde 04)
und Mattes (Germania) 1912 an einen Tisch brachte, schreibt das SC-Eh-
renmitglied Alex Draenle in der Chronik zum 25-jährigen Bestehen des
Vereins. Weil sich ihre Mitglieder nicht mit der Vereinsfahne anfreunden
konnten, sprang die Germania noch ab, Sportfreunde und Union aber
vollzogen den Zusammenschluss am 3. März 1912.

Fusion im Zeichen des Raubvogels

Schon damals war der Greifenkopf das Wappentier, das noch heute auf den SC Fahnen und Wimpeln zu finden ist. Er sollte für „Beharrlichkeit, Tatkraft, Beständigkeit und unbeugsamen Willen" stehen. Die Trikotfarbe war schwarzweiß, und in der ersten gemeinsamen SC-Mannschaft standen folgende Spieler: Obermeier; Bußhardt, Däschle; Weber, Sailer, Keller; Sackmann, Link, Müller, Schlegel, Schneider. Erster und zweiter Vorsitzender waren zwei Zahnärzte: die Herren Rohrer und Hermann Federer. Der erste Spielführer war Fritz Bußhardt, Platzwart Karl Ketterer. Mit der Übernahme des Vereinsvorsitzes durch den Bankdirektor Sachs nahm der Verein einen weiteren sportlichen und gesellschaftlichen Aufschwung. 1912/13 wurde der SC Meister des Oberrheingaus und unterlag im Aufstiegsspiel knapp dem FC Mühlburg. Ein Jahr später waren der SC und der Straßburger Fußball-Verein die beiden Meisterschaftskandidaten der A-Klasse. Auf den Eschholzmatten westlich der Herz-Jesu-Kirche konnten die Straßburger zwar mit 3:1 bezwungen werden, im Rückspiel jedoch unterlagen die Freiburger und erreichten schließlich einen Punkt hinter den Elsässern die Ziellinie.

Dem Lokalrivalen FFC war es inzwischen wieder gelungen, um Sepp Glaser und den vom Karlsruher FV gekommenen Liede eine schlagkräftige Mannschaft aufzubauen. Bei einem internationalen Turnier in Brüssel wurden die Freiburger von der belgischen Presse als „Virtuosen des Balles" gefeiert. Mit Joseph Glaser, der 1909 gegen England und die Schweiz, 1910 gegen Belgien und 1912 gegen die Schweiz und Russland spielte (und dabei dreimal die Spielführerbinde trug), und Heiner Mechling, der in den Jahren 1912 und 1913 zwei Einsätze gegen die Schweiz absolvierte, hatte der Freiburger FC in dieser Zeit zwei Nationalspieler in seinen Reihen. Es entstand ein Klubheim bei den Anlagen an der Schwarzwaldstraße, seit 1909 gab der Verein eine Zeitschrift heraus (das „FFC-Blättle"), und am 18. Mai 1913 war der FFC Gastgeber des Länderspiels Deutschland gegen Schweiz (1:2) mit 6.000 Zuschauern.

Auf seiner Italien-Fahrt zu Ostern 1914 trat der SC auch in Alessandria an. Die Mannschaft von links: Duffner, Müller, Schneider, Weber, Fischer, Obermeier, Hirsch, Hunkler, Klein, Mildenberger, Däschle.

Den SC packte derweil das Reisefieber: Von der ersten größeren Auslandsreise des Sport-Clubs seit seinem Bestehen berichtete die „Freiburger Zeitung" vom 16. April 1914. Der SC fuhr über Ostern nach Genua und Alessandria und maß sich mit den dortigen Vereinen. Zweifelhafte Schiedsrichterentscheidungen hätten dazu geführt, dass der SC gegen Andrea Doria Genua nach einer 2:0-Pausenführung nicht über ein 2:2 hinauskam. Chancenlos muss man beim FC Alessandria gewesen sein. Trotz einer 1:4-Niederlage schwärmt der Bericht von den Glanzleistungen der Freiburger Defensive.

Es ging schnell aufwärts mit dem neuen Verein, doch im beginnenden Ersten Weltkrieg mussten erst einmal die Träume aller Freiburger Vereine hintanstehen.

Der treue Torjäger: Oskar Müller

Zum großen Star in den Reihen des Sport-Clubs war ein Eigengewächs geworden: der Torjäger Oskar Müller. Ein Sturmtank, der gerne einen möglichst direkten Weg zum Tor wählte und dann schwer auszubremsen war. 1914 stand der damals erst 21 Jahre alte Müller sogar bei einem Freundschaftstreffen in der Nationalmannschaft. Zählt man dieses Spiel, bei dem vor allem süddeutsche Akteure zum Einsatz kamen und das vom DFB nicht als offizielles Länderspiel geführt wird, dann war Jens Todt also nicht der erste Spieler des SC Freiburg, der Nationalspieler wurde.

2:1 besiegte Deutschland mit Müller in Basel die Schweiz. Und der Freiburger fiel dabei offenbar positiv auf: Vom FC Aarau hätte der Elektromeister ein Geschäft samt Kundschaft bei einem Wechsel in die Schweiz erhalten. Es soll nicht das einzige Angebot anderer Vereine an den torgefährlichen Freiburger gewesen sein. „In unverbrüchlicher Treue hat er allen unzähligen Versuchen, ihn abtrünnig zu machen, standgehalten", schreibt 1929 der Vereinschronist Karl Schneider. Müller blieb Zeit seines Lebens beim SC. Vielleicht auch, weil er in Freiburg ein gut gehendes Geschäft hatte.

Nur 44-jährig starb Müller 1937 an einer Lungenembolie während eines Krankenhausaufenthaltes. „Sehr viele Menschen sind damals zu

Die deutsche Mannschaft des inoffiziellen Länderspiels gegen die Schweiz. Zweiter Spieler von rechts (stehend) ist Oskar Müller; zu seinen Mitspielern zählten kommende Stars wie der Berliner Stürmer Sobeck (3. v. l., stehend) und der Nürnberger Torhüter Heiner Stuhlfaut (vorn, 4. v. l.).

seiner Beerdigung gekommen", erzählt sein Sohn Oskar. Der hat nach dem Zweiten Weltkrieg ebenfalls für den SC in der Zonenliga gespielt. Heute lebt er 77-jährig im Stadtteil St. Georgen und zählt zu den Ehrenmitgliedern des SC. ∎

1914 bis 1945

Zwei Kriege und ein Höhenflug

1914 bis 1918:
Kriegsgärten für Kartoffeln statt Rasen für Fußballer

Der Erste Weltkrieg brachte das Fußballgeschehen in Freiburg nahezu zum Erliegen. Während der FFC gerade zu Hause in einem Freundschaftsspiel dem amtierenden Deutschen Meister Spvgg. Fürth mit 0:7 unterlag, fielen in Sarajevo die Schüsse auf den österreichischen Thronfolger, die die Kriegserklärung nach sich zogen. Viele Spieler mussten an die Front. Es wurde Herbst 1915, bis sich die ersten „Urlauber" von der Front einfanden und die zu Hause Gebliebenen zur Wiederaufnahme des Fußballspiels ermunterten. Während die jungen Spieler des FFC einen mutigen Coup landeten und sich verschuldeten, um am 31. Oktober 1915 für 250 Mark die Münchner Löwen zu einem Freundschaftsspiel (2:2) nach Freiburg zu holen, verbrachte der Sport-Club mit weniger spektakulären Freundschaftsspielen gegen Viktoria Freiburg und den FV Emmendingen den Winter. An einen Schlagabtausch mit dem FFC habe man sich nicht getraut, weil der den Spielbetrieb schon länger wieder aufgenommen hatte. Die von Alfred Boßhardt und Franz Steiert aufgebaute „erste Kriegsmannschaft" des FFC hatte von ihren 16 Freundschaftsspielen 13 gewonnen.

Im Frühjahr 1916 schrieb der Süddeutsche Fußballverband Verbandsspiele um den „eisernen Fußball" aus. Der FFC war seinen Gegnern deutlich überlegen und gewann den ersten „eisernen Fußball" im Endspiel gegen Phönix Karlsruhe.

Doch die SC'ler ließen sich nicht entmutigen, trainierten den ganzen Sommer und fühlten sich gut vorbereitet, als der Verband wieder eine

Ging anfangs einem Schlagabtausch mit dem starken Lokalrivalen FFC aus dem Weg: die „Kriegsmannschaft" des SC.

Runde ausschrieb. Die sich in den Winter hineinziehende Runde, für die der nun kriselnde FFC gar nicht gemeldet hatte, entschied der Offenburger FV vor Viktoria Freiburg, dem SC und dem FV Emmendingen mit dem Ex-FFC'ler Hunn für sich.

1917 gelang dem SC in den Hinspielen der Kriegsrunde ein 3:3 gegen den FFC, Siege gegen Viktoria Freiburg und Emmendingen und ein 3:2-Auswärtssieg beim Offenburger FV. In der Rückrunde wurden alle Gegner geschlagen; als besonders denkwürdig ist das 6:4 gegen den FFC in Erinnerung, bei dem Ehret, Dori, Glatz, Dold, Weber, H. Gschlecht, Kaufmann, Wiest, Schützler, W. Gschlecht und Roll für den SC auf dem Platz standen. Folge: Der SC durfte in Offenburg gegen den Straßburger SV um die Gaumeisterschaft spielen und entschied diese Partie mit 2:1 für sich. Die Freude war groß, doch im Entscheidungsspiel gegen Union Stuttgart um die Südkreismeisterschaft wurden dem SC in Karlsruhe-Mühlburg mit 1:8 seine Grenzen gezeigt. Nur Ehret im Tor und Mittelläufer Hermann Weber, der in dieser Zeit vom Vorsitzenden über den Kassierer und den Platzwart bis zum Spielführer so ziemlich alle Vereinsfunktionen in einer Person vereinigte, waren den Stuttgartern spielerisch gewachsen.

Gemeinsame Elf der Lokalrivalen

Nach Beendigung der Frührunde 1917 wurden viele Freiburger Sportplätze beschlagnahmt. Der Stühlinger Sportplatz zählte auch dazu. Aus ihnen wurden Kriegsgärten zur Verpflegung der Bevölkerung mit Kartoffeln gemacht. Unter dem neuen Vorsitzenden Albert Schreiber wurden in dieser Notzeit auf Anregung von Hermann Weber Verhandlungen mit dem Rivalen FFC zur Zusammenstellung einer gemeinsamen Kriegsmannschaft aufgenommen.

Die beiden Kontrahenten einigten sich auf einen paritätisch zusammengesetzten Ausschuss, dem Schreiber, Weber, Kaufmann und Sackmann vom SC, sowie Glaser, Hölzle und Boßhard vom FFC angehörten. Das neu formierte Team besaß große Schlagkraft. Straßburg-Neudorf wurde beispielsweise mit 11:0 regelrecht vom Platz gefegt, die Abteilungsmeisterschaft im Frühjahr 1918 mit Leichtigkeit erreicht. Im Entscheidungsspiel um die Gaumeisterschaft wurde die Spielvereinigung Straßburg zwar 10:2 geschlagen; doch weil Mechling und Zitsch nicht spielberechtigt waren, verlor die Kriegsmannschaft von FFC und SC, die mit Ehret, Dold, Kaiser, Boßhardt, Glaser, Weber, Zitsch, Bantle, Mechling, Richter und Ehringer angetreten war, den Titel am grünen Tisch.

Im Herbst kannte das Team dann kein Halten mehr. Der einst so gefährliche Gegner FV Offenburg wurde nun mit 7:0, 9:3, 14:0 und 6:0 gleich viermal deklassiert, selbst die Südkreismeisterschaft wurde in Karlsruhe mit einem klaren 5:0 gegen Gablenberg-Stuttgart errungen. Beim Sport-Club wusste man nicht so recht, wie sehr man sich über diese glatten Erfolge freuen sollte. Denn aus den eigenen Reihen standen zuletzt mit Weber und Mildenberger nur noch zwei SC-Spieler im Siegerteam.

1918 bis 1930:
Der SC als Völkerverbinder und Devisenbeschaffer

Nach dem Ersten Weltkrieg organisierten vor allem Oskar Mattes und Albert Schreiber das Häuflein der verbliebenen Fußballer und bemühten sich um den Wiederaufbau des Vereinswesens. Schon nach kurzer Zeit hatte der Sport-Club wieder 250 Mitglieder. Das Problem: Ein Spielgelände fehlte nach wie vor, das Gelände im Stühlinger wurde weiterhin mit Tomaten und Kartoffeln bepflanzt. Der SC behalf sich, indem er sich am 13. Dezember 1919 als selbstständige Fußballabteilung der Freien Turnerschaft von 1844 anschloss. Und sich als FT 1844 / SC Freiburg eine Spielmöglichkeit auf dem Sportgelände in der Schwarzwaldstraße, dem heutigen Messplatz, erschloss.

1919 spielten alle Freiburger Vereine in einer Klasse, eine Neuaufteilung war noch nicht vorgenommen worden. Der SC kam nicht in Tritt, eine unglückliche Niederlage gegen die aus Germania und Viktoria fusionierte neue Spielvereinigung Freiburg verhinderte zunächst die Qualifikation für die Kreisliga Südwest. Diese gelang 1920 mit einem verlustpunktfreien Durchmarsch durch die A-Klasse Gau Oberrhein und Platz zwei in der Aufstiegsrunde. Jetzt hatten die alten Rivalen wie der 1919/20 ins Halbfinale der Süddeutschen Meisterschaft vorgestoßene FFC (1:1) und der 1. FC Pforzheim (3:1 für Freiburg) im Sport-Club einen wieder ernst zu nehmenden Rivalen.

1921 konsolidierte sich der Verein weiter und belegte Platz sechs in der Kreisliga, im Jahr darauf wurde der Sport-Club Vierter. Und in der Pokalrunde des Süddeutschen Fußballverbandes wurde die Vorschlussrunde erreicht. Erst eine 0:3-Niederlage gegen den Nürnberger Fußballverein, für die der SC Schiedsrichter Hurrle verantwortlich machte, brachte das Aus. Wieder wurde das Ligensystem geändert. 1922 wurde Freiburg hinter dem Vorjahresmeister Karlsruher FV Sechster des Südwestkreises und verfehlte so die Qualifikation für die neu geschaffene Bezirksliga Württemberg/Baden.

Es begann die Zeit, in der die Spieler vermehrt die Koffer packten und im Ausland auftraten. Auch beim SC Freiburg. Das hatte handfeste Gründe: Durch ihre Auslands-Gastspiele konnten sich die Fußballer Devisen erspielen. Von den 40 Spielen im Jahr 1922 hatte der SC mehr als ein Viertel in der Schweiz ausgetragen. Der auf Oskar Mattes folgende neue Vorsitzende Albert Spannagel und der Spielausschussvorsitzende Albert Broßmann hatten die wirtschaftliche Bedeutung, die Gastauftritte gerade in Zeiten der Inflation für den Verein hatten, erkannt. 1923 spielte der SC 16 Spiele in der Schweiz, eines in Italien und sechs in Spanien. Insgesamt hatte der SC in diesem Jahr 60-mal gespielt, eine beachtliche Zahl für damalige Verhältnisse. 38 der Spiele hatte er gewonnen. Auch spielte die Grenznähe zu Frankreich und der Schweiz für die Auslandsauftritte eine Rolle. Der Historiker Franz-Josef Brüggemeier erkennt in den Freundschaftsspielen im Ausland zudem das Mühen, Konfrontationen abzubauen. Hier zeigte sich erneut, dass die weltoffene Tradition des SC Freiburg schon damals bestanden hat.

Ins Jahr 1923 fällt auch die Herausgabe einer Vereinszeitschrift. Die „Rundschau" berichtet vom Klubgeschehen, das sich nicht mehr nur auf den Fußball konzentriert. Eine Leichtathletikabteilung, eine Handballmannschaft, die 1924/25 südbadischer Meister wurde, eine Kegelgesellschaft, eine Ski-Gilde, eine Wanderabteilung und eine Gesangsabteilung wurden nacheinander ins Leben gerufen. Und eine Damenabteilung entstand, die am 16. Juni 1928 mit Anna Baumgart, der Schwester des SC-Fußballers Hans Baumgart, auf eine badische Vizemeisterin im Kugelstoßen verweisen konnte. Nur die Gesangsabteilung musste nach einem einzigen gefeierten öffentlichen Auftritt wegen der hohen Spesen für den Dirigenten wieder aufgelöst werden.

Im Frühjahr 1924 hatte sich der SC wieder von der Freien Turnerschaft getrennt. Der Polizeisportverein war dabei, sich am Rande des Exercierplatzes ein neues Groß-Stadion zu erbauen. In Verhandlungen mit dem Polizeioberstleutnant Winterer wurde erreicht, dass der SC Teilhaber dieser Sportplatzanlage wurde. Es entstand das Winterer-Stadion, das seinen Namen vom Vater des Polizeipräsidenten, dem neu gewählten Oberbürgermeister Winterer, erhielt.

Sportlich drohte die Mannschaft zur Fahrstuhlmannschaft zu werden. 1923/24 war sie wieder in die Bezirksliga aufgestiegen. Nur ein Punkt fehlte im Spieljahr 1924/25 zum rettenden Ufer, das der Sport-Club Stuttgart erreichte. Der SC Freiburg musste gemeinsam mit dem FC Mühlburg zurück in die Kreisliga. „Unserem Team fehlte es in dieser

1924 gastierte der Sport-Club sogar in Spanien.

Zeit an Schlagkraft und Erfahrung, manche Positionen waren mangelhaft besetzt", urteilte der Spielausschussvorsitzende Hermann Meßmer rückblickend. Allerdings war man an schon damals namhaften Vereinen wie den Stuttgarter Kickers, dem VfB Stuttgart, dem am Ende Platz zwei belegenden FFC und dem VfR Heilbronn gescheitert.

Mit einem furiosen Siegeszug gelang in der darauf folgenden Spielzeit die Rückkehr: Nur ein einziges Spiel (0:1 gegen die Sportfreunde Freiburg) ging verloren, der Sport-Club wurde mit einem beeindruckenden Torverhältnis von 91:16 Meister des Kreises Südbaden. Gemeinsam mit den Sportfreunden Stuttgart bestand man auch die Aufstiegsrunde gegen Phönix Karlsruhe, die Spielvereinigung Cannstatt, Union Böckingen und den FC Konstanz. Der SC hatte den Aufstieg ein drittes Mal geschafft. Und konnte in einem Freundschaftsspiel mal wieder das Lokalderby gegen den FFC mit 4:3 für sich entscheiden. Wieder war eine schlagkräftige Mannschaft beieinander. Sie zählte zu den spielstärksten Teams, belegte 1926/27 in der Bezirksliga einen guten fünften Platz und überflügelte in der Tabelle auch den auf Rang acht einlaufenden FFC.

Das nun folgende Spieljahr brachte den ersten Höhepunkt der Vereinsgeschichte. Es ließ „Fußballfans in ganz Süddeutschland ob der Erfolge des SC aufhorchen", wie Hermann Meßmer schrieb. Das neu eingeführte „Mainzer Spielsystem" brachte es mit sich, dass sich auch die Zweiten und Dritten der Bezirksliga Baden für die süddeutsche Endrunde qualifizierten. Hinter den beiden Karlsruher Vereinen FV und Phönix lief der SC ein, der den zum Ende der Spielrunde erlahmenden Konkurrenten Offenburger FV noch um vier Punkte abhängen konnte.

Die Belohnung hierfür war eine Spielrunde mit den Top-Adressen Süddeutschlands. Aus den 14 Spielen der Achter-Gruppe holte der SC beachtliche 15:13 Punkte. Es waren aber vor allem einzelne Heimspiele vor nie gekannter Zuschauerkulisse, die dem Verein in Erinnerung blieben.

Die denkwürdigste dieser Begegnungen war das 2:1 gegen den 1. FC Nürnberg am 12. Februar 1928 vor 6.000 Zuschauern im Winterer-Stadion. „Vollkommen verdient, die Nürnberger spielten in taktischer Hin-

Historischer Sieg gegen Nürnberg

sicht bei weitem nicht so gut wie der Sport-Club", urteilte der „Sportbericht Stuttgart" über den Sieg. „Die Nürnberger waren einfach zu überheblich", sagt der FFC'ler Kurt Thoma, der das Spiel als elfjähriger Junge selbst mitangesehen hatte. Von zentraler Bedeutung für das SC-Spiel war der Mittelläufer Henger. Er hatte einen Aufgabenbereich, der sich quasi übers gesamte Spielfeld erstreckte. Sein Pendant auf Nürnberger Seite war der berühmte Spieler Kalb. „Die Aufgaben dieser Spieler kann man ein wenig mit der Rolle vergleichen, die später vor der Abwehr postierte Liberos wie Sebastian Kehl beim SC spielten", meint Friedrich Würmelin. Würmelin trat als 15-Jähriger 1926 dem Verein bei, kann auf eine 75-jährige Vereinsmitgliedschaft zurückschauen und war auch ein Jahr lang Vorsitzender. Als Jugendlicher vermittelte ihm diese Mannschaft der zwanziger Jahre die Leidenschaft für den Fußball, erzählt er. Beispielsweise durch das 4:2, mit dem der SC in einem Freundschaftsspiel zur Eröffnung des Winterer-Stadions den Lokalrivalen FFC bezwang. „Damals hat Geiger fast von der Mittellinie über den FFC-Torwart hinweg das 1:0 erzielt", erinnert sich Würmelin gerne zurück.

Besonders gern denkt er freilich an jenes denkwürdige Spiel gegen den „Club" aus Nürnberg. Gegen einen Verein, der damals der Inbegriff des deutschen Fußballs war und der in den Jahren zuvor fünfmal Deutscher Meister geworden war. Schon nach fünf Minuten hatte der Halblinke Mayer den SC in Führung gebracht. Mittelläufer Kalb hatte für die Franken mit einem glücklichen Fernschuss den zwischenzeitlichen Ausgleich erzielt. Nach der Pause wurde der Sport-Club immer besser, und auf eine famose Flanke des Linksaußen Meßmers gelang dem halbrechten Läufer Baumgart zwölf Minuten vor Spielende der viel umjubelte Siegtreffer. Er katapultierte den SC nach Abpfiff punktgleich mit dem „Club" an die Tabellenspitze. Das Team der Freiburger in diesem bedeutenden Spiel bildeten Sauer im Tor, die Verteidiger Leppert und Geiger, der Mittelläufer Henger, die Außenläufer Helfesrieder und Wuchner und die Stürmer Argast (rechter Außenstürmer), Baumgart, Mayer (Halbstürmer), Rumbach (Mitte) und Meßmer (linker Außenstürmer). Auch beim Rückspiel in Nürnberg holte der SC noch einmal einen Punkt und landete schließlich auf dem fünften Platz der Trostrunde.

1928/29 konnte die Mannschaft diese Leistung nicht bestätigen, scheiterte wohl etwas am Erwartungsdruck und hatte zudem mit Verletzungssorgen zu kämpfen. Erst in der Rückrunde steigerten sich die Freiburger wieder und landeten noch gemeinsam mit dem FC Villingen auf dem vierten Tabellenplatz. Zum 25-jährigen Bestehen präsentierte sich der Verein kerngesund: mittlerweile sechs Männerteams, drei Alt-Herrenmannschaften und sieben Jugendteams spielten beim SC Fußball.

Der Sport-Club hatte sich etabliert. Ab 1930 war er der alleinige Inhaber des Winterer-Stadion. Der Polizeisportverein hatte sich aus finanziellen Gründen zurückgezogen. Sportlich zählte der SC zu den festen Größen in der damals höchsten Klasse, der Bezirksliga Baden. 1929/30 war er allerdings nur Vorletzter geworden, während sich der FFC in einem dramatischen Entscheidungsspiel auf den Offenburger Stegermatten mit 4:2 gegen den punktgleichen Karlsruher FV nochmals den badischen Titel gesichert hatte. Sonderzüge aus Karlsruhe und Freiburg hatten mehr als 10.000 Anhänger beider Lager nach Offenburg gebracht, die etwa 6.000 Freiburger feierten frenetisch den entscheidenden Treffer von Ernst Bantle. Bantle hatte zwei Karlsruher stehen gelassen und den Ball am herauseilenden Karlsruher Torhüter vorbei ins rechte Toreck geschoben.

▶ **Einwurf**

Die Errichtung des Mösle-Stadions

Zum 25-jährigen Bestehen erfüllte sich der Lokalrivale FFC am 1. Oktober 1922 einen lange gehegten Wunsch: Mit einem Freundschaftsspiel
gegen die Stuttgarter Kickers wurde das neue Vereinsgelände auf den
Moosmatten, das „Mösle-Stadion", eingeweiht. Vor allem Robert Böhm
hatte sich um den Bau verdient gemacht. Nachdem seine Anfrage nach
einem städtischen Stadion abgewiesen worden war („Es bleibt den Vereinen überlassen, sich selbst Plätze zu bauen") und auch die Freiburger
Turnerschaft kein Interesse an einer Zusammenarbeit zeigte, setzte er auf
die aktive Mitarbeit der Vereinsmitglieder beim Platzneubau. Vom
Druckerei-Besitzer Eduard Poppen wurde das Unternehmen durch Wer-
bung für Anteilsscheine unterstützt, die Stadt überließ dem FFC das
Gelände in Erbpacht für 99 Jahre.

Zweimal mussten wegen der Inflation die Pläne für die Tribüne von
ursprünglich 80 auf letztlich noch 40 Meter Breite korrigiert werden; das

Eingeweiht zum 25-jährigen Bestehen des FFC: das Mösle-Stadion.

gesamte Fassungsvermögen des „Mösle" betrug bei der Einweihung dennoch stolze 30.000. Klubhaus und Tribüne vom „Engländerplatz" wurden abgerissen und im Mösle als „kleine Tribüne am Bahndamm" wieder aufgebaut. Und durch Gastspiele in der Schweiz, bei denen die Fußballer Wurst und Brot aus der Heimat mitnahmen, um keine Unkosten zu erzeugen und möglichst viele Franken mit nach Hause zu holen, wurde der Standortwechsel mitfinanziert.

Das neue Stadion ermöglichte es, attraktive Gegner einzuladen. Als Höhepunkt gilt das Gastspiel des englischen Meisters West Ham United vor 7.000 Zuschauern am 11. Mai 1924. Die Freiburger gewannen mit 5:2. Zwei Treffer steuerte Mittelstürmer Fritz Wurz bei, drei Tore erzielte Ernst Bantle, der im gleichen Jahr gegen Ungarn als dritter FFC'ler das Trikot der Nationalmannschaft tragen durfte. Kurt Thoma, der noch bis ins Jahr 2000 Schatzmeister beim FFC war und derzeit die Geschäftsstelle im neuen Domizil des FFC bei Blau-Weiß Wiehre betreut, war als acht Jahre alter Junge Zeuge dieses Spiels. „Die Freiburger hatten West Ham regelrecht an die Wand gespielt", erinnert er sich. 4:0 habe es zur Pause gestanden. Der FFC blieb aber nicht lange Besitzer des Mösle-Stadions. Im wirtschaftlichen Krisenjahr 1929 musste der Verein das Stadion der Stadt überlassen. ■

► Einwurf

Das Winterer-Stadion

Mit dem Winterer-Stadion übernahm der Sport-Club 1930 eine für die damalige Zeit beachtliche Anlage, zu der eine in Eigenarbeit erstellte Tribüne für 1.200 Zuschauer gehörte, außerdem ein Restaurant, Umkleide- und Duschräume sowie vier Trainingsplätze. Die Aschenbahn war 600 Meter lang, die größte ihrer Art in Süddeutschland. Zwei Fußballplätze der Anlage hatten je 100 Meter Länge. Das Fassungsvermögen war mit 30.000 Zuschauern angegeben, was jedoch bezweifelt werden muss.

Selten war das Winterer-Stadion so voll wie am 12. Februar 1928, als der SC Freiburg vor 6.000 Zuschauern den 1. FC Nürnberg mit 2:1 besiegte.

Egon Ehret, Spieler und in den achtziger Jahren Lizenzspielerobmann beim Sport-Club, gehörte zu jenen, die im Jahr 1928 Zeuge des Trostrundenspiels gegen den FC Nürnberg waren. Rings um den Platz seien die Zuschauer dicht an dicht gestanden, es sei damals von 30.000 Zuschauern gesprochen worden. Die in historischen Dokumenten angegebene Zuschauerzahl von 6.000 sei jedoch nachvollziehbarer, meint er mit Hinblick auf die steilen Tribünen des nur 25.000 Zuschauer fassenden heutigen Dreisam-Stadions. Möglicherweise sei also die Kapazität des Winterer-Stadions überschätzt worden.

Der Sport-Club konnte das Stadion nur bis 1937 nutzen. Dann wurde, wie an anderer Stelle ausgeführt, die Anlage auf Anordnung der Stadtverwaltung eingeebnet. ∎

1930 bis 1945:
Erschwerte Umstände – der SC in der Nazi-Zeit

1930/31 landete der SC in der Bezirksliga Baden zwar wieder nur auf dem vorletzten Platz, jedoch noch vor dem Titelverteidiger FFC, gegen dessen Schatten er ja zu kämpfen hatte (es gab in dieser Spielzeit durch die Aufstockung auf zehn Mannschaften keine Absteiger). Ein Jahr später wurde der SC hinter dem Karlsruher FV, dem FC Rastatt und dem FFC Vierter, in der Saison 1932/33 belegte er den sechsten Rang. Doch mit dem Beginn der Nazi-Diktatur kamen neue Probleme auf den Verein zu.

Noch vor der Machtübernahme wollte Adolf Hitler eine Rede im Winterer-Stadion halten – ein Wunsch, den ihm die SC-Verantwortlichen verwehrten. Hitler wich ins Mösle-Stadion aus. „In der Schule erhielten wir das Verbot von unseren Lehrern, ins Stadion zu gehen", erinnert sich der langjährige FFC'ler Kurt Thoma. Das Mösle war trotzdem überfüllt. Auf der Fahrt vom Flugplatz dorthin soll Hitlers Konvoi von SC-Spielern mit Steinen beworfen worden sein, erzählt Heini Kaufmann, der 1932 als Zwölfjähriger in die Jugendmannschaft des SC gekommen war, heute noch dem Verein angehört und die Heimspiele besucht. Darüber hinaus soll der SC den Lokalrivalen wegen dessen Gastgeberschaft für Hitler beim DFB angezeigt haben.

Steine gegen Hitlers Konvoi

„Der SC war mit seiner Heimat im Stühlinger halt ein von kommunistischen Arbeitern geprägter Verein", sagt Kaufmann über die Motivation der Sportler, die politische Veranstaltungen der Nationalsozialisten nicht in ihrer Sportstätte geduldet haben. Der FFC sei hingegen mehr der Verein für die gehobene Klasse gewesen. Ähnlich urteilt Friedrich Würmelin: „Der FFC war der Verein für die sozial höher gestellten Schichten, für die Geschäftswelt. Wir haben ihn den Stehkragenverein genannt. Der SC war dagegen der Verein von Handwerkern, Arbeitern, Angestellten." Durch die Nähe des Stühlingers zum Hauptbahnhof seien auch viele Eisenbahner Mitglieder geworden. Kommunistisch sei der Sport-Club nicht geprägt gewesen. „Heute würde man sagen, die FFC'ler waren Christdemokraten, die SC'ler Sozialdemokraten." Gerhard Schwende, lange Jahre Buchhalter und bis 2000 noch Schatzmeister des FFC, glaubt, dass die vielen Studenten und Schüler der Gründungszeit für das „Stehkragenverein-Image" des FFC gesorgt haben. Schwende kickte in den dreißiger Jahren noch für Sportfreunde DJK und war SC-Fan. „Unser Englischlehrer war bekennender FFC'ler, und wir mussten ihm als Schüler Contra geben." Auch Heini Kaufmann wuchs im Stühlinger auf, in der Colmarerstraße 19. Dem gleichen Haus, in welchem auch SC-Stürmer Willi Gässler wohnte. „Er war einer der besten Stürmer Deutschlands, wegen ihm bin ich zum SC gegangen", schwärmt Kaufmann von Gässler, der zu Anfang der dreißiger Jahre beim SC und in der Studentennationalmannschaft spielte und später noch die Trikots von Bayern München und 1860 München überstreifte, ehe er Musikprofessor wurde.

Nach der Machtübernahme durch die Nationalsozialisten wurde der SC, wie alle Vereine, die nicht verboten wurden, gleichgeschaltet. Der Verein verlor faktisch das Recht, seine Führung selbst zu bestimmen. Auflagen, vor allem im Jugendbereich, machten ihm das Leben schwer. Allerdings verlief diese Gleichschaltung, die am 28. April 1933 mit der Ernennung des SA-Gruppenführers Hans von Tschammer zum Reichskommissar für Sport abgeschlossen wurde, ungeordneter als man sich dies gemeinhin vorstellt. Viele konkurrierende Organisationen und Verbände stritten miteinander um die Macht. Und die Gleichschaltung ging, wie Gerhard Fischer und Ulrich Lindner in ihrem Buch „Stürmer für Hitler" veranschaulichen, mit einer „Selbstgleichschaltung" vieler Verbände und Vereine einher. Vor allem viele sportlich erfolgreiche Vereine zeigten vorauseilenden Gehorsam und kamen den Regelungen der Nationalsozialisten noch zuvor. So unterzeichneten am 9. April 1933 die süddeutschen Spitzenvereine eine Erklärung, mit der sie sich zum Ausschluss von Juden und Marxisten verpflichteten – was zu diesem Zeitpunkt noch niemand offiziell von ihnen verlangt hatte. Die noch vorhandenen Unterlagen sprechen nicht dafür, dass der SC zu ihnen gehörte. Sie legen nahe, dass er sich zwar nicht offen widersetzte, den Anweisungen der neuen Machthaber aber nur widerwillig folgte.

Aus der nun Gauliga getauften Bezirksliga stieg der SC gleich im ersten Jahr ihres Bestehens mit deutlichem Abstand auf das rettende Ufer ab. In der Bezirksliga Oberbaden, später in der Bezirksliga Freiburg Süd, wurde der SC von 1935 bis 1938 viermal hintereinander

Meister, schaffte aber nie den Wiederaufstieg in die Gauliga, in welcher die Mannheimer Vereine Waldhof und VfR dominierten und der FFC eine ordentliche Rolle spielte.

Der Abriss des Winterer-Stadions

Als großer Einschnitt in der Geschichte des Sport-Clubs ist der Abriss des Winterer-Stadions zu sehen. Es war eine Maßnahme, die die Sportler als Quittung für ihr Verhalten anlässlich der Hitler-Rede in Freiburg sahen. „Die Tribüne ist zu hoch, die Flugzeuge können nicht ordnungsgemäß starten und landen", lautete die offizielle Begründung für die Einebnung. Weil das Winterer-Stadion ein Flughindernis darstelle, müsse man den Pachtvertrag vom 26. November 1927 aufheben, teilte Oberbürgermeister Dr. Hofner dem SC mit Schreiben vom 30. Juni 1936 mit. Bis zum 1. April 1937 sei die Stadionnutzung noch auf Widerruf gestattet. Weil der SC mit der Pacht erheblich im Rückstand sei, lehne die Stadt eine finanzielle Hilfeleistung oder die Bereitstellung eines Ersatzspielplatzes ab.

Hofner nutzte dieses Schreiben, um den SC-Verantwortlichen mitzuteilen, dass man „ein Nebeneinanderher von großen Fußballvereinen in der Stadt nicht begrüßen könne und seine Unterstützung nicht versagen werde, falls sich der SC mit dem FFC zusammenschließen wolle". Dann werde die Stadt auch die 2.300 Reichsmark bezahlen, mit denen der Verein durch den Stadionbau noch bei der Dresdner Bank in der Kreide stand. Die Politik, langfristig nur noch einen einzigen Verein pro Ort spielen lassen zu wollen, verfolgte das Nazi-Regime im ganzen Land. Ein Ergebnis ist beispielsweise die 1938 erfolgte Zwangsfusion von TV 1848, SV Germania und TuS 08 zum VfL Bochum.

Nach der Beseitigung der Anlage informierte Stadtkämmerer Wanner am 3. Juni 1937 den SC darüber, dass die Stadt, weil der SC auf die Zuweisung einer neuen Sportanlage verzichte, die Restschuld des Vereins begleichen werde. Und man die Platzfrage damit als geregelt ansehe. Der Sport-Club dankte der Verwaltung mit Schreiben vom 16. Juni 1937 im Namen der Mitglieder, die als Bürgen für die Bankschuld gerade gestanden hatten. Danach brach der im Freiburger Stadtarchiv festgehaltene Schriftverkehr zwischen Kommune und Sportverein bis zum Kriegsende ab (oder ist nicht mehr erhalten).

Nach der Einebnung war es wieder die Freie Turnerschaft, die dem

Glaubt, dass er den Abriss des Winterer -Stadions seinem Tackling gegen den Nationalsozialismus zu verdanken hatte: der SC Freiburg. (Hier: Freiburgs Verteidiger Zitzer im Duell mit Linksaußen Schmoll vom VfR Mannheim, rechts).

Sport-Club aus der Patsche half. Die Fußballer durften wieder auf deren Gelände spielen, doch der Platz reichte nicht für alle Mannschaften; einige Teams mussten aufgelöst werden.

Eine weitere Konfrontation mit dem nationalsozialistischen Regime ist Heini Kaufmann in Erinnerung. Noch 1938 spielten die Freiburger als Gast von Racing Paris ein Freundschaftsspiel im Prinzenparkstadion und wurden von den zahlreichen Zuschauern schon vor dem Anpfiff

Auslandsverbot für den Sport-Club

gnadenlos aufgepfiffen. Der damalige Spielführer, Reinhold Hengen, habe daraufhin die Anweisung gegeben, auf den eigentlich obligatorischen und von den SC-Spielern normalerweise auch ausgeführten Hitlergruß zu verzichten. „Sonst wäre es schlimm geworden." Die Freiburger gewannen mit 3:1 und erhielten drei Wochen später die Antwort auf den verweigerten ausgestreckten Arm: ein generelles Auslandsverbot.

Der FFC machte indessen im Jahr 1938 mit Siegen über die Schweizer Nationalmannschaft (3:2 in Zürich) und den amtierenden Deutschen Meister Hannover 96 auf sich aufmerksam. Mit dem von der Handballabteilung „ausgeliehenen" Wenne Ringleb als Notlösung im Tor bezwang man vor 10.000 Zuschauern die Niedersachsen mit 3:1 und warf sie so in der ersten Runde aus dem Pokal. Seppl Beha (2) und Eugen Koßmann erzielten die Tore.

Am 14. Mai 1938 wieder mit der FT fusioniert, schaffte die Spielgemeinschaft FT/SC Freiburg 1940/41 nochmals den Aufstieg in die jetzt Bereichsliga getaufte höchste Klasse. Nach dem unmittelbaren Wiederabstieg profitierte der Verein 1942/43 von einer Neuordnung, spielte 1943/44 nochmals in der Bereichsliga Baden-Süd und wurde dort Letzter.

Aber von einem regulären Spielbetrieb konnte in den Kriegsjahren ohnehin nicht mehr die Rede sein. Nachdem die Ligen nach Kriegsausbruch im Herbst 1939 bereits einmal für zwei Monate kein Spiel ausgetragen hatten, war die Zahl der Mannschaften von 1937 bis 1940 bereits von 30.000 auf 14.000 zurückgegangen. Viele Vereine waren nicht mehr spielfähig, oder ihnen wurde die Spielerlaubnis entzogen. 1943 machte die „totale Mobilmachung" die Fußballmeisterschaften endgültig zur Farce. Weil den einheimischen Teams die Spieler fehlten und die in Freiburg stationierten Soldaten beschäftigt werden sollten, wurden Blitz-Spielgenehmigungen erteilt. Spieler durften auch für mehrere Vereine gleichzeitig im Einsatz sein. So standen in den Reihen des SC zuletzt auch viele Soldaten, die sich zufällig in Freiburg aufhielten. Im September 1944 wurde die Bereichsligasaison endgültig abgebrochen.

1945 bis 1950

Ein schwieriger Neustart

1945 bis 1947: Wirren um eine Neugründung

Die katastrophale Lage in Freiburg nach dem Ende des Zweiten Welt-
krieges hätte eigentlich kaum einen Gedanken an die Wiederaufnahme
des Fußballbetriebes erlaubt: Nach dem englischen Bombardement vom
27. November 1944 war die Altstadt zu 70 Prozent zerstört, die Bevölkerung sowie die französische Besatzungmacht sahen sich mit einer gewal-
tigen wirtschaftlichen Not konfrontiert. Es herrschte Hunger, den Menschen fehlten Kleidung und Schuhe; das Holz, mit dem sie ihre Woh-
nungen heizten, schlugen viele Freiburger eigenhändig im nahen
Schwarzwald. Oft wurde der elektrische Strom abgeschaltet, Benzin und
Öl für Kraftfahrzeuge gab es kaum.

Dennoch gründeten die Fußballer unter den ersten Kriegsheimkeh-
rern bald wieder Mannschaften, die an die alten Vereine vor dem Krieg
anknüpfen sollten. Es gab jedoch keinen Dachverband mehr, und die
französische Militärregierung stand den im Dritten Reich diskreditierten
Sportorganisationen ablehnend gegenüber. Die provisorisch aufgestell-
ten Teams spielten in den ersten Monaten nach Kriegsende lediglich
„wild" gegeneinander.

Trotzdem kam es erstaunlich schnell zu einem halbwegs geordneten
Ligabetrieb. Acht Mannschaften aus der Rheinebene sowie die Kickers
Haslach bildeten ab 1946 die West-Staffel der Landesliga-Südbaden, der
alte Sport-Club tauchte in der im gleichen Jahr wieder zugelassenen
lokalen Freiburger Presse unter der Bezeichnung Freiburger Turnerschaft FT/SC auf. Dabei hatten die Franzosen alle alten Klubnamen verboten, und der 1938 durch Fusion zwischen der Freiburger Turnerschaft

**Gerangel mit
der Turnerschaft**
von 1844 und dem Sport-Club entstandene Verein
sollte bald als VfL Freiburg fungieren.

Aber nur gegen den Willen mancher alter SC-
Mitglieder, die sich nur allzu gerne aus der „Obhut" der Turner befreit
hätten. Bereits am 24. Januar 1946 ging beim Bürgermeisteramt der Stadt
ein Schreiben des Geschäftsmannes Franz Fuchs ein, mit der Bitte, den
Sport-Club neu und von den Turnern unabhängig gründen zu dürfen.
Diesem Brief folgte am 25. März ein von Stefan Zürcher unterzeichnetes
Schreiben an die Stadt, in dem sich der Absender als „Vorsitzender des
Gründungsausschusses für den VfL Freiburg" bezeichnete. Darin steht:
„Der ehemalige SC hat sich aufgrund vertraglicher Abmachungen mit
der Freiburger Turnerschaft von 1844 im Jahre 1938 aufgelöst und ist mit
seinem damaligen Mitgliedsbestande als Fußballabteilung in der Frei-
burger Turnerschaft von 1844 aufgegangen… Wenn neuerdings nun einzelne ehemalige Mitglieder der Fußballabteilung der früheren Freiburger
Turnerschaft von 1844 den Namen des aufgelösten Vereins verwenden,
so beruht das auf einem Rechtsirrtum."

Zürchers Schreiben zeigt, wie ablehnend sich zumindest Teile der
Fußballabteilung sowie der Rest des Vereins gegenüberstanden. Seiner
Sache durfte er sich sicher sein, aber nicht seiner kompletten „Gefolg-
schaft": Denn bereits am 9. Februar 1946 war es auf Veranlassung der
Militärregierung zu einem Gespräch zwischen dem FT-Sportbeauftrag-
ten und der Fußballabteilung gekommen. Laut Zürcher existierte davon
ein Protokoll vom 11. Februar an die Franzosen, demzufolge der Entschluss gefasst worden sei, auf eine Neugründung des Sport-Clubs zu
verzichten. Solche Bestrebungen hätten ohnehin kaum eine Chance
gehabt, gab es doch die Weisung der Militärregierung, zunächst nur
einen Sportverein pro 70.000 Einwohner im Stadtgebiet zu genehmigen.
Dass Zürcher am 25. März die Stadt Freiburg dennoch bittet, ein etwai-
ges neues Gesuch um die Zulassung des Sport-Clubs zurückzuweisen,
bleibt zumindest ein Indiz dafür, dass er dem Frieden im Verein nicht
traute.

Als Ablenkung von den alltäglichen Sorgen wurde die Landesliga
Südbaden vom fußballbegeisterten Publikum dankbar aufgenommen,
ihr sportliches Niveau war allerdings den Umständen entsprechend. Die
Spiele wurden auf miserablen Plätzen ausgetragen, oft kam es zu Diszi-

Die erste Mannschaft, die der Sport-Club nach dem Zweiten Weltkrieg aufstellte (1946).

plinlosigkeiten: Das Heimspiel des FT/SC gegen den Offenburger FV beispielsweise wurde kurzerhand abgebrochen, weil der Schiedsrichter sich bedroht fühlte. Sogar die damaligen Presseberichte beklagten das dürftige taktische Verhalten der Mannschaften; nach einem Freundschaftsspiel zwischen FT/SC und einer lettischen Auswahl (1:4) warf der Berichterstatter den Freiburger Spielern gar „Angst vor dem Ball" vor.

Immerhin schlug sich FT/SC beachtlich: Am Ende der Runde belegte die Mannschaft, die ihre Heimspiele auf dem geräumten Hindenburg-Platz (heute der Hartplatz neben dem Dreisamstadion) bestritt, mit 22:8 Punkten den dritten Platz hinter dem FV Rastatt und dem Lokalrivalen Freiburger FC. Bei aller Kritik der damaligen Presse, die neidisch auf das höhere Niveau in Nordbaden blickte: Der Eifer, mit dem Freiburger Geschäftsleute wie der Alteisenhändler Erwin Stroh, der Druckereibesitzer Fritz Räpple oder der Kaufmann Hubert Pfaff die FT-Fußballabteilung leiteten, war mehr als verdienstvoll. Zu den besten Fußballern der ersten FT/SC-Nachkriegsmannschaft zählten Torhüter Vöttiner sowie die Feldspieler Kieser, Kramer, Schaub, Fritschi, Paulus, Willi und Erich Tritschler.

1947 bis 1949: Als VfL Freiburg in der Zonenliga

Dem Wunsch und dem Druck der fußballinteressierten Öffentlichkeit, die besten Mannschaften der Region sportlich aus der südbadischen Enge zu befreien, kam die französische Militärregierung mit der Gründung einer Zonenliga entgegen, die sich über die gesamte französische Besatzungszone vom Rheinland über Südbaden bis Südwürttemberg erstrecken sollte. In dieser Liga wurde zweigleisig in einer Nord- und einer Südgruppe gespielt; den Zonenmeister ermittelten die Gruppensieger in zwei Entscheidungsspielen. Für Südbaden waren in der Liga vier Plätze vorgesehen; die Qualifikation erfolgte über einen von der Militärregierung ausgeschriebenen Pokalwettbewerb. Nach relativ leichten Siegen gegen die Mannschaften aus Munzingen, Gundelfingen, Emmendingen und Wyhlen gelang FT/SC im Achtelfinale ein überraschender 4:1-Sieg gegen den stärker eingeschätzten Freiburger FC. Im entscheidenden Viertelfinale besiegte FT/SC auswärts den ASV Villingen mit 2:1, der 1:5-Niederlage vor 2.000 Zuschauern im Halbfinale beim VfL Konstanz kam somit nur noch geringe Bedeutung zu. Mit den Konstanzern, dem SV Offenburg und dem SV Rastatt sowie vier Vereinen aus Südwürttemberg durfte sich FT/SC, nun unter dem offiziellen Namen VfL Freiburg, ab dem Januar 1947 in der Zonenliga Süd messen.

Das sportliche Niveau dieser Liga blieb bescheiden, wohl vor allem eine Folge der schwierigen Zeitumstände. Beispielsweise nahmen die Mannschaften bei Auswärtsspielen enorme Strapazen auf sich. Die Fahrten nach Friedrichshafen oder Biberach mit klapprigen Lastkraftwagen oder unregelmäßig fahrenden Zügen dauerten bis zu zehn Stunden; wer am Vortag anreiste, musste oft in Notunterkünften übernachten. Da Freundschaftsspiele gegen Vereine außerhalb der Zone genehmigungspflichtig waren und die wirtschaftliche Situation einen regen Spielbetrieb gar nicht erlaubte, kam die spielerische Entwicklung der südbadischen Vereine kaum voran. Schmerzlich erfuhr dies der erste Meister der Zonenliga Süd, der VfL Konstanz. Die „Seehasen", wie sie zärtlich-despektierlich in der oberrheinischen Sportberichterstattung bezeichnet wurden, waren im Finale um die Zonenmeisterschaft gegen den Nord-Meister, den 1. FC Kaiserslautern, nicht mehr als ein bedauernswerter Prügelknabe: In der Pfalz verloren die Konstanzer mit 1:8, das Rückspiel

Lokalderby im Mösle-Stadion: In der Zonenliga spielte 1947 der VfL (ehemals SC) gegen Fortuna Freiburg (ehemals FFC). Das Spiel endete 1:1.

am Bodensee gewannen Fritz Walter und Co. mit 8:4. Absteigen aus der Zonenliga Süd – der VfL Freiburg wurde mit 12:16 Punkte Siebter – musste im Sommer 1947 niemand, die Klasse wurde hingegen mit den Aufsteigern Fortuna Freiburg (so hieß nun der Freiburger FC), SG Eintracht Singen, SpVgg Trossingen und SV Laupheim auf zwölf Mannschaften aufgestockt.

Auch in der neuen Saison 1947/48 hatte es der VfL Freiburg, der seine Heimspiele als „Untermieter" im Mösle-Stadion, der gepachteten Heimstatt des Freiburger FC, austragen durfte, in der schwachen, aber ausgeglichenen Zonenliga Süd schwer. Bis zum Derby gegen Fortuna Freiburg (1:1) am siebenten Spieltag gelang dem Team um den guten Torhüter Stöcklin kein einziger Sieg. Trotz des beachtlichen Unentschiedens gegen den Lokalrivalen belegte der VfL danach den letzten Tabellenplatz. Besser lief es für den VfL erst zum Ende der Saison nach der 0:2-Niederlage vor 6.000 Zuschauern im Rückrunden-Derby gegen die Fortuna. Denn danach folgten wichtige Siege im Abstiegskamf gegen Laupheim (2:0), in Biberach (2:1), gegen Friedrichshafen (4:1) und in Trossingen (1:0).

Das spektakulärste Spiel der Saison bestritt der VfL aber beim Meisterschaftsaspiranten SV Offenburg. Mit dem überraschenden 0:0 ebneten die Freiburger dem SV Rastatt den Weg zur Meisterschaft im Süden. Im Finale der Zonenmeisterschaft gegen den 1. FC Kaiserslautern waren die Rastätter aber ebenso chancenlos wie die Konstanzer ein Jahr zuvor: Sie verloren beide Spiele glatt mit 0:3 und 1:6. Nur Frust gab es für die südbadischen Vertreter auch in den Qualifikationsspielen zur Deutschen Meisterschaft. Rastatt unterlag gegen den Nordzonen-Vizemeister TuS Neuendorf mit 1:3, der SV Offenburg sogar mit 1:5. Der VfL Freiburg mit seinen Leistungsträgern Stöcklin, Diehl, Willi und Erich Tritschler hingegen tröstete sich mit dem Erreichen des Viertelfinales im südbadischen Vereinspokal. Nach der 2:4-Niederlage bei der SG Eintracht Singen und am Ende einer langen Saison war dann Ebbe in der Kasse der Fußballabteilung. Die Finanzkrise sollte mit einer Stadtrunde während der Sommerpause entschärft werden, doch das Turnier, an dem sich noch sechs weitere inzwischen zugelassene Freiburger Vereine beteiligten, wurde von den Zuschauern nicht angenommen. Die Einnahmen lagen manchmal pro Verein und pro Spiel bei nur fünf Mark.

Finanziell etwas besser ging es lediglich der Fortuna. Der Traditionsverein lieferte sich in der Spielzeit 1948/49 ein spannendes Kopf-an-Kopf-Rennen um die Meisterschaft im Süden mit dem überraschend starken Aufsteiger SV Tübingen, das zunächst unentschieden blieb. Am Ende der Saison hatten beide Vereine 31:13 Punkte. Vor 7.000 Zuschauern kam es am 8. Mai 1949 in Schwenningen zu einem Entscheidungsspiel zwischen ihnen, das die Freiburger dank der Tore von Bantle (2), Liechty (2) und Flöhl mit 5:0 gewannen. Somit war die Fortuna für die Endspiele um die Zonenmeisterschaft qualifiziert – natürlich gegen den 1. FC Kaiserslautern, der die Gruppe Nord erneut souverän gewonnen hatte. Selbst die 0:4-Niederlage der Fortuna im Hinspiel konnte 18.000 Freiburger nicht davon abhalten, die legendäre Lauterer Mannschaft mit Fritz und Ottmar Walter im Rückspiel am 22. Mai im Mösle-Stadion zu bewundern. Dieses Match war das bisher größte Sportereignis in Freiburg nach dem Zweiten Weltkrieg, und die 3:6-Niederlage der Fortuna gegen einen schier übermächtigen Gegner schmerzte nicht wirklich. Doch als drei Wochen später der VfL Freiburg

18.000 wollen Fritz Walter sehen

seinen bislang beachtlichsten Erfolg in der Nachkriegszeit hätte feiern können, war das Zuschauerinteresse deutlich geringer: Nur 2.500 Besucher wollten im Mösle das Endspiel um den südbadischen Pokal zwischen der Mannschaft von Trainer Andreas Munkert und dem VfL Konstanz sehen. Obwohl Erich Forster die Freiburger mit 1:0 in Führung gebracht hatte, siegten am Ende die Gäste vom Bodensee nach Verlängerung mit 2:1. Horlamus und Lehrrieder verhinderten mit ihren Treffern, dass das Freiburger Rathaus die ausgelobte Siegprämie an die VfL-Spieler aushändigen musste: Die zwölf Gutscheine für einen Theaterbesuch wanderten per Verwaltungsbeschluss an die Städtischen Bühnen zurück.

So war eine Spielzeit zu Ende gegangen, in der der VfL seiner Rolle als Mitläufer in der Zonenliga Süd für eine kurze Episode entschlüpfen konnte. Im Meisterschaftsalltag krebsten die VfL-Kicker erneut in der unteren Tabellenhälfte herum, aus spielerischer Sicht blieb die Mannschaft weiterhin die Zielscheibe herber Kritik. Zwar konnte sie sich mit Rechtsaußen Egon Ehret aus St. Georgen erheblich verstärken, dessen gefürchtete „Zementflanken" verhinderten aber nicht zumeist enttäuschte Presseberichte. So schrieb die „Badische Zeitung" nach dem 3:1-Sieg des VfL gegen den SV Rastatt, wieder einmal hätte das Publikum seinem „Unmut" über das „schrecklich schwache Spiel" freien Lauf gelassen.

Die wichtigste sportpolitische Entscheidung des Jahres war die Gründung des Südbadischen Fußballverbandes am 12. Dezember 1948. Seine Führung übernahm im Sommer 1949 der Freiburger Fußballfunktionär Professor Josef Glaser. Nachdem sich am 10. Juli in Stuttgart auch der Deutsche Fußball-Bund neu konstituiert hatte, war eine der ersten Forderungen, mit der sich Glaser konfrontiert sah, der Wunsch der Zonenligisten, auch in Südbaden den Vertragsspieler einzuführen. Nur dieser rechtliche Status, so die Vereinsvertreter, könne künftig die Abwanderung guter Fußballer in das Vertragsparadies der anderen Verbände, vor allem in die amerikanisch besetzte Zone, verhindern. Der für die Saison 1949/50 ausgehandelte Kompromiss sah vor, dass in den Kadern der südbadischen Zonenligisten sowohl Amateure als auch Vertragsspieler fungieren können. Ein Vertragsspieler sollte monatlich zwischen 50 und 330 Mark verdienen. Allerdings erinnert sich der Spieler Egon Ehret, dass diese Verträge beim VfL selten mit Barem honoriert wurden: „Die Spieler wurden in Naturalien bezahlt."

1949/50: Der Gang ins Amateurlager

Nach der Gründung der Fußballverbände war die Zeit der Gängelei durch die Militärregierung praktisch vorbei. Die gesamte Saison 1949/50 war geprägt vom Gerangel der Vereine und Verbände darüber, wie der Fußballbetrieb in Süddeutschland künftig zu organisieren sei. Am 7. Mai 1950, bei einem vom Süddeutschen Fußballverband in Stuttgart organisierten Treffen, wurde die Bildung zweier Oberligen in Süddeutschland diskutiert. Die West-Staffel sollten Vereine aus der französischen Zone bilden, aus Südbaden wären fünf Vereine zugelassen gewesen. Ein Jahr später würden dann die süddeutschen Oberliga-Staffeln in einer einzigen Klasse mit 20 Vereinen zusammengefasst werden.

Seine Spielstärke und finanzielle Ausstattung hätte dem VfL Freiburg allerdings kaum die Chance geboten, sich für die Oberliga zu qualifizieren und dort zu bestehen. Doch auch für die schwächeren Klubs der Zonenliga Süd wurde nach einer Spielklasse gesucht, die geographisch nicht an den Grenzen Südbadens Halt machen sollte. Am 17. Juni 1950 plädierte der Vorstand des Südbadischen Fußballverbandes für eine gesamt-badische Amateurliga; bald darauf kam es zu Verhandlungen zwischen dem Präsidenten Glaser und seinem nordbadischen Kollegen Walter Mosbach. Es zeigte sich rasch, dass besonders die Klubs aus der Mannheimer Gegend nicht bereit waren, die weiten Auswärtsreisen an den Hochrhein oder den Bodensee auf sich zu nehmen. Dem Südbadischen Fußballverband blieb nichts anderes übrig, als am 12. August die Einführung einer südbadischen 1. Amateurliga zu beschließen. Darunter sollte sich eine 2. Amateurliga mit zwei Staffeln anschließen.

In dieser Spielklasse sollte der VfL Freiburg bis 1978 sein Dasein fristen. Allerdings nicht mehr unter der Bezeichnung VfL, denn unter dem Dach des Südbadischen Fußballverbandes war es möglich geworden, zur alten Bezeichnung FT/SC zurückzukehren. Um der Einfachheit willen wurde der Verein in so mancher Tabelle danach bis auf weiteres auch als Freiburg 1844 geführt. Sportlich verlief die Saison 1949/50 für FT/SC wenig spektakulär. Die Mannschaft von Trainer Arthur Mattes kam gerade einmal auf 24:36 Punkte, vor allem in puncto Beständigkeit trennte sie mindestens eine Klasse von den Spitzenteams SSV Reutlingen, SV Tübingen, FC Singen 04 oder dem Lokalrivalen Freiburger FC.

Trotzdem schaffte auch der FFC nicht den Sprung in die Oberliga. Nachdem die rheinland-pfälzischen Vereine ihren Austritt aus dem süddeutschen Verband beschlossen hatten, war die Idee einer zweistaffeligen Oberliga für Vertragsspieler bereits tot. So wurde im Juni 1950 die Einführung einer einzigen Oberliga für ganz Süddeutschland (außer Rheinland-Pfalz) beschlossen, zu der nur noch zwei Vereine aus Südbaden zugelassen wurden. Nach der 0:3-Niederlage des FFC im Ausscheidungsspiel gegen den FC Singen 04 war der Traum des Deutschen Meisters von 1907, in der höchstmöglichen Liga spielen zu können, erst einmal ausgeträumt. Zusammen mit dem VfL Konstanz musste sich der FFC in das Teilnehmerfeld der ebenfalls neu gegründeten 2. süddeutschen Division einreihen. Die Wege der Lokalrivalen aus Freiburg hatten sich aber getrennt. Der FFC durfte sich künftig dem Vertragsspielersystem zuwenden, FT/SC hingegen gehörte fortan dem südbadischen Amateurlager an.

Auch der FFC verpasst die Oberliga

Am Dorfbrunnen in Schopfheim: SC-Spieler beim Reinigen ihrer Fußballstiefel, Anfang der fünfziger Jahre.

1950 bis 1969

Im südbadischen Amateurfußball

1950 bis 1953: Die Neugründung des Sport-Club

Mit dem Bekenntnis des FFC vom 5. Juni 1950 zum Vertragsspielersystem begann der wirkliche Ärger zwischen den beiden größten Freiburger Fußballvereinen. Denn die FFC-Hauptversammlung fasste gleichzeitig den Beschluss, FT/SC fortan nicht mehr als Gast im Mösle zu dulden. Doch wo sollte der künftige Amateurligist ab nun seine Heimspiele austragen? Der alte FT-Platz war von der französischen Besatzungsmacht beschlagnahmt. Die FT/SC-Fußballabteilung sah sich gezwungen, beim Sportausschuss der Stadt um das Gastrecht im Mösle-Stadion zu streiten. Doch Adolf Heer, einst SC-Mitglied und jetzt in der FFC-Vorstandschaft, dem eine erbitterte Rivalität zum FT-Turner Zilg nachgesagt wurde, blieb Sieger: Als die 1. südbadische Amateurliga startete, musste FT/SC auf den Sportplatz an der Schenkendorfstraße ausweichen.

Erst Wochen später erbarmten sich die Franzosen und gaben den FT-Platz sporadisch am Sonntag Nachmittag für einige Stunden frei. Dies führte dazu, dass Spieler und vor allem Zuschauer bis unmittelbar vor Anpfiff nicht wussten, auf welchem Platz gespielt wird. Mal fanden die Spiele im Stadtteil Haslach statt, manchmal sogar auf dem Hartplatz im Mösle-Areal. Dann wiederum auf dem FT-Platz. Die miserable Qualität des dortigen Rasens aber machte ein einigermaßen gepflegt-anständiges Spiel unmöglich. Unter dem neuen Abteilungsleiter Helmut Köbele versuchten die Fußballer von FT/SC das Beste aus ihrer prekären Situation zu machen. Vor Saisonbeginn wurde rasch noch eine „Schweizer Reise" unternommen: Gegen den FC Brühl-St. Gallen gab es einen 6:2-Sieg, gegen den FC Solothurn eine 1:4-Niederlage.

Trainer Munkert hatte allmählich eine Standardformation gefunden. Sie lautete zumeist: Krepper; Renz, Kieser; Egle, Biechele, Kunle; Ehret, Bös, E. Tritschler, Forster und Knobloch. Die herausragenderen Spieler waren Ehret, Tritschler und Kunle, die auch in die südbadische Auswahl berufen wurden. Trotz aller Widrigkeiten verkaufte sich die Mannschaft im ersten Jahr nicht schlecht: Mit 34:26 Punkten wurde sie Fünfter. Dass am 26. Mai 1951 im Mösle-Stadion ein Freundschaftsspiel gegen den Aufsteiger in die erste schweizerische Liga, Grasshoppers Zürich, mit 2:8 verloren wurde, ärgerte niemand. Viel wichtiger war, dass ein so prominenter ausländischer Gast bereit war, in Freiburg zu spielen.

Schon nach einer Spielzeit war der Fortbestand der 1. südbadischen Amateurliga infrage gestellt. Am 2. und 3. Juni 1951 auf einer Versammlung der Klubs gestand der Präsident des Südbadischen Verbandes, Glaser, die Bestrebungen, eine gesamte badische Liga zu gründen, würden weiterhin am Veto der nordbadischen Vereine scheitern. Daraufhin erklärten die mittelbadischen Klubs – der FC Rastatt 04, der SC Baden-Baden, der Offenburger FV und der SV Kuppenheim – ihren Austritt aus dem Südbadischen Fußballverband. Wäre es bei diesem Entschluss geblieben, hätte er katastrophale Auswirkungen auf die so schon schwache Qualität der Liga gehabt. Auf dem folgenden Verbandstag in Kehl konnten die Wogen einigermaßen wieder geglättet werden.

Die Spielzeit 1951/52 brachte für FT/SC Freiburg zumindest eine Verbesserung: Die französischen Besatzungsorgane erklärten, fortan sei der FT-Platz an jedem Sonntag für den Spielbetrieb freigegeben. Optimismus verbreiteten auf der Hauptversammlung am 17. November 1951 auch die Vereinsfunktionäre Heiner Zilg und Stefan Zürcher: Ihnen war von der Stadt eine neue Anlage mit drei Sportplätzen neben dem Strandbad versprochen worden.

Die Mannschaft, in der inzwischen auch neue Spieler wie der Ex-Rastatter Steinacker oder Nageleisen zu den Leistungsträgern zählen, gehörte weiterhin zu den Besten der Liga: Sie erzielte in dieser Saison mit 87 Treffern wie der VfL Konstanz die meisten Tore und belegte in der Abschlusstabelle Rang vier.

Doch die Überraschung des Jahres passierte am 27. Juni 1952. FT/SC Freiburg (auch 1844 Freiburg genannt) machte folgende Erklärung publik: „Die Fußball-Abteilung von 1844 Freiburg scheidet am 1. Juli

Fußballer und Turner trennen sich

1952 aus dem Verein Freiburger Turnerschaft von 1844 aus. Sie wird sich von diesem Zeitpunkt an als selbstständiger Verein formieren und den im Grunde genommen von ihr und ihren Anhängern auch in den vergangenen Jahren nicht aufgegebenen Namen Sport-Club Freiburg annehmen. Mit dem Ausscheiden der Fußball-Abteilung aus der Freiburger Turnerschaft von 1844 werden Wünsche und Hoffnungen erfüllt, die von beiden Seiten seit Jahren immer wieder vorgetragen wurden. Die abschließenden Verhandlungen und Besprechungen, die schließlich zu dem Ausscheiden der Fußball-Abteilung führten, erfolgten, was besonders vermerkt zu werden verdient, in echt turnerischer und sportlicher Kameradschaft und Freundschaft. Es ist selbstverständlich, dass die Freiburger Turnerschaft mit dem wiedergegründeten SC Freiburg auch künftighin gute, nachbarliche und freundschaftliche Beziehungen unterhalten wird, ebenso wie auch der SC Freiburg seinen alten Verein, dem er nahezu anderthalb Jahrzehnte als Fußball-Abteilung angehört hat und mit dem er Freud und Leid während dieser größtenteils unglücklichen Jahre hat teilen müssen, in Kameradschaft verbunden bleiben wird."

Erst viel später gaben beide Parteien mehr oder minder offen zu, die „ideologischen" Unterschiede zwischen Turnern und Fußballern seien zu groß gewesen. Die erste Versammlung des neuen Sport-Club wählte Oskar Mattes zum Ehrenvorsitzenden, der 1. Vorsitzende war Hubert Pfaff, dem Josef Sackmann und Fritz Zipfel zur Seite standen. Als Spielausschussvorsitzender fungierte Helmut Köbele.

Eine durchschnittliche Saison folgte, mit 30:30 Punkten verweilte der SC Freiburg im Mittelmaß. Das wichtigste Anliegen des Vereins blieb das eigene und von der Stadt versprochene Areal neben dem Strandbad. Am 6. Juli 1953 kündigte der SC-Vorsitzende Hubert Pfaff an, dass der Ausbau der Anlage, die einst den alten Hindenburg-Sportplatz beherbergte, in wenigen Wochen beginnen könne: die Geburtsstunde des Dreisam-Stadions. Pfaff selbst war bereits amtsmüde und trat zurück. Sein Nachfolger an der Spitze des damals 500 Mitglieder starken Vereins wurde Fritz Zipfel.

1953 bis 1965: Meisterschaft nach Siechjahren

Im Jahre 1954 bekam der Sport-Club zwar seinen neuen Platz an der Schwarzwaldstraße, doch die Saison 1953/54, als Trainer Willi Hornung das Kommando übernahm, war die letzte, in der der Verein aus sportlicher Sicht zu den immerhin noch besseren Adressen in der südbadischen Amateurliga zählte. Mit 36:24 Punkten belegten die SC'ler am Ende der Spielzeit noch Platz fünf, dann begann das Jahrzehnt des Dahindümpelns. 1955 meldete sich der spätere Präsident Achim Stocker als Spieler beim Verein. Die Zustände, die er vorgefunden und viele Jahre miterlebt hatte, schilderte er später dem Journalisten Robert Kauer so: „Der Trainingsbesuch ließ damals sehr zu wünschen übrig. Am Dienstag waren so zwischen drei und vier da, am Donnerstag waren wir etwa acht bis zehn, vor allem auch deswegen, weil es da hinterher immer noch eine Wurst und ein Freigetränk gegeben hat. Auch die Siegprämien waren nicht besonders – so um die 15 Mark – so ähnlich war auch die Einstellung der Mannschaft, in der ich nun mitkickte… Man hat viel getrunken und noch mehr Karten gespielt. Die Geselligkeit hat bei uns damals stark im Vordergrund gestanden. Der FFC war halt die Konkurrenz und übermächtig. Der FFC war drauf und dran in die Bundesliga aufzusteigen, wir verloren sogar nicht selten das kleine Derby gegen die FFC-Amateure… Die Konkurrenz von drüben war von uns einfach Lichtjahre entfernt."

Bis 1965 schaffte es der Sport-Club nicht mehr, auch nur eine einzige Saison mit einem positiven Punktekonto zu beenden. 1955, 1957 und 1963 stand der Verein unmittelbar vor dem Abstieg in die 2. Amateurliga, 1964 schien der Niedergang fast besiegelt. Nur dem Umstand, dass der Meister FC Emmendingen sensationell in die Regionalliga Süd aufstieg, verdankte der Tabellenfünfzehnte seine Rettung. Wer mag es wissen, was aus dem Sport-Club tatsächlich noch geworden wäre, hätte er damals nicht so viel Glück gehabt?

Vielleicht war es der Schock des fast schon besiegelten Abstiegs unter Trainer Hanns Faber, der im Verein eine radikale Veränderung der laschen Einstellung bewirkte. Im Sommer 1964 wurde vom neuen Vorsitzenden Würmlin der ehemalige Verteidiger Hans Diehl als Coach verpflichtet. Er holte Manfred Brief von Rhodiacete Freiburg als Stopper,

Aufschwung mit Diehl und Brief

und mit diesen beiden Namen verband sich ein unerwarteter Aufschwung. Das Jubiläumsspiel anlässlich des 60. Geburtstages des Vereins wurde gegen den FC Singen 04 zwar noch mit 1:3 verloren, doch dann begann ein fulminanter Siegeszug der SC'ler. Vom Saisonbeginn an setzte sich der Sport-Club nach Siegen gegen den 1. FC Grenzach (5:1), gegen den FC Rastatt 04 (2:1) und beim SV Oberkirch (2:1) an die Tabellenspitze. Unwiderstehlich waren die Freiburger im Saisonfinale: Aus den letzten sechs Spielen holten sie 12:0 Punkte, bereits vor dem letzten Spieltag war die Meisterschaft zugunsten des Sport-Club entschieden.

Interessant, wie der neue Trainer Diehl damals sein Erfolgsgeheimnis beschrieb: „Die Vorbereitung des vergangenen Sommers war darauf ausgerichtet, in der 2. Amateurliga den sofortigen Wiederaufstieg zu schaffen." Dank des FC Emmendingen war es anders gekommen, doch die harte Arbeit, der sich urplötzlich die SC-Spieler ausgesetzt sahen, hatte sich gelohnt. Die Mannschaft war damals mit Sicherheit nicht die spielstärkste im südbadischen Amateurlager, doch Diehl hatte ihr Kondition und vor allem Kampfgeist eingeimpft. Sein taktisches Credo lautete: „Unser Spiel nach vorne muss sich aus einer stabilen Deckung entwi-

In der Saison 1964/65 wurde der Sport-Club mit dieser Mannschaft Meister der 1. Amateurliga.

ckeln." Seine besten Spieler waren Torhüter Rettenberger, Stopper Brief sowie die beiden Offensivspieler Eible und Fischer.

Der Sport-Club war für die Aufstiegsrunde zur Regionalliga qualifiziert. Der erste Gegner, am 16. Mai 1965, hieß VfR Pforzheim, und die Gäste kamen als große Favoriten nach Freiburg. In der Aufstellung Rettenberger; Kress, Schlatterer, Henninger, Brief, Stöhr, Link, Fischer, Keilbach, Hofmann, Knischka war Diehls Mannschaft tatsächlich chancenlos, die 0:1 Niederlage gegen die in allen Belangen besseren Pforzheimer sogar äußerst schmeichelhaft. Im weiteren Verlauf der Aufstiegsrunde schlugen sich die Freiburger dennoch wacker. Dank eines Treffers von Schlatterer erkämpften sie sich beim ebenfalls stärker eingestuften TSF Esslingen ein 1:1-Unentschieden, am 27. Mai sorgten Hofmann und Knischka mit ihren Toren dafür, dass der dritte Kontrahent, der FV Ebingen, in Freiburg mit 2:1 bezwungen wurde.

Nur drei Tage später bewiesen Diehls Mannen eindrucksvoll ihre Kampfmoral: Beim Rückspiel in Ebingen lagen sie zur Pause bereits mit 0:3 zurück, ehe sie noch den 3:3-Ausgleich schafften. Bitter war nur die 0:7-Niederlage im letzten Spiel in Pforzheim: Sie machte allen SC-Verantwortlichen klar, welcher Klassenunterschied zwischen ihrer Mannschaft und einem wirklichen Aspiranten für den halbbezahlten Fußball bestand.

1965 bis 1969: Verpasste Aufstiegschancen

Die nächsten beiden Jahre brachten erneut einen Rückfall: Der Sport-Club krebste im Mittelfeld der Amateurliga herum, ehe in der Saison 1967/68 noch einmal überraschend der Titel eines südbadischen Meisters geholt wurde. Eigentlich hätte der FC Rastatt 04 als Erster die Ziellinie überqueren müssen, doch eine Schwächephase der Mittelbadener zum Ende der Spielzeit gab Diehls Mannschaft eine zweite Chance. Fünf Spieltage vor Saisonschluss lag der Sport-Club noch zwei Zähler hinter den Rastattern zurück und kam auf eigenem Platz über ein 1:1 (Torschütze: Hofmann) gegen den Offenburger FV nicht hinaus. Am gleichen Tag aber stolperte der FC Rastatt 04 überraschend daheim über die Sportfreunde Freiburg und verlor mit 0:1. Noch schlimmer erwischte es die Rastatter eine Woche später: 1:5 in Offenburg. Der SC übernahm die

Tabellenführung, ohne beim Tabellenletzten SV Schopfheim zu glänzen. Hofmann und Keilbach retteten mit ihren Toren gerade noch das 2:2-Remis. Mit Mühe und Not besiegte die Diehl-Elf am 28. Spieltag in Freiburg den SC Baden-Baden mit 2:1, während sich Rastatt in Grenzach (4:1) schadlos hielt. Einen knappen Ein-Punkte-Vorsprung holten sich die Freiburger am vorletzten Spieltag beim FV Ötigheim: Hofmann, Eckenfels, Ott und der junge hochtalentierte Zacher trafen zum 4:3-Erfolg. 3.000 Zuschauer kamen zum letzten Heimspiel gegen die Sportfreunde Freiburg. Im Lokalduell führte der Außenseiter nach 63 Minuten mit 2:1, ehe Zacher und Eckenfels für den 3:2-Endstand sorgten. Das magere 0:0 der Rastatter gegen den SV Oberkirch war belanglos geworden, im „Dreisamblick" wurde die zweite Meisterschaft gefeiert.

Ob es dem Sport-Club nun in den Aufstiegsspielen besser ergehen würde? Überraschend gab Hans Diehl bekannt, dass er den Verein verlassen möchte. Vielleicht war diese Kunde das Anfang vom Ende aller Aufstiegschancen. In der Aufstellung Rettenberger; Haas, Schlatterer, Stöhr, Brief, Hasenohr, Zacher, Hofmann, Keilbach, Blank, Eckenfels (70. Ott) musste sich der Sport-Club im ersten Spiel am 12. Mai 1968 mit einem 0:0 daheim gegen den FC Wangen begnügen. Dem 0:3 beim VfL Neckarau folgte ein deprimierendes 0:5 zu Hause gegen den TSF Esslingen. Erst in den beiden letzten Spielen (1:0 gegen VfL Neckarau und 2:2 in Wangen) zeigten sich die Freiburger in der Aufstiegsrunde von einer besseren Seite, doch der Zug in Richtung Regionalliga war schon längst ohne sie abgefahren.

Auch der FFC scheitert

In der nächsten Saison hatte Edgar Heilbrunner das sportliche Sagen, die Spielzeit verlief aus der Sicht des Sport-Club schlecht. Unerwartet holte sich der SV Waldkirch, wo damals eine gewaltige Fußballbegeisterung herrschte, die Meisterschaft, während die Freiburger froh sein durften, nicht abgestiegen zu sein. Doch im Frühjahr 1969 interessierte sich in Freiburg niemand so richtig für den Sport-Club. In der Regionalliga Süd war der Freiburger FC nach einem elektrisierenden Rennen mit dem Karlsruher SC, Bayern Hof und den Stuttgarter Kickers Vizemeister geworden und spielte gegen RW Oberhausen, SV Alsenborn, Hertha Zehlendorf sowie den VfB Lübeck um den Aufstieg in die Bundesliga. 22.000 Zuschauer kamen zu dem FFC-Heimspiel in der Aufstiegsrunde

Die SC-Meistermannschaft von 1968.

gegen Alsenborn, 1.000 mehr zum Spiel gegen RW Oberhausen, das der FFC mit 3:1 gewann. Doch im alles entscheidenden Spiel kamen die FFC-ler in Oberhausen vor 35.000 Besuchern über ein 0:0 nicht hinaus, wobei nur ein Sieg Bente und Co. in die Eliteliga gebracht hätte. Eine Standardformation des damaligen großen FFC hätte lauten können: Djuric; Gensheimer, Streich; Treuheit, Breithaupt, Wilkening; Siebert, Fröhlich, Mießmer, Bente, von de Fenn.

Das Dreisam-Stadion

Wie kaum eine andere Bundesliga-Arena spiegelt das Dreisam-Stadion exakt die Entwicklung des SC Freiburg nach dem Zweiten Weltkrieg wider: ein Sportplatz, an dem sich jahrzehntelang kaum etwas änderte, bevor er binnen weniger Jahre zu einem erstklassigen Stadion wurde – auf europäischem Standard und dank der Sonnenkollektoren auf dem Tribünendach mit ökologischem Einschlag.

Die Neugründung des Sport-Club Freiburg zum 1. Juli 1952 hatte bei der Stadtverwaltung die Erkenntnis reifen lassen: Auch dieser Verein braucht seinen Fußballplatz. Ein Jahr später begannen zwischen dem Strandbad im Osten und dem alten Hindenburg-Platz im Westen die Arbeiten an einer Anlage mit zwei Fußballfeldern, die der damalige Bürgermeister Gerhard Graf 1954 endlich einweihen konnte. Hier trug fortan der SC seine Heimspiele in der 1. südbadischen Amateurliga aus. Eine Baracke am Spielfeldrand soll lange Zeit als Umkleidekabine wie auch als Versammlungsstätte gedient haben, bis 1964 unter dem Vorsitzenden Helmut Köbele das Vereinsheim „Dreisamblick" gebaut wurde.

Die ersten Sitzplätze für die Zuschauer entstanden im Dreisam-Stadion 1970. Die südliche Tortribüne kostete rund 50.000 DM und hatte ein bescheidenes Fassungsvermögen für rund 480 Zuschauer. Die aufgeschütteten Stehränge an der Ost- und Nordseite des Platzes wurden erst nach dem Aufstieg in die zweite Bundesliga 1978 erweitert. Die Rückkehr des Sport-Club aus dem Mösle-Stadion – dort hatte der Neuling seine ersten Spiele im bezahlten Fußball ausgetragen – an die Dreisam war 1979 nur möglich, weil die Stadt für 100.000 DM den vom Deutschen Fußball-Bund geforderten Sicherheitszaun errichten ließ.

1980 entschlossen sich SC-Präsident Achim Stocker und sein damaliger „Manager" Horst Zick zum Bau der Sitzplatztribüne an der Westfront des Platzes. Sie war über eine Million teuer und bot rund 1.800 Zuschauern Platz. Das Geld dafür hatte der Verein aufgebracht. Aber weiterhin galt der Sport-Club in Zweitliga-Kreisen als ein nahezu unzu-

Bürgermeister Gerhard Graf (in der Mitte mit hellem Mantel) weihte 1954 die Fußballfelder an der Dreisam ein.

Eine Holzhütte am Spielfeldrand diente einige Jahre lang als Umkleidekabine wie auch als Versammlungsstätte.

mutbarer Gastgeber, denn angemessene Kabinen für Mannschaften und Schiedsrichter fehlten. Ebenso Toiletten für die Zuschauer.

Für 1,5 Mio. DM – jeweils ein Drittel steuerten die Stadt, der Badische Sportbund und der Verein bei – wurden ab 1989 unter der Haupttribüne Umkleideräume und eine Turnhalle errichtet. Der Ausbau des Dreisam-Stadions (das damalige Fassungsvermögen lag bei 15.000 Zuschauern) zu einem kleinen Schmuckkästchen begann jedoch erst in der Finke-Ära. Für 2,3 Mio. DM wurden nach dem Aufstieg in die Bundesliga 1993 die bisherigen Stehränge im Osten überdacht und mit einer Sitzplatztribüne für 1.600 Zuschauer erweitert. Ebenfalls im Sommer 1993 ging die 2,3 Mio. DM teure Flutlichtanlage in Betrieb.

Um die Kapazität des Stadions auf über 20.000 Zuschauer zu erweitern, mobilisierte Oberbürgermeister Rolf Böhme nicht nur den Freiburger Gemeinderat, sondern auch die Landespolitiker in Stuttgart: Beide genehmigten ursprünglich jeweils 5 Mio. DM zum erneuten Ausbau der Arena. Zuerst wurde 1994 die Haupttribüne um 3.000 Plätze vergrößert. Die alte Südtribüne mit nun 2.000 Sitz- und 3.000 Stehplätzen wurde komplett neu erbaut. Rund 17 Mio. DM hatten Stadt, Land und Verein investiert, um das Fassungsvermögen auf 22.500 Zuschauer zu erhöhen. Für rund 600.000 DM war zudem 1994 der bislang notorisch schlechte Rasen des Dreisam-Stadions erneuert worden.

Nach dem Wiederaufstieg 1998 kämpften Trainer Volker Finke und der neue Manager Andreas Rettig vehement um die „letzte Ausbaustufe" des Stadions, die rund 12 Mio. DM kosten sollte. Trotz der Proteste einiger Anwohner, die mehrere Gerichte einschalteten, wurde die Gegentri-

Das Dreisam-Stadion im Jahr 2001.

büne im Osten noch einmal vergrößert und ausschließlich mit Sitzplätzen (5.600) ausgestattet. Neu gebaut wurde auch die Stehtribüne Nord, wo seitdem rund 6.000 Fans die SC-Spieler lautstark unterstützen. Nach diesem hart umstrittenenen Ausbau gilt in Freiburg das Dreisam-Stadion als nicht mehr erweiterungsfähig. Es bietet aber nun 25.000 Zuschauern Platz. Derzeit bemüht sich vor allem der Verein um eine Verbesserung des Service-Angebotes in der stadteigenen Arena. Im Sommer 2001 wurde eine neue Anzeigetafel installiert, und ein Medienzentrum hinter der Nordtribüne befindet sich im Bau. ■

Bis zum Ende der siebziger Jahre sah die Heimstätte des Sport-Club so aus.

1969 bis 1977

Vor dem Quantensprung

1969 bis 1972: Nur besseres Mittelmaß

Unter Trainer Edgar Heilbrunner schaffte es der Sport-Club ab 1969 nicht mehr, um die südbadische Meisterschaft wirklich mitzuspielen. Aus der Meisterelf der Trainers Hans Diehl von 1968 trugen zwei Jahre später nur noch Torhüter Rettenberger, die Verteidiger Brief und Schlatterer sowie Offensivspieler Eckenfels die rot-weißen Farben. Als sich die deutsche Nationalmannschaft Ende Mai 1970 gen Mexiko aufmachte und dort einige Wochen später unvergessliche Spiele gegen England und Italien austrug, gelang es im beschaulichen Südbaden dem SV Waldkirch, seinen Meistertitel im Kampf gegen die traditionsreicheren Vereine FC Emmendingen und den Offenburger FV zu verteidigen. Mit einem Rückstand von elf Punkten wurde der Sport-Club Vierter. Doch wie schon ein Jahr zuvor hatten die Waldkircher überhaupt keine Chance in den Aufstiegsspielen zur Regionalliga Süd: Weit abgeschlagen hinter dem SV Göppingen (9:3 Punkte) und dem FV Weinheim (8:4) belegten sie mit 3:9 Zählern den vierten und letzten Platz in der baden-württembergischen Aufstiegsrunde. Der Präsident des Südbadischen Fußball-Verbandes, Helmut Köbele, plädierte in jenem Sommer des WM-Jahres 1970 immer wieder für eine baden-württembergische Oberliga, stieß aber einmal mehr auf taube Ohren.

Für den Sport-Club brachte das Jahr 1970 dennoch Erfreuliches: Dem Ehrenvorsitzenden Ernst Schrempp war es gelungen, von Vereinsmitgliedern und Gönnern rund 50.000 DM einzusammeln. Damit wurde eine überdachte Sitzplatztribüne für zirka 500 Zuschauer gebaut. Es war dies die so genannte Tortribüne an der Südseite, und es sollte bis

1980 – da spielte der SC längst schon in der zweiten Liga – die einzige des Dreisam-Stadions bleiben. Doch ab jetzt durfte man zumindest leise von einem Stadion reden – bislang war die Heimstätte des Sport-Club nichts anderes als ein Sportplatz gewesen.

Torhüter Leber, der aus Regensburg kam und früher schon mal das Tor der FFC-Amateure gehütet hatte, sowie die Feldspieler Militz aus Rheinfelden und Strittmatter aus Achkarren waren die einzigen Verstärkungen, die Trainer Heilbrunner im Sommer 1970 in seinen Kader aufnehmen konnte. Am Ende der Saison reichte es sogar zum dritten Platz mit 37:23 Punkten, und hätten die Freiburger nicht so viele Zähler im Dreisam-Stadion verloren, wäre der Abstand zum Meister FC Emmendingen (47:13) mit seinem Enderle-Trio vielleicht noch geringer ausgefallen. Wie schwach der südbadische Meister im Lande wirklich war, zeigte in bitterer Deutlichkeit die Aufstiegsrunde im Frühsommer 1971: Gegen den SV Waldhof Mannheim, den FC Singen 04 und die SpVgg Ludwigsburg gelang den Emmendingern kein einziger Punkt.

Die letzte Saison mit Edgar Heibrunner (1971/72) als sportlichem Chef war eine des fast kompletten Umbaus der Mannschaft: Bernhardt wechselte nach Bahlingen, Bluhm und Blank nach Waldkirch, Strittmatter suchte in Villingen sein Glück, Weber in Neu-Isenburg, Müller zog es in die Schweiz. Dafür aber kamen mit Rückkehrer Stöhr von Eintracht Freiburg und vor allem Gerhard Weber aus Emmendingen, Braun (Hausach), Klaus Steinwarz (BW Freiburg) und Geppert (Achkarren) gute Spieler zum Sport-Club. Außerdem komplettierte Heilbrunner seinen Kader mit eigenen Nachwuchsspielern wie Ersche, Narr oder Lais. Einer einigermaßen zufrieden stellenden Hinrunde mit 16:14 Punkte folgte die schlechteste Rückrunde seit Jahren: Obwohl die Leistungsträger Leber, Schlatterer, Braun (12 Tore), Geppert (8), Rombach (6) und Lais am Ende der Meisterschaft das Gefühl hatten, alles für den Verein gegeben zu haben, brachte es der Sport-Club nur noch auf 12:18 Punkte. Unter dem Strich hatte der Verein seit 1967 zum ersten Mal wieder ein negatives Torverhältnis (45:46) und eine 28:32-Punktebilanz. Welten schienen die Freiburger von den Spitzenteams aus Rastatt (45:15) und Lahr (43:17) zu trennen.

1972 bis 1975: Die Ära Brief beginnt

Im Sommer 1972 hatte Manfred Brief, langjähriger Stopper beim Sport-Club, seine Laufbahn als aktiver Fußballer beendet und wurde zum Nachfolger Heilbrunners als Trainer bestimmt. Mit Brief begann die Epoche, in der sich der SC aus der Provinzialität verabschiedete und in einem Quantensprung schier unaufhaltsam nach oben strebte. Als Brief 1978 abtrat, war der Verein in den bezahlten Fußball aufgestiegen und hatte mit der Präsidentschaft von Achim Stocker die Weichen in eine große Zukunft gestellt.

Doch von diesen Perspektiven ahnte noch niemand etwas, als sich Brief an die Saisonvorbereitung 1972/73 machte. In Rombach, den es zum Offenburger FV zog, verlor er einen wertvollen Stürmer, dennoch gelang es ihm, den Kader zu verstärken: Kienzle und Winski (beide FFC-Amateure) sowie Willi (SpVgg Untermünstertal) und Schmidt (VfR Stockach) reiften beim Sport-Club zu Stammspielern und Leistungsträgern heran. Der Start des neuen Trainers verlief spektakulär. In der Aufstellung Leber; Fleischer, Narr, Biehler, Kienzle, Steinwarz, Willi, Winski, Geppert, Weber, Winkler (31. Stöhr) gelang gleich zum Auftakt ein 4:0-Sieg beim SV Weil. Torschützen waren Stöhr (2), Geppert und Winski. Ganz vorne mitmischen konnte Brief allerdings in seinem ersten Trainerjahr noch nicht: In einer Spielzeit, in der die Stadt Freiburg – neben dem Sport-Club waren es noch die Amateure des Freiburger FC, die Sportfreunde Freiburg und Alemannia Zähringen – mit vier Vereinen in der 1. Amateurliga vertreten war, musste sich der SC noch mit einem Mittelfeldplatz begnügen. Aber der Offensivgeist, den die Mannschaft demonstrierte und der sich in einem 55:40-Torverhältnis niederschlug, war ein Hinweis darauf, dass es wieder bergauf ging.

Wegen der Einführung der zweigleisigen zweiten Bundesliga im Jahre 1974 war die 1. südbadische Amateurliga in der Saison 1973/74 von vornherein zu einem „toten Rennen" deklariert worden. Es stand fest: Einen Aufsteiger ins Profilager kann es am Ende der Saison nicht geben. Für die SC-Spieler war dies kein Grund, unmotiviert zu Werke zu gehen. Briefs Mannschaft legte einen 8:0-Punktestart hin und hatte nur im Spätherbst einen kleinen Durchhänger. Im ersten Spiel der Saison wechselte der SC-Trainer nach 60 Minuten einen klein gewachsenen Mittel-

Mit seiner Trainer-Tätigkeit begann der Aufschwung des Sport-Club:
Manfred Brief.

feldspieler aus dem eigenen Nachwuchs ein – eine halbe Stunde reichte, um die Zuschauer von dem außerordentlichen Talent Reinhard Binders, den später alle nur „Bimbo" rufen sollten, zu überzeugen. Der sechste Platz zum Saisonende war auf den ersten Blick gar nicht so herausragend, doch eine Aufschlüsselung der SC-Bilanz zeigt die Fortschritte, die die Mannschaft gemacht hatte: 18:12 Punkten in der Vorrunde folgten 19:11 Zähler in der Rückrunde. 17:13-Punkte lautete die Auswärtsbilanz, 62:35 war ein famoses Torverhältnis. Es war eine Saison, in der Leber, Fleischer, Biehler, Winski und Binder dank ihrer Konstanz überzeugten, während Stürmer Geppert mit 20 Treffern fast ein Drittel aller SC-Tore erzielte.

Im Sommer 1974 war Deutschland Weltmeister geworden, Bayern München hatte den Europapokal der Landesmeister gewonnen, der SC Freiburg eine gute Saison gespielt – dennoch trug Fußball-Freiburg Schwarz. Der Profiverein der Stadt, der Freiburger FC, hatte den Aufstieg in die zweite Bundesliga nicht nur verpasst, er war sogar sang- und klanglos als Tabellenvorletzter aus der Regionalliga Süd abgestiegen. Der Vorsitzende Hugo Steim war verzweifelt, hatte er doch sehenden Auges den Niedergang nicht verhindern können. Wie konnten „die aus dem Mösle" auch nur so blauäugig gewesen sein und Spieler wie Bente, Schnitzer und von de Fenn zu Saisonbeginn ziehen lassen, fragten sich die Fans. Die FFC-Trainer Hans Hipp und nach ihm Rudi Reitmayer standen ein Jahr lang hilflos einer schwachen und apathischen Mannschaft gegenüber.

Die Saison 1974/75 sollte dafür als die spektakulärste Spielzeit in die Annalen der 1. südbadischen Amateurliga eingehen. Denn nicht nur der Freiburger FC war mit von der Partie, sondern auch die starken südbadischen Vereine, die in den vergangenen Jahren in der so genannten Schwarzwald-Bodensee-Liga vertreten waren: der FC Konstanz, die DJK Konstanz, der FC Villingen 08 und der FC Singen 04.

Die große Saison 1974/75

Keinen einzigen Abgang hatte Manfred Brief im Sommer zu beklagen. Begrüßen konnte er hingegen gute Neuzugänge wie die Rückkehrer Blank (Waldkirch) und Strittmatter (Villingen) sowie Martinelli (Sportfreunde Freiburg) und Wagner (Emmendingen). Der FFC hingegen hatte mit Gyula Lorant eine spektakuläre Trainerverpflichtung getätigt, während

der Offenburger FV für damalige südbadische Verhältnisse eine Über-
mannschaft mit Bente, Metzler, Bruder, Schmider oder Hägele besaß.

In diese Meisterschaft mit 20 Mannschaften startete der SC gut: Drei
Willi-Tore sorgten für das 3:0 in Gottmadingen. Es folgte ein 2:2 gegen
Emmendingen und ein 2:0-Sieg bei den Sportfreunden Freiburg. Nach
dem 1:1 gegen Lörrach mussten die SC'ler die erste Saisonniederlage
hinnehmen – 0:2 in Villingen. Doch nach dem 1:0-Sieg beim FC Konstanz wollten 2.500 Zuschauer das Gastspiel des Offenburger FV im
Dreisam-Stadion sehen. 3:1 nach Toren von Hägele (2) und Schmider
sowie einem von Winski verwandelten Foulelfmeter führten die Offenburger zur Pause. Dann startete der SC eine Aufholjagd und spielte Bente
und Co. phasenweise an die Wand. Weber gelang per Doppelschlag der
3:3-Ausgleich, ehe in einer dramatischen Schlussphase der Jugoslawe
Bora Markovic (88.) das glückliche 4:3 für die Offenburger erzielte.

▶ Die Aufstellungen im vielleicht besten Fußballspiel im Dreisam-Sta-
dion zu Amateurligazeiten:
SC Freiburg: Leber; Steinwarz (46. Sartori), Winski, Biehler, Fleischer,
Binder, Willi (46. Blank), Strittmatter, Geppert, Weber, Martinelli
Offenburger FV: Berger, Faißt, Eberle, Metzler (82. Bohe), Bruder, Reich,
Markovic, Schmider, Hägele, Bente, Schlosser.

**Endlich
wieder ein
Lokalderby**

Keineswegs geknickt spielte die SC-Mannschaft weiterhin erfolgreich: Dem 3:1-Pflichtsieg gegen Ötigheim folgte
ein 3:0 in Bahlingen. Dann erhielt der starke FC Singen 04
im Dreisamstadion eine Lektion (3:0), beim FC Rastatt 04
erkämpften Briefs Schützlinge ein wertvolles 0:0.

Am 19. Oktober, nach vielen Jahren, stand endlich das Plakat mit
dem Freiburger Derby auf den Litfasssäulen der Stadt. Es war kein großes Spiel, aber der SC die bessere Mannschaft und das 1:1 nach Toren
von Weber (73.) und Gruler (77.) eher schmeichelhaft für den vermeintlichen Favoriten, der eine grausige Saison erlebte. Der FFC wurde
am Ende nur Sechster.

▶ Die Aufstellungen des ersten Derbys nach fast 25 Jahren:
SC Freiburg: Leber, K. Steinwarz, Winski, Biehler, Fleischer, Blank, Mar-
tinelli, Binder, Willi, Strittmatter, Weber.
Freiburger FC: Träris, D. Steinwarz, Linsenmaier, Fröhlich, Treuheit,
Gruler, Gensitz, Dospial, Vogtmann, Derigs, Matic

1975 holte der Sport-Club nach einer turbulenten Saison in der 1. Amateurliga überraschend die Vize-Meisterschaft.

Der Sport-Club steigerte sich im Saisonverlauf in einen sportlichen Rausch. Doch fünf Spieltage vor Schluss schien das Kopf-an-Kopf-Rennen mit dem Offenburger FV entschieden: Beim SC Baden-Baden kam die Brief-Elf über ein 1:1 nicht hinaus, die Offenburger, die im Rückspiel nur ein 2:2 gegen den SC schafften, gewannen bei den Freiburger Sportfreunden mit 7:0. Die Mittelbadener hatten zwei Punkte Vorsprung und das klar bessere Torverhältnis. Eine Woche später schlug der SC daheim den SV Weil mit 3:1, die Offenburger erwiderten mit einem 5:0 gegen Emmendingen. Weber und der während der Saison gekommene Klaus Bury erzielten am 36. Spieltag die Tore beim schwer erkämpften 2:1-Auswärtssieg gegen die DJK Konstanz, doch der direkte Kontrahent amüsierte sich beim 4:1 gegen Lörrach. Merkwürdig, dass die Offenburger die letzten beiden Spiele auswärts austragen mussten: Sie strauchelten unerwartet in Rastatt (1:2), während der ebenfalls nervöse Sport-Club das Lokalduell gegen die Sportfreunde knapp mit 3:2 erfolgreich beendete. Im Dreisam-Stadion hatte das Schlusslicht zwischenzeitlich schon mit 2:0 geführt.

Vor dem letzten Spieltag waren der Sport-Club und der Offenburger FV somit punktgleich. Nur die Tordifferenz sprach noch für Bente und Co. Doch während die Freiburger lediglich nach Laufenburg mussten, stand für die Offenburger das schwere Spiel beim FFC auf dem Programm. Unter der Woche wurde in Freiburg allerlei gemunkelt, der FFC würde seine Chance nicht fair verteidigen. Am 11. Mai aber bewiesen Bente (2 Tore), Metzler und Schlosser ihre Klasse im Mösle-Stadion: Der Offenburger FV gewann mit 4:1, der 1:0-Sieg des Sport-Club in Laufenburg war vergebens.

Es war die erste Saison unter dem Präsidenten Achim Stocker, er attestierte danach seinem Trainer eine „fanatische" Arbeit. 26.500 Zuschauer, so viele wie noch nie, waren zu den Heimspielen des Sport-Club gekommen, der sein sensationelles Jahr noch mit dem Gewinn des südbadischen Verbandspokals (2:1 gegen den VfB Gaggenau im Finale) krönte.

1975 bis 1977: Luftholen

Eine Sorge Stockers nach diesen Erfolgen erwies sich sofort als begründet: Einige der SC-Spieler waren plötzlich heiß begehrt. Während der erfahrene Fleischer seine Laufbahn beendete, gingen Willi nach Uerdingen, Weber nach Völklingen und Strittmatter nach Wettingen. Den ehemaligen Torjäger Geppert zog es nach Bahlingen. Keine große Namen durfte hingegen Brief verpflichten: Aus Lahr kamen Steimle und Reiling, Jassok aus Laufenburg und Kammerknecht vom FC Emmendingen.

1975/76 war eine Saison zum Luftholen, nach der Dramatik des vergangenen Jahres: Die Mannschaft spielte nicht schlecht, doch in den erneut dramatischen Kampf um die Meisterschaft zwischen dem FC Villingen 08, dem SC Baden-Baden und dem wieder erstarkten FFC konnte sie nicht eingreifen. Dafür durfte der SC zum ersten Mal am DFB-Pokal teilnehmen, und nach einem 2:1-Heimsieg vor nur 1.100 Zuschauern gegen Viktoria Hamburg (die Tore erzielten Winski und Gelfert) wurde sogar der Einzug in die zweite Runde geschafft. Dort war am Freitag, dem 17. Oktober 1975, in Müngersdorf der 1. FC Köln der Gegner. 70 Minuten lang verteidigten die Südbadener ihre Haut teuer, doch gegen die Stars vom Rhein gab es am Ende doch das standesgemäße 2:8.
► 1. FC Köln: Topalovic; Konopka, Zimmermann, Weber, Cullmann Strack (46. Neumann), Glowacz, Flohe, Brücken, Overath, Löhr; SC Freiburg: Leber; Wagner, Steinwarz, Biehler, Reiling, Blank, Bührer, Binder (51. Winski), Steimle, Bury, Martinelli (84. Kammerknecht). Tore: 1:0 Overath (16.), 2:0 Weber (17.), 3:0 Brücken (22.), 3:1 Martinelli (41.), 4:1 Glowacz (44.), 4:2 Bührer (53.), 5:2 Neumann (72.), 6:2 Brücken (76.), 7:2 Löhr (81.), 8:2 Löhr (83., Foulelfmeter).

Einer, der Druck machen konnte: Bereits in der südbadischen Amateurliga war Klaus Bury ein Leistungsträger.

Obwohl sich der Sport-Club im Sommer 1976 gut verstärkte – Stocker holte aus Offenburg Markovic und Hansi Bührer, aus Baden-Baden Deinert, Trox aus Singen und Smukalla aus Emmendingen – war in der Spielzeit 1976/77 dem Freiburger FC nicht mehr beizukommen. Im Mösle war mit Rolf Jankovsky ein Geschäftsmann in die erste Reihe getreten, der dem Verein neue finanzielle Möglichkeiten zu eröffnen schien. Prompt kehrte Bente aus Offenburg zurück, in seinem Gefolge die treuen „Wasserträger" Bruder und Metzler. Der FFC dominierte die südbadische Amateurliga kategorisch, die einzige Niederlage gab es beim FC Konstanz mit 1:2.

Bittere Lektion zum Auftakt

Für den Sport-Club, der 1976 noch einmal im Südbadischen Pokalfinale gestanden hatte, begann die Saison mit einem „Höhepunkt", der zur bitteren Lektion geriet: Im DFB-Pokal verlor die Elf im Dreisam-Stadion gegen die Stuttgarter Kickers mit 1:6. In der Meisterschaft spielte der Sport-Club zwar eine überragende Rolle, ohne jedoch als Tabellenzweiter mit dem FFC Schritt halten zu können.

Am Samstag, den 16. April 1977, fiel fünf Spieltage vor Saisonende bereits die endgültige Entscheidung in der Meisterschaft zugunsten des Teams aus dem heimischen Mösle: Der FFC gewann das letzte Derby im Amateurfußball gegen den SC mit 3:0 (2:0). Die Tore erzielten D. Steinwarz, Bente (Foulelfmeter) und Hug.

▶ Die Aufstellungen:
Freiburger FC: Armbrust; Schnitzer, D. Steinwarz, Bruder, Vogtmann, Metzler, Bente, Schulz, Matic (59. Derigs), Widmann, Hug;
SC Freiburg: Zeitvogel; K. Steinwarz, Smukalla, Bury, H. Bührer, Binder, Deinert (75. Kammerknecht), Schüler, Blank, Martinelli, Markovic.

Wie stark der von Georg Gawliczek trainierte FFC damals wirklich war, bewiesen die Mannen um Bente in der Aufstiegsrunde zur zweiten Bundesliga: In den Spielen, in denen die südbadischen Vertreter bislang kaum etwas reißen konnten, triumphierten die FFC-Spieler beeindruckend. Gegen den SSV Reutlingen, den SSV Ulm und SV Neckargerach gewannen sie alle sechs Spiele und kehrten so in den bezahlten Fußball zurück.

1977 bis 1980

Lokalderbys in der zweiten Liga

1977/78: Der Aufstieg in die Zweite Bundesliga

Im Sommer 1977 waren die Verhältnisse im Freiburger Fußball wieder deutlicher zurechtgerückt: Der Freiburger FC hatte souverän den Aufstieg in die zweite Liga geschafft, im altehrwürdigen Mösle war Profi-Fußball zu bewundern, im kleinen Dreisam-Stadion nur der graue Alltag der südbadischen Amateurliga. Dass der arme Sport-Club dem traditionsreichen FFC nur eine Saison später in die zweithöchste deutsche Spielklasse folgen würde, glaubte kaum jemand. Der SC gehörte zwar in der neuen Spielzeit zum Kreis der Meisterschaftsanwärter, doch das eigentliche Ziel war die Qualifikation zur baden-württembergischen Amateur-Oberliga, deren Einführung ab 1978/79 am 2. Juli 1977 beschlossen worden war. Nur die fünf Bestplatzierten der ersten Amateurliga Südbaden konnten den Einzug in die höchste Amateurklasse des Landes schaffen, und mit dem FC 08 Villingen, dem SV Kuppenheim, den teuren Teams aus Rastatt und Offenburg, aber auch dem SV Kirchzarten und der DJK Konstanz hatte sich der Sport-Club starker Konkurrenz zu erwehren.

SC-Trainer Manfred Brief verfügte immerhin über eine noch homogenere Mannschaft als im Vorjahr. Schon bei der offiziellen Präsentation des Teams am 7. August, als der VfR Pforzheim mit 5:1 bezwungen wurde, sahen 400 Zuschauer, dass die Neuzugänge Weber (er kehrte von Röchling Völklingen zurück), Lang (FC Konstanz), Großklaus (FV Lörrach), Feißt (Lahrer FV) oder Gelfert (FC Neustadt) den Verein verstärken würden. Allerdings: Der spektakulärste „Neueinkauf", Ex-Profi Peter Zacher (Eintracht Kreuznach), war erst ab Ende August spielberechtigt.

Ohne zu glänzen, gelang dem SC vom Start weg mit 6:0 Punkten die Etablierung in der Spitzengruppe. Der 0:2-Niederlage beim VfB Gaggenau am vierten Spieltag folgte bis zum 6. November eine Serie von 13:3 Punkten, so dass die Freiburger nach dem elften Spieltag (4:0 beim VfR Achern) zum ersten Mal die Tabellenführung übernahmen. In Zeitvogel; Steinwarz, Deinert, Smukalla, Bührer; Bury, Binder, Zacher (Blank); Martinelli, Schüler, Weber hatte sich sehr schnell eine Stammelf herauskristallisiert, die in dieser Formation bis zum Meisterschaftsende im Mai und dem sensationellen Aufstieg im Juni praktisch durchspielte. Beachtlich, dass Trainer Brief diese Mammut-Saison mit nur 18 Spielern absolvierte: Die SC-Amateure hatten nicht nur eine Meisterschaft mit 34 Spieltagen, praktisch ohne Winterpause, zu bestreiten, sondern auch noch eine Aufstiegsrunden-Tortur mit sieben Spielen. Fast in unveränderter Formation kämpfte sich der SC außerdem bis ins Endspiel des südbadischen Pokals vor.

Allerdings wurde die Tabellenführung noch einmal verloren: Mit 1:2 unterlag der SC im ersten Match nach der kurzen Winterunterbrechung gegen den Offenburger FV. Doch bis zum Spitzenspiel gegen die DJK Konstanz gab es nur noch Siege, und nach dem 2:0 vor 1.200 Zuschauern am 9. April über die Mannschaft vom Bodensee war für die Freiburger der Weg zur Meisterschaft frei.

„Basis für die zweite Liga"

Plötzlich gab es von Achim Stocker Überraschendes zu hören: „Wir haben die Basis für die zweite Liga." Dabei meinte der SC-Präsident freilich mehr die wirtschaftliche als die sportliche Seite, denn in den anstehenden Duellen gegen den Meister der Amateurliga Württemberg und den Ersten der Schwarzwald-Bodensee-Liga galt der SC als krasser Außenseiter. Zwar wurden der junge Torjäger Wolfgang Schüler (27 Saisontreffer) und der laufstarke Mittelfeldspieler Binder inzwischen von Bundesligisten umworben, doch alle Experten hatten die Reutlinger und vor allem die Ulmer als Aufstiegsanwärter auf der Rechnung. Beim SSV Ulm 1846 verfügte Trainer Peter Jendrosch in Torhüter Alex Pietsch, Libero Walter Kubanczyk sowie den Außenverteidigern Günter Berti und Helmut Meier über eine ausgezeichnete Defensivabteilung. An der Reutlinger „Kreuzeiche" war zwar viel von Schulden die Rede, aber der Ex-Zweitligist besaß nicht nur mehr Erfahrung als der SC Freiburg, sondern in Torhüter Grüninger, Libero Piller, Kapitän Göbel und Torjäger Lühr auch herausragende Einzelspieler. Lediglich dem von Rudi Dielmann trainierten FV Weinheim, dem dritten Gegner in der Aufstiegsrunde, mit den ehemaligen Mannheimer Profis Bartels und Gölz sowie dem vom 1. FC Kaiserslautern umworbenen Goalgetter Bernd Dobiasch, wurden noch weniger Aufstiegsambitionen zugetraut als den Südbadenern.

Doch die Aufstiegsrunde sollte am 13. Mai mit einem Paukenschlag beginnen: Während die Reutlinger zu einem standesgemäßen 3:0-Heimsieg gegen die Weinheimer kamen, siegte der SC Freiburg im Ulmer Donaustadion vor 6.000 Zuschauern überraschend mit 3:1. Gegen die nervösen Schwaben hatte Schüler schon nach 30 Minuten mit zwei Toren für Aufsehen gesorgt. Zwar benötigten die Freiburger viel Glück, um den Ulmer Sturmlauf nach der Pause zu überstehen, doch nach diesem Sieg wurde auch der Sport-Club ernst genommen. Nur zwei Tage später, am Pfingstmontag, gastierte der SSV Reutlingen im Dreisam-Stadion: Gegen das arg enttäuschende Team von Trainer Herbert Wenz gewann der in allen Belangen überlegene SC mit 2:0 durch Tore von Weber und Schüler.

4.500 Zuschauer waren zu diesem Spiel gekommen, für das nächste Heimspiel gegen den FV Weinheim wurde die Kapazität des Dreisam-Stadions mit einer kurzfristig aufgebauten Stahlrohrtribüne sogar noch erweitert. Dank eines überragenden Wolfgang Schüler – der Mittelstürmer erzielte zwei Tore und leistete zu den anderen beiden die Vorarbeit – drehte der Sport-Club einen 0:2-Rückstand noch um und gewann mit 4:2. Nachdem sich die Ulmer und Reutlinger untereinander die Punkte geteilt und der SC auch noch das Auswärtsspiel am 25. Mai in Weinheim (0:0) schadlos überstanden hatte, befand sich der SC Freiburg vor dem Spiel in Reutlingen eindeutig in der besten Position. Am 28. Mai schickte Trainer Brief an der „Kreuzeiche" vor 3.500 Zuschauern die Aufstellung

Entscheidung in Reutlingen

Zeitvogel; Steinwarz, Deinert, Smukalla, Bührer; Blank, Binder, Bury; Martinelli (43. Lang, 79. Großklaus), Schüler, Weber auf den Platz. Dank dreier Treffer von Schüler stand der SC nach dem Schlusspfiff nicht nur als Sieger, sondern bereits als vorzeitiger Gewinner der Aufstiegsrunde fest.

Doch damit war die Tür zum bezahlten Fußball noch immer nicht offen: Denn dem Sieger der baden-württembergischen Aufstiegsrunde stand noch ein Entscheidungsspiel gegen den Bayernliga-Meister MTV Ingolstadt bevor, das für den 11. Juni in Darmstadt programmiert worden war. Allerdings war der Sport-Club schon zwei Tage davor aufgestiegen, denn bereits am 9. Juni erreichte der 1. FC Nürnberg im Relegationsspiel zur 1. Bundesliga ein 2:2-Unentschieden bei RW Essen. Damit waren die Franken im Oberhaus, und die 2. Bundesliga Süd benötigte vier Aufsteiger: Neben den Freiburgern und den Ingolstädtern waren dies Borussia Neunkirchen und der FC Hanau 93. Die Kunde vom Ergebnis in Essen platzte mitten in eine SC-Jahreshauptversammlung, die nicht mehr ordnungsgemäß zu Ende geführt werden konnte…

Das völlig unbedeutende Spiel von Darmstadt fand dennoch statt, der SC verlor vor 51 Zuschauern mit 4:6. Trainer Brief hatte sogar angekündigt, sich selbst einzuwechseln, schenkte dann aber diesen Einsatz dem Zeugwart Theo Schlatterer.

1978/79: Wieder in Rivalität mit dem FFC

Für eine neue Aufstiegsfeier gab es in Freiburg keinen Grund: Außer der Mannschaft und ihrem ehrgeizigen Präsidenten hatte sich fast niemand einen zweiten Vertreter der Stadt im Profi-Fußball gewünscht. Oberbürgermeister Eugen Keidel meldete sich zu Wort und forderte eine sofortige Fusion zwischen dem FFC und dem Sport-Club: „Wenn seinerzeit alte gute Fußballvereine in Karlsruhe wie der VfB Mühlberg und der SC Phönix nicht fusioniert hätten, wären die Erfolge des Karlsruher SC in den letzten zehn Jahren undenkbar gewesen." Auch Sportbürgermeister Gerhard Graf malte den Teufel an die Wand: „Der SC soll im Mösle spielen. Es gibt aber das negative Beispiel Würzburg mit zwei Vereinen in einer Liga. Beide benutzen das gleiche Stadion, der eine steigt ab, der andere hat noch mehr Schulden als zuvor."

Nur: Schulden wollte SC-Präsident Stocker nicht machen. Er verkündete, sein Verein erwarte von der Stadt neben einem Zuschuss von 250.000 DM noch einmal 75.000 DM, schließlich hätte der FFC nach seinem Aufstieg vor einem Jahr die gleiche Summe bekommen. Stocker vergaß nicht, mit seinem Rücktritt zu drohen, sollte man im Rathaus

Die Vereinsmitglieder halfen mit: Das Dreisam-Stadion wird einigermaßen zweitligatauglich gemacht.

seine Wünsche nicht ernst nehmen. Druck übte allerdings auch sein Kollege vom Freiburger FC aus. Als der Aufstieg des Sport-Clubs perfekt war, ließ Rolf Jankovsky vernehmen: „Für den SC gibt es im Mösle keinen Platz." Und schon gar kein Publikum: „Die Zuschauer werden nur zu Spielen gegen attraktive Gegner kommen."

Knapp 5.000 Zuschauer waren im Schnitt zu den Heimspielen des FFC ins Mösle-Stadion gekommen, für den Aufsteiger ging es in der ersten Saison in der 2. Bundesliga Süd nur um den Klassenerhalt. Nach einem recht schwachen Start konnte sich die von Georg Gawliczek trainierte und weiterhin von Spielmacher Karl-Heinz Bente dominierte Mannschaft stabilisieren und belegte am Ende den 13. Platz. Als der Traditionsverein im Frühjahr 1978 zu spät seine Lizenzierungsunterlagen beim DFB einreichte, hatten nur Insider die dunklen Wolken geahnt, die sich über ihm zusammenbrauten.

Wie sein Lokalrivale, bei dem Trainer Gawliczek seinen Vertrag zum Saisonende nicht verlängert bekommen hatte und durch Norbert Wagner ersetzt wurde, befand sich auch der Sport-Club im Frühjahr auf Trainersuche. Brief, der keine A-Lizenz besaß, wollte zum Amateurligisten Bahlinger SC wechseln, ihn sollte Lutz Hangartner ersetzen. Doch die SC-Mannschaft stimmte ihren langjährigen Coach noch einmal um, und bereits am 3. Juli wurde die Vorbereitung für die neue Saison aufgenommen. Auf der nachgeholten Hauptversammlung am 14. Juli schied jedoch der bisherige Spielausschussvorsitzende Gerhard Schneider aus der SC-Führungsriege aus, als neuer Lizenzspieler-Obmann wurde Horst Zick bestimmt.

Nachdem der Sport-Club in seiner letzten Amateurliga-Saison einen Zuschauerschnitt von nicht einmal 700 Besuchern pro Spiel erreicht hatte, war Stocker überzeugt, im bezahlten Fußball auf bessere finanzielle Voraussetzungen zu stoßen. Neben den öffentlichen Geldern sollten Sponsoren rund 150.000 DM in die Klubkasse bringen, die monatlichen Zuschauereinnahmen waren auf 30.000 DM veranschlagt. Doch dazu mussten zu jedem Heimspiel rund 2.500 Zuschauer ins Mösle-Stadion kommen, wo der SC bis auf weiteres seine Matches bestreiten wollte. Schon deshalb war Stocker im Sommer 1978 zu keinen risikoreichen Aktionen auf dem Transfermarkt bereit: Für Wolfgang Schüler, der den Klub praktisch in die zweite Liga geschossen hatte und der zum KSC gewechselt war, holte er den Torjäger des SV Weil, Paul Dörflinger. Reinhard Willi kehrte vom SC Kriens nach Freiburg zurück, die anderen Neuen trugen höchstens in der Region bekannte Namen: Karl-Heinz Wöhrlin und Minoslav Crnjanin (BSV Schwenningen), Peter Baum (SV Kirchzarten), Günter Ehret (FC Neuenburg) oder Fritz Treuheit (FFC). Als eines der größten Talente in Südbaden galt der 18-jährige Joachim Löw, der aus der A-Jugend der Eintracht DJK Freiburg zum Sport-Club wechselte.

Für seine Blauäugigkeit musste der Aufsteiger sofort Lehrgeld bezahlen: Gleich zum Auftakt war Briefs Mannschaft gegen Wormatia Worms überfordert, bei der 0:2-Heimniederlage besaß der neu formierte Sturm mit Willi, Dörflinger und Baum kaum eine Torchance. Dem 0:5-Debakel in Offenbach folgte das Trauerspiel im Mösle gegen den FC Homburg. Nach dem Match, das erneut mit 0:5 verloren ging, verzweifelte Trainer Brief an seiner Abwehr um Libero Dietmar Deinert. Immerhin ließ der Trainer für das Spiel bei der SpVgg Fürth nichts unversucht: Für den total verunsicherten Michael Zeitvogel hütete der erst 18-jährige Andreas Müller das SC-Tor, Deinert musste auf der Libero-Position Fritz Treuheit weichen. Aber der Sport-Club, der gar nicht einmal schlecht spielte, verlor mit 0:2 und belegte weiterhin den letzten Tabellenplatz. Die Horror-Bilanz aus vier Spielen lautete: 0:8 Punkte bei 0:14 Toren.

Lehrgeld für den Neuling

Jedem Freiburger Fußballfreund war nun klar, dass die Tage des Coaches Manfred Brief gezählt waren. Obwohl der Trainer ohne Lizenz plötzlich doch Erfolge feiern durfte: In der ersten Runde des DFB-Pokals eliminierte der SC den Nord-Zweitligisten RW Essen mit 3:1, danach erlebten nur 1.500 Zuschauer im Mösle den 4:3-Punktspielsieg gegen den 1. FC Saarbrücken. Dörflinger traf in diesem Spiel gleich dreimal, und der neu verpflichtete ehemalige Eintracht-Frankfurt-Keeper Günther Wienhold feierte sein Debüt im SC-Dress. Aufsehen erregte das darauf folgende 3:3 in Bayreuth, beim 2:2 in Augsburg schaffte der SC den zweiten Auswärtspunkt. Briefs letzter Sieg war das standesgemäße 2:0 im DFB-Pokal gegen die Amateure des FC Tailfingen.

Danach präsentierten Stocker und Zick ihren neuen Trainer: Heinz Baas kam als ein zweitligaerfahrener Mann, der zuvor schon beim Karlsruher SC, Hessen Kassel und FSV Frankfurt gearbeitet hatte. Und er kam nicht allein, denn mit ihm verpflichtete der Sport-Club den 26-jährigen Libero Volker Fass, der für Kickers Offenbach immerhin 46 Erstligaspiele absolviert und zuletzt in den USA bei den Oakland Stompers unter Vertrag gestanden hatte. Baas und Fass debütierten in Freiburg mit einem 3:1-Heimsieg gegen den KSV Baunatal, ein Spiel, das nur noch 800 Zuschauer sehen wollten.

10.000 kommen zum ersten Derby

Dafür aber kamen 10.000 Schaulustige am Sonntag Nachmittag des 8. Oktober ins Mösle: Dort standen sich zum ersten Mal in der zweiten Liga der FFC und der SC gegenüber. Während der Aufsteiger inzwischen immerhin den 16. Platz belegte, befand sich der FFC mit 9:9 Punkten im Mittelfeld der Zwanziger-Liga. Für mehr Aufsehen als die bisherigen Meisterschaftsergebnisse des FFC oder die von seinem Trainer Wagner in Freiburg eingeführte Raumdeckung hatten in diesem Herbst zwei andere Ereignisse rund um den Traditionsverein gesorgt: Trotz vieler kritischer Stimmen, darunter auch die des Trainers, verpflichtete die Klubführung den österreichischen Nationalspieler Hans „Buffy" Ettmayer, der in der Schweiz beim FC Lugano nicht glücklich geworden war. Mit dem inzwischen 32-jährigen „Spielmacher" und einstigen „Enfant terrible" des VfB Stuttgart und Hamburger SV sollte der Freiburger Regisseur Bente fortan die Chefrolle im Mittelfeld teilen. Finanziell weitaus lukrativer war der zweite Coup der FFC-Verantwortlichen: Am 21. September hatte Cosmos New York mit Franz Beckenbauer zu einem Freundschaftsspiel in Freiburg gastiert, und 18.000 Zuschauer hatten den 2:0-Sieg des FFC nach Toren von Widmann und Stobeck erlebt.

Am 8. Oktober aber ging es darum, dem „kleinen" Sport-Club erneut zu zeigen, wer in der Stadt der Größte war und wem zu Recht die Freiburger Fußballherzen gehörten. Die Stimmung vor dem Spiel war derart angeheizt, dass die Lokalpresse die „Pflicht" verspürte, alle Beteiligten daran zu erinnern, ob der großen Rivalität nicht den Gedanken des Fairplay zu vergessen. Es war ein Klasse-Derby, das lange Zeit der Außenseiter dominiert hatte, ehe sich die Routine des FFC doch durchsetzte. Zum spielentscheidenden Mann schwang sich wieder einmal Bente hoch, der verletzt in das Derby gegangen war: Zwei Treffer zum 3:0-Sieg des Favoriten durch die Tore von Derigs (58.), Bruder (61.) und Metzler (67.) bereitete der Regisseur selbst vor.

▶ FFC: Birkenmeier – Vogtmann, Bruder, Karvouniaris, Derigs – Schulz, Bente (75. Widmann), Metzler, Stobeck – Bührer, Mießmer (72. Hug); SC Freiburg: Wienhold – Wöhrlin, Fass, Smukalla, Steinwarz (66. Deinert) – Bury (66. Willi), Binder, Zacher, Bührer – Dörflinger, Löw.

Trotz der guten Kritiken nach dem Derby begann auch für Baas eine schwere Zeit in Freiburg: Aus den nächsten vier Spielen holte die Mannschaft nur 2:6 Punkte, zu den Heimspielen gegen Borussia Neunkirchen und den MTV Ingolstadt kamen insgesamt nur 1.400 Zuschauer. Vor der 1:4-Niederlage beim FSV Frankfurt gab es eine Krisensitzung; nach dem Spiel erklärte Baas, die Mannschaft sei für die zweite Liga auf vier Positionen zu schwach besetzt: „Am liebsten würde ich Erwin Kostedde und Manfred Ritschel kaufen", so der Trainer, nur sei kein Geld da. Aber Stocker und sein „Manager" Zick sollten dann doch einiges locker machen. Noch während der Hinrunde verstärkten sie den Kader mit dem Ungarn Gábor Zele, der in Holland bei Twente Enschede Profi-Luft geschnuppert hatte, vom 1. FC Nürnberg wurden die Offensivspieler Alfred Steinkirchner und Siegfried Susser bis zum Saisonende ausgeliehen. Bis zur Winterpause brachte es der SC auf 13:25 Punkte und lag damit auf einem Abstiegsplatz, die zu diesem Zeitpunkt „gesicherten" FC Augsburg und FSV Frankfurt hatten jedoch nur einen Punkt mehr auf dem Konto.

Dennoch sollte der Pragmatiker Baas, der während seines gesamten Freiburger Engagements täglich mit dem Zug aus Frankfurt anreiste, den Sport-Club zum Klassenerhalt führen. Seine Mannschaft schaffte in der Rückrunde eine ausgeglichene Punktebilanz (19:19), nur die Zuschauerzahlen blieben weiterhin auf niedrigem Niveau. Dabei hätten die Freiburger Fußballfreunde auch beim SC einiges zu sehen bekommen:

Rudi Völler an der Dreisam

Gegen die Kickers Offenbach mit ihrem Riesentalent Rudi Völler siegten die Freiburger mit 2:1, die SpVgg Bayreuth, die im Sommer als Vizemeister Aufstiegsspiele zur 1. Bundesliga gegen Bayer 05 Uerdingen bestreiten sollte, wurde beim 5:2 vorgeführt.

Unter Trainer Baas wurde beim SC das Optimale aus einem „billigen Kader" herausgeholt: Wienhold war ein erfahrener Torhüter, der der Abwehr Halt verleihen konnte, Fass und Zele bildeten eine Innenverteidigung, die Zweitliga-Ansprüchen genügte. Klaus Bury wurde zum guten linken Verteidiger umfunktioniert, im Mittelfeld bildeten Binder, Löw und Steinkirchner eine immer besser funktionierende Achse, im Angriff war Susser die erhoffte Verstärkung, und Paul Dörflinger erzielte die nötigen Tore zum Klassenerhalt. Der erst 24-jährige Stürmer war wegen seiner 21 Treffer von mehreren Bundesligisten umworben, zum Saisonende sollte er für 450.000 DM zum MSV Duisburg wechseln. Da auch Susser und Steinkirchner nach Nürnberg zurückkehren mussten, wollte Trainer Baas seine Tätigkeit in Freiburg nicht mehr fortsetzen. Er war als Retter vor dem Abstieg geholt worden, diese Aufgabe hatte er erfüllt. Seinem Regiment waren die Spieler Zeitvogel, Ehret und Zacher, die allesamt während der Saison ihre laufenden Verträge auflösten, zum Opfer gefallen.

Baas gelang auch die prestigeträchtige Revanche gegen den FFC: Vor erneut 10.000 Zuschauern gewann der Sport-Club in der Rückrunde das Derby durch ein Tor von Dörflinger in der 8. Minute mit 1:0. Dies war keine Überraschung mehr, denn die Formkurven der beiden Vereine verliefen während der Rückrunde so unterschiedlich, dass bereits im Vorfeld des Spiels der SC als die aussichtsreichere Mannschaft eingeschätzt worden war.

▶ SC Freiburg: Wienhold – Steinwarz, Fass (60. Bührer), Zele, Bury – Binder, Deinert, Löw, Steinkirchner – Susser, Dörflinger;
FFC: Birkenmeier – Marek, Steinwarz, Vogtmann, Mießmer (73. Stobeck) – Schulz, Bente, Metzler, Hug – Widmann (80. Löffler), Bührer.

Am Ende der Saison trennten den Freiburger FC und den Sport-Club nur noch ein Punkt. Bei den Zuschauerzahlen hatte der FFC mit 65.500 gegenüber den 39.400 des Stadtrivalen zwar immer noch die Nase vorn, doch die Krise des Traditionsvereins wurde immer deutlicher. Der Zuschauerschwund gegenüber dem Vorjahr, als noch 86.700 Besucher ins Mösle gekommen waren, erschien dramatisch, im sportlichen Bereich konnte der Star-Einkauf Ettmayer nicht integriert werden. Nur fünfmal während der gesamten Saison kam der Österreicher zum Einsatz; die in sich zerstrittene Mannschaft verließ der Fachmann Wagner nach dem 25. Spieltag. Sein Nachfolger, der 42-jährige Jugoslawe Milovan Beljin, konnte sportlich kaum etwas verbessern, in seine Zeit fielen die peinliche 1:7-Schlappe beim MTV Ingolstadt oder das 0:4-Debakel im Mösle gegen den 1. FC Saarbrücken.

Der Rekordtorschütze des SC in der zweiten Liga: Juniorennationalspieler Joachim Löw wurde als größtes Talent Südbadens nach dem Zweitliga-Aufstieg 1978 verpflichtet.

Doch die Bombe platzte erst am 15. Mai 1979, als bekannt wurde, dass dem FFC neben weiteren sechs Zweitligisten vom DFB die Lizenz für die kommende Saison verweigert worden war. Nun konnte jeder in der Zeitung lesen, was hinter vorgehaltener Hand immer schon gemunkelt wurde: Den Verein plagten Schulden in einer Höhe von mindestens einer Million DM. Präsident Rolf Jankovsky musste verkünden: „Im nächsten Etat wird es Opfer und Einschränkungen geben." Doch wie durch ein Wunder schaffte es der FFC binnen kürzester Zeit, seine Schulden um 360.000 DM zu verringern, und so erhielt er am 8. Juni die DFB-Lizenz auch für die Spielzeit 1979/1980.

1979/80: Der Sport-Club überholt den Rivalen

Zu Beginn des zweiten Jahres im Profifußball engagierten die SC-Verantwortlichen Stocker und Zick einen jungen Trainer namens Jupp Becker. Der 36-Jährige hatte mit dem BSV Schwenningen den Aufstieg in die zweite Liga geschafft und auch mit dem Nachwuchs des VfB Stuttgart erfolgreich gearbeitet. Mit ihm kam ein Verfechter des Angriffsfußballs zum Freiburger Emporkömmling und ein Motivator der besonderen Art. Noch war der Ball in der neuen Saison keinen Meter weit gerollt, da tönte Becker: „Unser Ziel ist es, die Nummer eins in Freiburg zu werden."

Neben den drei abgewanderten Leistungsträgern der vergangenen Saison, Dörflinger, Susser und Steinkirchner, hatten im Sommer auch zwei „Alte" den Verein verlassen: Hansi Bührer ging zum SC Reute, Clemens Smukalla zu den Sportfreunden DJK Freiburg. Für sie bekam Becker einige Routiniers: Jürgen Zitzer (27) und Robert Piller (29) hatten noch vor einem Jahr zu den Stützen des SSV Reutlingen gezählt, der Stürmer Hans-Peter Backes (27) kannte den Profi-Fußball von Fortuna Köln, dem FC Augsburg und dem FK Pirmasens. Außerdem kehrte Wolfgang Schüler (21) als Leihgabe vom Karlsruher SC zurück, vom SV Weil kam mit dem Schweizer Werner Reich (24) ein ausgewiesener Torjäger. Den Kader komplettierten die Talente Henry Schüler (19) von Eintracht Freiburg und Hans-Peter Schulzke (21) von den Amateuren der Braunschweiger Eintracht.

Wer den forschen Jupp Becker anfangs noch belächelt hatte, der sah sich spätestens nach dem neunten Spieltag eines Besseren belehrt. Der

Sport-Club war auf den zweiten Tabellenplatz gestürmt. Der einzigen Niederlage – zum Saisonauftakt hatte es ein 0:3 in Offenbach gegeben – waren vier Siege und vier Unentschieden gefolgt. Bei den starken Vorstellungen gegen den SV Waldhof Mannheim (6:1) und den SV Röchling Völklingen (5:1) gab es im Mösle zwar viele leere Ränge, aber das Heimspiel gegen den Karlsruher SC (1:0) sahen bereits 9.000 Zuschauer. Doch trotz aller zwischenzeitlichen Begeisterung – um die Meisterschaft oder wenigstens um Platz zwei konnte der SC nicht wirklich mitspielen. Dass Stocker den Kader noch einmal verstärkte, den Offensivspieler Heinz Tochtermann (23) von der SpVgg Bayreuth und den Verteidiger Günter Dämpfling (22) vom 1. FC Nürnberg holte, konnte daran ebenso wenig ändern wie die lang ersehnte Rückkehr am 1. Dezember ins Dreisam-Stadion. Für 350.000 DM aus dem Stadtsäckel waren dort inzwischen die Stehgeraden aufgeschüttet und der vom DFB geforderte Schutzzaun errichtet worden. Die Konkurrenz an der Tabellenspitze mit dem 1. FC Nürnberg, dem Karlsruher SC, sogar den Stuttgarter Kickers und dem SV Darmstadt 98 war dem Sport-Club in Sachen Professionalität aber um etliches voraus.

Die Bilanz von 25:15 Punkten zum Ende der Hinrunde konnte sich jedoch sehen lassen; einer der wenigen Wermutstropfen war das 1:1 im Derby gegen den FFC, vor dem Becker überzeugt einen 3:1-Sieg getippt hatte. Vor 12.000 Zuschauern am 17. November hatte seine Mannschaft auch die erste Halbzeit dominiert und dank eines überragen-

Unentschieden im Lokalderby

den Tochtermann, der das 1:0 (13.) besorgt hatte, den FFC von einer Verlegenheit in die nächste gestürzt. Doch nach der Pause schlug der düpierte Rivale zurück: Braun traf in der 51. Minute und sicherte damit das verdiente 1:1-Unentschieden.

▶ SC Freiburg: Wienhold – Schulzke, Fass, Zele, Bury – Piller, Binder, Löw, Tochtermann (75. Reich) – W. Schüler, Zitzer;
FFC: Armbrust – Zahn, Bruder, D. Steinwarz, Mießmer – Schulz (88. Metzler), Ludwig, Ettmayer (25. Fanz) – Braun, Seubert, Poulsen.

Jupp Becker gab im neuen Jahr seinen Kampf um Platz zwei nicht auf. Noch einmal gelang ihm gleich zum Start eine Serie ohne Niederlage, und nach 24 Spieltagen trennten den Sport-Club nur zwei Punkte vom Tabellenzweiten, dem Karlsruher SC. Spätestens jetzt aber ging seiner Mannschaft, aus der der Juniorennationalspieler Joachim Löw gleich von einem halben Dutzend Bundesligisten umworben wurde, auf diesem hohen Niveau die Luft aus. Der SC verlor plötzlich sang- und klanglos bei Wormatia Worms (0:3) oder daheim gegen den SSV Ulm 1846 mit 1:3. Ihre Grenzen aufgezeigt bekamen Becker und seine Mannschaft aber erst in den Spitzenspielen beim 1. FC Nürnberg (0:4) und dem Karlsruher SC (0:4). Nicht weniger bitter war die zweite Niederlage im Derby seit dem Aufstieg: Am 10. Mai 1980 führte der SC „auswärts" bereits mit 2:1, nachdem Löw (36.) und Binder (54.) die FFC-Führung durch Ettmayer (29.) zunichte gemacht hatten. Doch der krisengeschüttelte Gastgeber kämpfte unverdrossen und gewann am Ende mit 3:2 dank der Treffer von Ludwig und Zahn.

► FFC: Armbrust – Zahn, Bruder, D. Steinwarz, Derigs – Wilhelmi (61. Metzler), Ettmayer, Schulz (67. Braun) – Ludwig, Marek, Poulsen; SC Freiburg: Wienhold – Wöhrlin, Dämpfling, Zele, Bury – Zitzer, Binder, Schulzke, Löw (77. Tochtermann) – Reich, W. Schüler (83. Fass).

Dieser Sieg konnte nicht verhindern, dass bereits im zweiten Jahr der gemeinsamen Zweitligazugehörigkeit der FFC vom Sport-Club überflügelt wurde. Die Mannschaft des ehrgeizigen Becker belegte am Ende mit 46:34 Punkten den sechsten Platz. Der Freiburger FC schaffte zwar auch ein positives Punktekonto, musste sich aber bei 43:37 Zählern mit dem neunten Rang begnügen. Außerdem waren 78.500 Zuschauer zu den Heimspielen des SC gekommen, eine Zahl, mit der die Vereinsführung aber keineswegs zufrieden war. Präsident Stocker flüchtete in den Sarkasmus: „Eigentlich sollten wir in der Landesliga neu beginnen", während Obmann Zick dem Freiburger Publikum gar drohte, den Spielbetrieb nach Schwenningen zu verlegen. Noch schlimmer aber war die Bilanz für den FFC: Das Drehkreuz am Mösle-Eingang passierten in der gesamten Spielzeit nur noch 65.500 Besucher.

Nicht einig werden konnte sich die sparsame SC-Führung mit Trainer Becker, dessen gute Freiburger Ergebnisse mancherorts registriert wurden. Zwischenzeitlich wollte er sogar mit Hertha BSC Berlin verhandelt haben, doch als Stocker seine Gehaltsvorstellungen nicht erfüllen konnte, unterschrieb er beim Offenburger FV. Stocker musste sich erneut nach einem Trainer umsehen und entschied sich für Norbert Wagner, der im Vorjahr so unglücklich beim FFC gescheitert war.

Einpeitscher und Verfechter des Offensivfußballs: Trainer Jupp Becker (rechts) und Stürmer Werner Reich.

Doch auch Wagners Nachfolger, Milovan Beljin, hatte es nicht lange im Mösle gehalten. Zum Ende der Saison 1978/79 packte er seine Koffer und wechselte nach Bellinzona in die Schweiz. Ihn ersetzte zum Start der Saison 1979/80 sein Landsmann, der ehemalige jugoslawische National-spieler Anton Rudinsky, der bereits den SV Waldhof Mannheim, den FC Villingen 08 und den Offenburger FV trainiert hatte. Für den spektaku-lärsten Transfer beim FFC sorgte aber „Kalla" Bente, der sich nach Offen-burg verabschiedete. Aufsehen erregte schließlich auch der Wechsel von Hubert Birkenmeier zu Cosmos New York. Dafür versorgten sich die FFC'ler bei Wormatia Worms: Mit Helmut Zahn, Heinz Wilhelmi und Werner Seubert waren drei Spieler aus der Nibelungenstadt in den Breis-gau gekommen.

Um ihren Ehrgeiz zu bekräftigen, legten die FFC-Verantwortlichen mitten in der Saison sogar noch nach. Unmittelbar vor dem Derby gegen den Sport-Club wurde von Fortuna Düsseldorf für damals geschätzte 160.000 DM Mittelfeldspieler Reinhold Fanz geholt, außerdem noch

Otmar Ludwig (einst FC Homburg und Fortuna Köln) unter Vertrag genommen. Ohne größere Querelen innerhalb der Mannschaft verlief auch diese Spielzeit nicht. So gestattete die Vereinsführung der Mannschaft eine Abstimmung über Trainer Rudinsky, dessen Trainingsmethoden als „zu hart" empfunden wurden. Mit 20:1 Stimmen sprachen sich die Spieler gegen den Coach aus, Rudinsky musste nach dem 24. Spieltag gehen und wurde durch Bernd Hoss ersetzt, der zuvor beim Wuppertaler SV entlassen worden war.

Noch größere Sorgen aber bereitete den FFC-Verantwortlichen der Gesundheitszustand des Präsidenten Rolf Jankovsky, der die Geschäfte des Vereins seit Monaten nicht mehr führen konnte. Am 5. Mai erlag der 49-Jährige einer schweren Krankheit und hinterließ seine Firmen hoch verschuldet. Allein in den FFC sollte er mindestens 600.000 DM aus der eigenen Tasche investiert haben. Noch am gleichen Tag berief der Ältestenrat des FFC einen kommissarischen Vorstand, der sich aus dem Unternehmer Dieter Renner, dem bisherigen Lizenzspieler-Obmann Gerhard Schneider sowie Horst Duhr zusammensetzte. Einen Tag darauf wurde bekannt, dass dem Verein erneut nicht die Lizenz erteilt worden war. Der kommissarische Vorstand reagierte überrascht, schließlich, so die FFC-Führung, hätten sie den Schuldenstand auf 700.000 DM verringert. Gleichzeitig aber kündete Renner an, eine Summe zwischen 100.000 und 500.000 DM in den FFC zu stecken, um den Verein noch einmal zu retten.

Der frühe Tod des FFC-Präsidenten

1980 bis 1986

Auf und Ab im Unterhaus

1980/81: Qualifikation zur eingleisigen zweiten Liga

Ein außerordentlicher DFB-Bundestag hatte am 7. Juni die Einführung einer eingleisigen zweiten Liga mit 20 Klubs ab der Saison 1981/82 beschlossen. Gegen diesen Beschluss formierte sich rasch der Widerstand süddeutscher Vereine, obwohl die meisten Klubverantwortlichen nicht prinzipiell gegen die Eingleisigkeit eingestellt waren. Die Notwendigkeit, die Zahl der zumeist verschuldeten deutschen Profi-Vereine zu reduzieren, wurde allgemein eingesehen. Dass jedoch die eingleisige zweite Liga schon ab dem nächsten Jahr kommen sollte, traf viele Klubs unvorbereitet. SC-Präsident Stocker beklagte sich öffentlich: „Die Entscheidung hat uns fast ins Mark getroffen, denn wir haben unsere Planung auf eine zweigeteilte Liga ausgerichtet. Wir werden dennoch alles geben, um in der zweiten Liga zu bleiben, aber wir werden keine finanziellen Abenteuer eingehen."

Dabei hatte sich Stocker gerade von seinem Lizenzspieler-Obmann Pit Zick davon überzeugen lassen, rund 1,3 Mio. DM in das Dreisam-Stadion zu investieren. Nur mit der Bürgschaft der Stadt in der Hinterhand beschlossen die beiden den Bau einer überdachten Sitzplatztribüne (Vorläuferin der heutigen Haupttribüne) an der Westfront des Stadions. Sofort sahen sie sich mit dem Druck des Freiburger Sportdezernenten Gerhard Graf konfrontiert, der wieder einmal auf eine Fusion der beiden Freiburger Zweitligisten, Sport-Club und FFC, pochte. Grafs Argumentation in der hitzigen Diskussion um eine eingleisige zweite Liga: „Aus einer Stadt wie Freiburg kann ohnehin nur ein Zweitligist zugelassen werden." Zick konterte angesichts der finanziellen Sorgen des Lokalrivalen: „Wir sind schuldenfrei und setzen uns nicht in ein belastetes Boot."

Am 12. Juli, gut drei Wochen vor Saisonbeginn, verkündete der DFB-Beirat endlich den Modus für die Qualifikation zur eingleisigen zweiten Liga: Die Dritt- und Viertplatzierten der Staffeln Nord und Süd sollten sich direkt für die neue zweite Liga qualifizieren, während die restlichen zwölf Plätze nach einem komplizierten Verfahren vergeben wurden. Demnach sollte in einer Qualifikationstabelle das Abschneiden jedes Vereins in der Spielzeit 1978/79 einfach, in der Saison 1979/80 doppelt und in der kommenden Meisterschaft dreifach gewertet werden.

Stocker lockt Bente zum SC

Trainer Norbert Wagner konnte zu Beginn der Vorbereitungen neben den relativ unbekannten Neuzugängen (Robert Birner, Markus Löw, Herbert Reiß, Rolf Maier und Hans Meisel) auch einen seiner ehemaligen Stars vom FFC begrüßen: Karl-Heinz Bente hatte nach einem kurzen Intermezzo in Offenburg beim Sport-Club angeheuert. Diesen sensationellen Wechsel konnten sich viele Freiburger Fußballinteressierte nur damit erklären, dass der inzwischen fast 39-jährige Mittelfeldspieler jemandem beim FFC eines auswischen wollte. „Was nicht stimmte", wie SC-Präsident Stocker noch heute behauptet: „Bente wollte auch nicht Buffy Ettmayer die Show stehlen. Wahr ist vielmehr, dass wir beide ein sehr gutes Verhältnis pflegten und ich Bente eine Art Manager-Posten in Aussicht gestellt hatte."

Die Saison begann für den Sport-Club sehr gut: keine Niederlage nach sechs Spieltagen, dafür 9:3 Punkte bei nur einem Gegentreffer. Und auch der bitteren 1:4-Heimpleite gegen die Stuttgarter Kickers am siebenten Spieltag folgte eine schöne Erfolgsserie. Wienhold und Co. gewannen 4:1 beim ESV Ingolstadt, siegten souverän vor 6.000 Zuschauern im Dreisam-Stadion gegen Kickers Offenbach (4:1) und triumphierten eine Woche später vor 12.000 Besuchern im Derby gegen den FFC im Mösle mit 2:1. Der von Hertha BSC heimgekehrte Paul Dörflinger (die Ausleihe erfolgte zum Nulltarif) brachte den Sport-Club am 28. September mit 1:0 in Führung, ehe dem FFC-Stürmer Mießmer der 1:1-Ausgleich gelang. Als sich beide Teams erneut mit einem Unentschieden abgefunden zu haben schienen, gelang Henry Schüler in den Schlusssekunden der 2:1-Siegtreffer für den Sport-Club.

Sie schafften die Qualifikation zur eingleisigen 2. Liga. Hintere Reihe von links: Trainer Wagner, Wienhold, M. Löw, Birner, Reich, Dämpfling, Zele, Bury, Fass, Wöhrlin, Bente, Müller, Lizenzspielerobmann Zick; vordere Reihe: Piller, Meisel, Reiß, Maier, Binder, Tochtermann, H. Schüler, Zitzer, Schulzke.

Von Sieg zu Sieg eilte der SC Freiburg auch im DFB-Pokal: Nach dem 4:2 gegen die Amateure vom Bremer SV gelang den Wagner-Schützlingen auswärts ein beachtliches 1:1 nach Verlängerung beim 1. FC Köln. Im Wiederholungsspiel in Freiburg siegte der Sport-Club nach einer starken Leistung sogar mit 3:1, und in der nächsten Runde wurde im Dreisam-Stadion der Liga-Mitkonkurrent Hessen Kassel (2:1 nach Verlängerung) ausgeschaltet. Aber trotz dieses „goldenen Herbstes" wuchs innerhalb der Mannschaft allmählich die Unzufriedenheit mit Trainer Wagner. Dessen harte Übungsmethoden und umstrittene Menschenführung brachten es mit sich, dass die Mannschaft nach einer Gelegenheit suchte, um zu „meutern".

Vom 25. Oktober bis zum 24. Januar 1981 gewann der Sport-Club nur noch einmal: 2:1 vor 1.000 Zuschauern im Dreisam-Stadion gegen den FSV Frankfurt. Die Spielweise unter Wagner galt plötzlich als unattraktiv, und nach dem DFB-Pokal-Aus bei Eintracht Braunschweig im Achtelfinale forderte die Mannschaft den Kopf des ungeliebten Trainers. Stocker gab nach, als sich Obmann Zick und der Spieler Bente bereiterklärt hatten, fortan die Mannschaft zu betreuen. Da beide keine Trainerlizenz besaßen, wurde der Emmendinger Walter Seiter offiziell als Coach verpflichtet. Doch neben so machtbewussten Persönlichkeiten wie Zick und Bente war der damals 65-Jährige, der fernab des Profigeschäftes gelebt hatte, nicht mehr als ein Strohmann.

Immerhin konnten Bente und Zick bis zum Ende der Saison eine ausgeglichene 18:18-Punktebilanz vorweisen. Sie verdarben Norbert Wagner sogar die Chance zur Revanche: Inzwischen Trainer der SpVgg Bayreuth, verlor Wagner mit seinen Franken am 4. April 1981 in Freiburg mit 1:2. Auch gegen seinen langjährigen Ex-Verein FFC hielt sich Bente schadlos: Vor der Rekordkulisse von 14.500 Zuschauern gab es im Rückrunden-Derby ein torloses 0:0, und am Saisonende hatten sich aufgrund des DFB-Berechnungsschlüssels sowohl der Sport-Club als auch der FFC für die eingleisige zweite Liga qualifiziert. Allerdings stand der SC als Tabellensiebter erneut vor dem Team aus dem Mösle, das die Spielzeit 1980/81 als Zehnter beendete.

1981 bis 1983: Die Nummer eins in der Stadt

Der Aufschwung des SC Freiburg war beachtlich, die Anzeichen des Niederganges im Mösle unverkennbar. Dennoch: Wie viele Freiburger hätten im Sommer 1981 darauf gewettet, dass sich in der folgenden Saison die Wege der Rivalen zum allerletzten Mal kreuzen sollten? Beide betraten nun Neuland, mussten sich mit ihnen bislang weniger bekannten Gegnern messen, und beide kannten nur ein Ziel – den Klassenerhalt. Beim Freiburger FC saß auf der Trainerbank mit Horst Heese ein Ex-Profi, der Sport-Club hingegen gab sein sportliches Schicksal in die Hände eines Coaches, dessen guter Ruf kaum über die Grenzen Südbadens hinaus gedrungen war. Lutz Hangartner, den Stocker verpflichtet hatte, sah sich mit einer recht jungen Mannschaft konfrontiert, aus der sich vier starke und erfahrene Spieler verabschiedet hatten: Dörflinger litt an einer unheilbaren Krankheit, Bente hatte seine Spieler-Karriere endgültig beendet, Jürgen Zitzer den Verein verlassen, und Volker Fass war zum FFC gewechselt. Von seiner jüngsten Einkaufstour hatte Stocker wieder einmal nur unbekannte Spieler mitgebracht: Jüllich, Benz, Kruppa, Grzelak.

Unermüdlicher Irrwisch im Mittelfeld: Reinhard „Bimbo" Binder als eleganter Torschütze.

Dafür wartete Zwist im eigenen Haus. Es stellte sich die Frage, welche Aufgaben sich Obmann Zick und „Manager" Bente künftig teilen oder nicht teilen sollten. Beide wollten und konnten nicht der Versuchung widerstehen, sich unmittelbar in die Belange des Trainers einzumischen. Hangartner, der zwischen den Stühlen saß, wählte Bente zu seinem Verbündeten. Zick fühlte sich ausgeschlossen und trat nach nur vier Spieltagen zurück.

Über den gesamten Saisonverlauf schielten Hangartner und Bente bange in Richtung der vier Abstiegsplätze, das Niveau der neuen Liga war für den SC eine beträchtliche sportliche Herausforderung. Gegen die vier stärksten Teams gab es keinen einzigen Sieg, und Trainer Hangartner blieb besonders die bittere 1:5-Heimniederlage gegen 1860 München in schlechter Erinnerung: Am 25. Oktober 1981 spielten die künftigen Nationalspieler Rudi Völler und Herbert Waas, angetrieben vom ehemaligen WM-Teilnehmer Erich Beer, die SC-Abwehr regelrecht schwindlig.

Das letzte Derby in Freiburg

Doch am Ende durften alle beim Sport-Club aufatmen: Mit dem 2:1-Sieg gegen den SV Waldhof Mannheim am vorletzten Spieltag (Torschützen: Meisel und Binder) war im Mai 1982 der Klassenerhalt gesichert. Der FFC hingegen agierte praktisch chancenlos, sein Abstieg als Vorletzter mit nur 23:53 Punkten war schon frühzeitig besiegelt. Am 8. Mai 1982 standen sich die beiden Vereine vor 13.000

Flüchtlingskind und Eisenfuß: Der ungarische Verteidiger Gábor Zele (rechts) ließ nie den Kampfgeist vermissen.

Zuschauern bislang zum letzten Mal in einem Punktspiel gegenüber. Der SC siegte ohne Probleme mit einem glatten 4:0. Und weil dies wohl für lange Zeit auch das letzte Pflicht-Derby der beiden alten Lokalrivalen bleiben dürfte, sei an dieser Stelle die Statistik des Spiels festgehalten: ► SC Freiburg – Freiburger FC 4:0 (2:0) – Torschützen: 1:0 Oettle (23., Eigentor), 2:0 Piller (44.), 3:0 Jüllich (75.), 4:0 Meisel (77.) SC Freiburg: Wienhold – Schulzke, Wöhrlin, Zele, Grzelak – Ludwig, Jüllich (83. Schneider), Piller, Binder – Benz (73. Meisel), Birner; FFC: Armbrust – Lay, Fass, Oettle (46. Obermann), Klausmann – Konschal, Schulz, Löffler (46. Schwehr), Kuntze – Linz, Derigs.

Die Frage nach der Nummer eins in der Stadt war nun vorerst und überraschend deutlich zugunsten des Sport-Clubs beantwortet. Mit öffentlicher Schadenfreude hielt man sich beim bisherigen Underdog jedoch zurück: Stocker und Bente beschäftigte viel mehr die Frage, wer aus dem aktuellen FFC-Kader als Neuverpflichtung in Frage käme. Für die damals aus SC-Sicht gewaltige Summe von 300.000 DM fiel die Wahl auf Mittelfeldspieler Charly Schulz. Er sollte beim SC zu einer Gallionsfigur des nächsten Jahrzehnts werden. Für die gleiche Summe hatte Stocker allerdings im Laufe der zu Ende gegangenen Saison einen seiner talentiertesten jüngeren Spieler, Herbert Reiß, an Arminia Bielefeld verkauft.

Obwohl Lutz Hangartner seine Aufgabe erfüllt hatte, wurde der Vertrag mit ihm nicht verlängert. Als neuer Hoffnungsträger galt nun der ehemalige Bayern-Profi Werner Olk, dessen Arbeit beim SV Darmstadt 98 Stocker beeindruckt hatte. Außer Günter Dämpfling und Heinz Tochtermann, die mit Reiß den Sport-Club schon während der zurückliegenden Saison verlassen hatten, konnte der neue Trainer mit allen wichtigen Spielern weiter zusammenarbeiten. Neben Charly Schulz kam zudem noch ein weiterer Hochkaräter dazu, denn Joachim Löw war nach seinen Abstechern beim VfB Stuttgart und Eintracht Frankfurt an die Dreisam zurückgekehrt. Es herrschte Aufbruchstimmung im Verein, obwohl Stocker heute kategorisch die Vermutung zurückweist, der Sport-Club hätte schon damals im stillen Kämmerlein an einen Aufstieg in die erste Liga gedacht: „Wir hatten damals einen Etat von 1,3 Millionen Mark. Damit konnte man von der ersten Liga nicht einmal träumen."

Olk erwischte mit seiner Mannschaft dennoch einen exzellenten Start: 4:2 Punkte nach drei Spieltagen, dann der 2:0-Auswärtssieg bei Hannover 96. Ihm folgten ein spektakuläres 3:2 in Darmstadt – Meisel erzielte alle drei Tore – und ein sicheres 2:0 in Wattenscheid. 10.500 Zuschauer sahen am 13. Spieltag den 1:0-Heimsieg gegen den damaligen Spitzenreiter Bayer Uerdingen – erneut war Meisel der Torschütze. Erst nach diesem Erfolg, mit dem sich der Sport-Club in der Spitzengruppe erst einmal eingenistet hatte, begann eine Serie der Auswärtsniederlagen: 0:3 in Osnabrück, 1:4 bei den Stuttgarter Kickers und 0:3 bei Fortuna Köln. Drei weitere Auswärtsniederlagen nach der Winterpause warfen den SC schließlich so weit zurück, dass an eine Sensation nicht mehr zu denken war. Für einen Paukenschlag war die Olk-Elf allerdings noch gut genug: Beim designierten Aufsteiger SV Waldhof Mannheim siegten die Freiburger am vorletzten Spieltag mit 3:0. Mit einem positiven Torverhältnis und einer stolzen 42:34-Bilanz hatte sich der SC Freiburg im Mittelfeld der zweiten Bundesliga etabliert. Ein Abschneiden, das das Freiburger Fußballpublikum aber nicht sonderlich honorierte: Zu den letzten vier Heimspielen der Saison 1982/83 gegen den MSV Duisburg (1.800), den VfL Osnabrück (1.200), die Stuttgarter Kickers (1.000) und Fortuna Köln (800) kamen unter dem Strich weniger als 5.000 Zuschauer ins Dreisam-Stadion.

1983 bis 1986: Geldsorgen, Trainerwechsel und ein Wunder

Den beiden „Softies" Hangartner und Olk folgte als Trainer ein schneidiger Typ: Fritz Fuchs. Ehe er seinen Dienst antrat, hatte Stocker den SC-Kader stark verändert. Hans Meisel, der unter Olk eine gute Saison gespielt hatte, landete für eine niedrige sechsstellige Summe bei Bayern München. Den Verein verlassen hatten auch Wormuth, Benz, Besl, Piller, Jüllich und Grzelak. Neu integrieren musste Fuchs Spieler wie Briem, Mähn, Rudolf, Stickroth, Stächelin, Krajczy, Dämgen oder Stetter. Der ehemalige Lauterer Profi machte es mit Erfolg, aber zu Lasten einer attraktiven Spielweise. Und er verdarb es sich mit Bente, der die Brocken hinwarf und beim Offenburger FV als Trainer anheuerte. Bis zum 0:6-Debakel in Gelsenkirchen gaben die nackten Resultate allerdings dem

Ein Verteidiger mit Offensivdrang: Der Ex-Schwenninger Karl-Heinz Wöhrlin (links), der 1984 nach Uerdingen wechselte.

neuen Trainer Recht: 17:9 Punkte hatte der Sport-Club aus den ersten 13 Spielen der Saison 1983/84 gesammelt. Der Klatsche auf Schalke folgte ein mageres 1:1 gegen den SSV Ulm 1846 und ein neues Debakel in Solingen (0:5). Danach pendelte sich der Sport-Club im oberen Mittelmaß ein und ergatterte bis zum Saisonende nicht weniger als 17 Unentschieden, die am Ende den siebten Tabellenplatz brachten. Zwar gelang noch gegen den späteren Aufsteiger Schalke 04 ein 1:0-Heimsieg vor 6.000 Zuschauern, aber der Negativtrend bei den Besucherzahlen im inzwischen von allen Seiten zugebauten Dreisam-Stadion setzte sich fort.

Die Zuschauer bleiben aus

Es bleibt aber der Verdienst von Trainer Fuchs, zwei jungen Spielern seines Teams zu einer starken Saison verholfen zu haben: Der erst 22-jährige Verteidiger Michael Dämgen machte 36 Spiele in dieser Spielzeit und erzielte sechs Tore. Noch spektakulärer schlug sich der erst 18-jährige Debütant Thomas Sickroth, der es in seiner ersten Zweitliga-Saison auf 33 Einsätze brachte. Dies konnte nicht verhindern, dass Stocker nicht mehr bereit war, mit Fuchs zusammenzuarbeiten. Wie Hangartner und Olk musste auch er nach nur einem Jahr seine Koffer packen.

Fuchs' Nachfolger war Anton Rudinsky, der beim Freiburger FC ebenfalls gescheitert war. Als der Jugoslawe zum Sport-Club kam, waren mit Joachim Löw und Reinhard Binder zwei der besten Spieler schon weg. Der Torjäger Löw hatte sich beim Karlsruher SC verdingt, der kleine unverwüstliche Dauerbrenner Binder wechselte nach Offenburg. Für rund 300.000 DM hatte Stocker, den angesichts des Zuschauerschwundes mehr und mehr Geldsorgen plagten, auch Karl-Heinz Wöhrlin an Bayer Uerdingen verkauft. Dafür machte der SC-Präsident in diesem Sommer ein besonderes Schnäppchen. In Franken fand er in Franz Weber einen hervorragenden Mittelfeldspieler, der in den nächsten Jahren zu einer großen Stütze des Sport-Clubs heranreifen sollte. Als große Verstärkung erwies sich im Verlauf der Saison 1984/85 auch der Jugoslawe Milorad Pilipovic, der später beim Karlsruher SC in der Bundesliga Stammspieler wurde. Für einen besonderen Farbtupfer sorgte die Verpflichtung des schwedischen WM-Teilnehmers von 1978, Benny Wendt, der allerdings den Zenit seiner Leistungsfähigkeit längst überschritten hatte.

Der SC-Präsident schlief während der Winterpause äußerst schlecht. Es war die aus finanzieller Sicht wohl prekärste Saison des Sport-Club in der zweiten Liga, und Stocker gestand, dass der Verein nicht mehr weit davon entfernt war, Konkurs anzumelden. Nur mit Hilfe der Freiburger Geschäftsleute Gernot Pöpperl und Stefan Vukotic gelang es ihm, den Etat zu decken und die Gehälter der Spieler weiter zu bezahlen. Sportlich hatte sich Rudinsky mit seiner Mannschaft trotz der schwerwiegenden Abgänge achtbar geschlagen und in der Abschlusstabelle 1984/85 einen achten Platz erreicht. Ein ausgeglichenes Punktekonto, aber vor allem eine leichte Stabilisierung der Zuschauerzahlen „verführten" Stocker dazu, gegen seine innere Überzeugung den Vertrag mit Rudinsky zu verlängern. Es war der Anfang von der größten sportlichen Krise des SC seit dem Aufstieg in den bezahlten Fußball.

Auf den ersten Blick schienen die Transferaktivitäten den Verein nicht unbedingt geschwächt zu haben: Dämgen war für 200.000 DM nach Uerdingen verkauft worden, Pilipovic und Wendt hatten den Verein ebenso verlassen wie der Routinier Hans-Peter Schulzke, der schon

Die Attraktion einer Rückrunde: Der schwedische Nationalspieler und WM-Teilnehmer Benny Wendt (links).

im Verlauf der vergangenen Saison dem SC den Rücken gekehrt hatte. Hingegen war Joachim Löw zurückgekommen und mit dem Senegalesen Souleyman Sané ein hochtalentierter Stürmer vom FV Donaueschingen verpflichtet worden. Außerdem holte Stocker mit Udo Lay und Maximilian Hauck zwei Spieler, die sich im Laufe der Zeit als wichtige Verstärkungen erwiesen.

Die Horror-Saison 1985/86 begann für den Sport-Club mit drei Unentschieden. Darauf folgten sechs Niederlagen aus sieben Spielen. Rudinsky erprobte alle möglichen Abwehrvarianten, doch erst zum Ende der Hinrunde gewann seine Mannschaft eine gewisse Stabilität. Die Punktebilanz zur Winterpause war dennoch negativ (15:21). Zum Rückrundenauftakt ging es nach Stuttgart-Degerloch, der SC verlor gegen die Kickers mit 1:3. Beim Nachholspiel in Solingen gelang es, einen 0:2-Rückstand durch die Treffer von Sané und Löffler aufzuholen, aber in der 89. Minute kassierte der SC das 2:3. Gegen einen potenziellen Mitkonkurrenten im Kampf um den Klassenerhalt, den RW Oberhausen, führte der Sport-Club im folgenden Heimspiel bis zur 88. Minute mit 1:0. Doch dann schaffte Dörmann den Ausgleich. Erst jetzt reagierte Stocker, entließ Rudinsky und holte Jupp Becker zurück. Doch der einstige Motivator war machtlos: 0:2 in Braunschweig, 1:5 in Bielefeld, nur 1:1 daheim gegen die SpVgg Bayreuth, danach die Niederlagen bei BW Berlin (1:4) und dem Karlsruher SC (2:3). Zwölf Spieltage vor Saisonende schien der Sport-Club chancenlos, den Abstieg vermeiden zu können. Auch Becker musste gehen.

„Putzi" soll den Sport-Club retten

Stocker wusste, dass er keinen Trainer bis zum Saisonende mehr finden würde, der den SC noch retten könnte. In seiner Verzweiflung kam ihm die unglaublich anmutende Idee, die Mannschaft dem im Streit geschiedenen Ex-Obmann Horst „Pit" Zick anzuvertrauen, den er immer noch liebevoll „Putzi" nannte. In dessen Fußballverrücktheit sah Stocker den letzten Strohhalm.

Zick war laut Stocker ein begnadeter „Motivator". Und kein „Dummer". Aber Zick war kein Trainer, deshalb musste ihm der Coach der Amateure Kurt Rettenberger zur Seite stehen. Rettenberger war für die Physis, Zick für die Psyche verantwortlich. Der Inhaber einer Autoverleih-Firma veränderte nicht einmal nennenswert das Gesicht der Mann-

Ein Unternehmer als Fußballheld: In der Abstiegsnot kürte der Sport-Club seinen ehemaligen Lizenzspielerobmann Horst „Pit" Zick zum Trainer.

schaft: In der Abwehr waren Maier, Schulz, Löffler und Vujacic ebenso gesetzt wie Sané im Sturm oder dahinter Lay, Löw und Weber. Auch taktisch versuchte Zick nichts Spektakuläres. Die Informationen über den jeweils nächsten Gegner besorgte er sich oft per Telefon von Trainern, mit denen er gut bekannt war. Aber er verstand es, für kurze Zeit aus den Spielern das Maximale herauszuholen.

Zicks erstes Match war ein Heimspiel gegen den Aufstiegsanwärter FC Homburg, zu dem 3.000 Zuschauer ins Dreisam-Stadion kamen. Seine simple Rechnung: Wir haben nichts zu verlieren, aber alles zu gewinnen. Nach gut einer Stunde gelang den verzweifelt kämpfenden Freiburgern das 1:0 durch „Jogi" Löw, das die Mannschaft bis zum Schlusspfiff über die Runden schaukeln konnte. Im Dreisam-Stadion mussten nun alle Spiele gewonnen werden, doch schon beim nächsten Auftritt, nur fünf Tage später, folgte der Rückschlag. Fünf Minuten vor Schluss erzielte der Wattenscheider Tschiskale den 2:2-Ausgleich. Doch Zick gab nicht auf: Stickroths Siegtreffer bedeutete das 1:0 bei Darmstadt 98, dem am 8. April das 4:0 bei Hessen Kassel folgte. Zum nächsten Heimspiel gegen den MSV Duisburg kamen zwar immer noch nicht mehr als 3.000 Zuschauer, doch Sané mit zwei Toren und Hauck besiegelten den 3:0-Erfolg. Stockers alter und neuer Weggefährte „Putzi" Zick hatte aus fünf Spielen 9:1 Punkte gesammelt, der SC schien fast schon gerettet.

Ein anderer Abstiegskandidat zerstörte aber den Nimbus von Zicks Unbesiegbarkeit. Tennis Borussia Berlin gewann im Dreisam-Stadion mit 2:1, der Torschütze – nomen est omen – war Hammerschlag drei Minuten vor Schluss. Der Ex-FFC'ler, Paul Linz, inzwischen Torjäger in Osnabrück, „erschoss" den Sport-Club beim 0:1 an der Bremer Brücke. Der Mitkonkurrent im Abstiegskampf, Viktoria Aschaffenburg, zeichnete für den vermeintlichen „Gnadenstoß" verantwortlich: Gegen die Mainfranken verloren die Freiburger vor eigenem Publikum mit 0:3.

Der Zick-Effekt schien verpufft, dennoch zog der SC in einem nervenaufreibenden Saisonfinale den Kopf aus der Schlinge. Im Alleingang entschied Sané das Auswärtsspiel in Aachen (2:0), zwei Tore von Hauck legten den Grundstein zum 3:1 gegen Fortuna Köln. Es folgten die Endspiele gegen den Abstieg: Der SC lag in Berlin gegen die Hertha nach einer Stunde mit 0:1 zurück, der entnervte Stocker stürmte dabei den Platz und sagte dem Schiedsrichter seine Mei-

Sané schießt entscheidende Tore

nung. Als Sané ein paar Minuten vor Spielende den Ausgleich erzielte, wollte der SC-Präsident nur noch „Schwarz vor den Augen" gesehen haben. Vier Tage später war die Rettung perfekt. Vor 8.000 Zuschauern besiegte der Sport-Club Union Solingen mit 3:1, Fußball-Freiburg feierte Pit Zick als den großen Retter. Der kleine Mann genoss seinen Triumph, gab Stocker die Hand und tauchte beim SC fortan nur noch als redegewandter Zaungast auf. Heute gesteht er: „Ich habe damals Glück gehabt. Es war schön, als der Retter dazustehen. Aber es war wirklich sehr viel Glück dabei."

Karl-Heinz Bente:
Eine „gewaltige Nummer Zehn"

Technik gegen Kampfkraft: „Kalla" Bente, einer der besten Freiburger Fußballer aller Zeiten, im Duell mit dem Stuttgarter Weltmeister Guido Buchwald.

Die Nachricht schockte am 25. Januar 1984 die fußballinteressierte Öffentlichkeit über die südbadischen Grenzen hinaus: Frühmorgens war der 42-jährige Karl-Heinz Bente auf der Fahrt von Offenburg nach Freiburg mit seinem Wagen von der Autobahn abgekommen und tödlich verunglückt. Freiburg trauerte um sein bis dato größtes Fußballer-Idol.

Der Versuch, Bente mit den späteren Klasse-Mittelfeldspielern des Sport-Clubs wie Michael Zeyer, Rodolfo E. Cardoso, Zoubaier Baya oder Sebastian Kehl zu vergleichen, ist müßig. „Kalla", wie ihn die Fans liebevoll nannten, erlebte seine beste Zeit in einer Phase der Fußballentwicklung, als sich in nahezu jeder Mannschaft alles um den Spielmacher drehte. „Er war eine gewaltige Nummer Zehn", erinnert sich sein Mannschaftskollege aus FFC-Zeiten, Alfred Metzler, „ein beeindruckender Chef auf dem Platz." Die älteren Zuschauer aus Freiburg und den damaligen Zweitliga-Städten haben Bente als einen charismatischen Regisseur erlebt, der sogar an schlechten Tagen noch herausragend wirkte, weil er es auf eine nahezu selbstverständliche Art und Weise verstand, dank seiner Technik und Übersicht das Spiel an sich zu reißen und dessen Tempo zu bestimmen.

„Mich hat sein solider Lebenswandel beeindruckt", gesteht SC-Präsident Achim Stocker. Bente, geboren am 13. September 1941 in Gelsenkirchen, war im Sommer 1978 in Diensten des FFC der älteste bezahlte Fußballer in Deutschland. Zum SC Freiburg wechselte er erst 1980; der inzwischen 39-Jährige absolvierte für den Verein noch 16 Spiele und erzielte dabei drei Tore. Als Manager arbeitete er anschließend bis zum Herbst 1983 an der Schwarzwaldstraße, ehe er nach Differenzen mit Trainer Fritz Fuchs zum Offenburger FV als Coach wechselte.

Identifiziert wurde Bente hauptsächlich mit dem Freiburger FC, für den er von 1962 bis 1979 mit einigen Unterbrechungen spielte: 1963 wechselte er in die neu gegründete Bundesliga zu Preußen Münster, nach nur einer Saison zu Hessen Kassel. 1966 kehrte Bente zum FFC zurück, den er erst 1973 für einen zweijährigen Abstecher nach Offenburg wieder verlassen sollte. Mit Bente verpasste der FFC 1968/69 nur knapp den Aufstieg von der Regional- in die erste Bundesliga, dafür aber gelang 1976/77 der Einzug in die zweite Liga. Dank seiner herausragenden Rolle – Bente bestach mit herrlichen Pässen und war bei Standardsituationen eminent gefährlich – wurde der FFC vor allem bei seinen Gegnern mit dem Spielmacher identifiziert, dem seine Kritiker nur eine Schwäche nachweisen konnten: das Kopfballspiel. Zum Gedenken an „Kalla" Bente wurde zwischen 1985 und 1999 alljährlich in Bahlingen am Kaiserstuhl ein Fußballturnier, häufig mit namhafter internationaler Beteiligung, organisiert. ■

Verpasste Chancen

1986 bis 1989: Die Ära Berger

Die SC-Führung um Präsident Stocker wollte nach einer Saison mit Rudinsky, Becker und Zick nur noch Ruhe. Und sie hielt Ausschau nach einem Trainer, der diese Ruhe zumindest einigermaßen garantieren konnte. Die Wahl fiel auf den DDR-Flüchtling Jörg Berger, der in Kassel seriöse und erfolgreiche Arbeit abgeliefert hatte. Stocker hatte noch rasch Thomas Stickroth für 300.000 DM an den Bundesliga-Aufsteiger FC

Erfolgstrainer: Jörg Berger.

Ein Ästhet am Ball als Vollstrecker: In der ersten Saison unter Trainer Jörg
Berger erzielte der Filigran-Techniker Franz Weber vier Tore.

Homburg „verscherbelt", und der alte Abwehr-Haudegen Gábor Zele
hatte Abschied genommen. Der nennenswerteste Neuzugang hieß Fred
Schaub, der bei Eintracht Frankfurt, Borussia Dortmund und Hannover
96 Bundesliga-Luft geschnuppert hatte. Außerdem war Hans Meisel wieder nach Freiburg zurückgekehrt.

Engagiert machte sich Berger in Freiburg an die Arbeit, und sofort
wollte Stocker darin ein klares Konzept erkannt haben. Dennoch startete
der Sport-Club mit einer 0:2-Niederlage bei Eintracht Braunschweig.
Ihr folgten vier gute Spiele: So bezwang der SC nach intensivem Kampf
den starken FC St. Pauli dank eines verwandelten Foulelfmeters von Löw
mit 1:0. „Jogi" Löw besiegelte mit einem Tor in der 85. Minute auch den
nächsten Heimsieg gegen Alemannia Aachen. Fast 11.000 Zuschauer
hatten die beiden Spiele in Freiburg gesehen. Nach dem 0:0 bei Arminia
Bielefeld kamen 5.000 Besucher zum Heimspiel gegen Viktoria Aschaffenburg (3:1). Der Sport-Club stand in der Tabelle ganz vorn, den
Bundesliga-Absteiger Hannover 96 und den 3:2-Sieg des SC gegen die

Niedersachsen wollten am 20. September 1986 sogar 10.000 Zuschauer sehen.

Danach fiel die Mannschaft wegen mangelnder Konstanz zwar zurück, dennoch hatte das Publikum den Eindruck, der SC spiele attraktiver als jemals zuvor. In der Tabelle allerdings pendelte er im Mittelfeld hin und her, der Höhepunkt der Rückrunde blieb das vor 9.000 Zuschauern ausgetragene Baden-Derby gegen den Karlsruher SC, das die Südbadener allerdings nach Doppelschlag von J. Schmidt und dem Ehrentreffer von Schaub mit 1:2 verloren.

▶ Die SC-Aufstellung gegen den späteren Vizemeister vom Wildpark: Grüninger – Maier (31. Schaub), Schulz, Löffler – Lay, Menger (77. Rapolder), Hauck, Löw, Weber – Sané, Meisel.

Nennenswert bleibt aus dieser Spielzeit, die der SC mit 39:37 Zählern beendete, die 3:1-Punktebilanz gegen den souveränen Bundesliga-Aufsteiger Hannover 96. Nach dem 3:2-Sieg im Hinspiel gelang der Ber-

Er kam aus Donaueschingen und lief den Verteidigern oft davon: der schnelle senegalesische Stürmer Souleyman Sané.

ger-Elf in der Rückrunde ein 1:1 im Niedersachsenstadion. Eine in Sachen Toreffizienz hervorragende Saison spielte das Offensiv-Trio des Sport-Club: „Jogi" Löw, Souleyman Sané und Fred Schaub erzielten zusammen 47 Tore.

Trainer Berger, der am attraktiven Spiel seiner Elf großen Anteil hatte, blieb zur neuen Saison 1987/88 in Freiburg, und auch sonst wurde der Kader kaum verändert: Im Tor stand für den Ex-Stuttgarter Grüninger nun Michael Haas, der Augsburger Alfons Higl wurde zu einem Leistungsträger in der Abwehr. Das Erfreulichste war: Die Zuschauer strömten ins Dreisam-Stadion. Nach den zwei Siegen zum Start (2:1 gegen RW Oberhausen und 2:0 bei Fortuna Düsseldorf) kamen 6.500 zum baden-württembergischen Derby gegen den SSV Ulm 1846 (0:3). Der 2:1-Sieg vor 4.600 Zuschauern gegen den VfL Osnabrück hievte den Sport-Club sogar an die Tabellenspitze. Gut besucht war auch das nächste Heimspiel gegen den 1. FC Saarbrücken (1:1), in dem der Sport-Club nur noch mit Mühe und Not die zweite Heimniederlage verhindern konnte.

Danach ging es wieder leicht bergab: Bis zur Winterpause gelangen der Mannschaft auf fremden Plätzen lediglich zwei Unentschieden, sonst hagelte es Niederlagen: 0:1 in Wattenscheid, 2:4 bei den Stuttgarter Kickers, 1:3 bei Fortuna Köln, 1:2 in Essen. Die Rückrunde begann sogar mit einem fürchterlichen 0:5 in Oberhausen und zwei weiteren Auswärtsniederlagen in Ulm (0:2) und Solingen (1:2). Danach fing sich die Mannschaft wieder, holte 7:1 Punkte in Serie. Doch es fehlte an Beständigkeit: Deprimierend war die erste halbe Stunde gegen die SG Wattenscheid 09, als es im Dreisam-Stadion 3:0 für die Gäste stand – Endergebnis aus SC-Sicht 1:3 –, oder die 1:5-Auswärtsniederlage bei der SpVgg Bayreuth. Den negativen Höhepunkt setzte die 1:6-Heimpleite gegen Fortuna Köln am 36. Spieltag. Doch immerhin beendete der Sport-Club die Saison noch mit einem ausgeglichenen 38:38-Punktekonto.

Berger verlängerte auch für die Saison 1988/89. Libero Charly Schulz trat von seinem Rücktritt zurück, spielte weiterhin in Rot-Weiß. Eine beträchtliche Summe (600.000 DM) kassierte der Sport-Club für den Wechsel von Souleyman Sané zum 1. FC Nürnberg, den Verein verlassen hatten auch Maximilian Hauck, Budimir Vujacic und Christian Streich. Dafür präsentierte Stocker seinem Trainer Berger eine ganze Liste Neuerwerbungen: Dimitrios Moutas, Michael Pfahler, Andreas Buck, Marek

Wurde im Sommer 1989 nach Köln verabschiedet: Verteidiger Alfons Higl.

Majka und Klaus Hermann. Im Saisonverlauf stieß noch Thomas Remark zur Mannschaft.

Schon die ersten Spiele verliefen spektakulär: Am Eröffnungs-Spieltag führte RW Essen in Freiburg nach 74 Minuten mit 3:1. Doch binnen zwölf Minuten bogen Moutas, Majka, Schweizer und Hermann mit vier Treffern das Match zum 5:3 um. In Aschaffenburg gab es zwar eine 1:2-Niederlage, doch dann legten die Freiburger los. 2:0 gegen SV Darmstadt 98, 4:1 beim VfL Osnabrück, 2:0 gegen den 1. FC Saarbrücken, 0:0 bei Hertha BSC Berlin, 2:1 gegen Fortuna Köln, 1:0 bei Union Solingen. Nach dieser Serie wurde es ruhiger, doch der Sport-Club blieb in der Spitzengruppe. Am 12. November kamen 14.000 Zuschauer zum Heimspiel gegen den FC Schalke 04, den 0:1-Rückstand durch Marquardt drehten Lay und Hermann mit ihren Toren zum viel umjubelten 2:1-Sieg

Als die Toranzeige noch Handarbeit bedeutete: der SC als graue Maus in der zweiten Liga.

um. Zum ersten Mal wurde in Freiburg, wenn auch meist hinter vorgehaltener Hand, vom Aufstieg geredet.

Einige Wochen später aber war die Berger-Ära beim Sport-Club unerwartet zu Ende: In der ersten Liga schwebte im Winter 1988/89 Eintracht Frankfurt in akuter Abstiegsgefahr, die Hessen erblickten im Freiburger Trainer ihren Rettungsanker. Zur allgemeinen Überraschung ließ Stocker seinen Coach aus dem laufenden Vertrag ziehen. Später gestand er dem Journalisten Robert Kauer, er habe mit dem „Berger-Transfer" Geld verdienen wollen. Der Frankfurter Manager Bernd Hölzenbein wollte jedoch keine Ablösesumme zahlen und überredete den SC-Präsidenten zu einem Freundschaftsspiel. Danach musste Stocker einräumen: „Nicht einmal 50.000 Mark haben wir hereingeholt."

Nur Berger steigt auf

Noch Jahre später attestierte er Berger, der beste Trainer bis dato in Freiburg gewesen zu sein. Die Freigabe betrachtete Stocker fortan als großen Fehler, denn nach Bergers Weggang war der Freiburger Höhenflug vorerst gestoppt.

1989 bis 1991: Kein Weg führt aus dem Mittelmaß

Warum sich Stocker ausgerechnet wieder für Fritz Fuchs entschied, der einst Freiburg nicht im Frieden verlassen hatte, konnten viele SC-Anhänger ebenso wenig verstehen wie die Freigabe Bergers. Binnen weniger Wochen verlor die Mannschaft so viele Punkte, dass der unmittelbare Kontakt zur Spitzengruppe abgerissen war. Vor allem auswärts vermochte die Mannschaft nicht zu überzeugen: 0:3 in Essen, 1:2 in Darmstadt, 0:2 in Saarbrücken. Mannschaft und Publikum murrten immer unzufriedener, nach dem enttäuschenden 1:1 zu Hause gegen Union Solingen warf ein Zuschauer einen Ziegelstein auf Fuchs' Auto. Der ungeliebte Trainer trat mit einer Bilanz von 7:9 Punkten zurück.

Stocker gab das sportliche Kommando in die Hände des bisherigen Co-Trainers Uwe Ehret, dessen Vater Egon einst beim SC gespielt und als Lizenzspieler-Obmann fungiert hatte. Der Neuling zog sich achtbar aus der Affäre, aber den Anschluss an die Spitzengruppe konnte er nicht mehr herstellen. In der Aufstellung Haas; Maier, Schulz, Higl; Buck, Kurt, Löw, Lay, Weber; Remark (80. Hermann), Schweizer (60. Moutas) gelang zwar vor 7.000 Zuschauern ein 1:0-Heimsieg gegen den späteren Aufsteiger FC Homburg, doch zum Saisonende hatte der SC trotz seiner 42:34 Punkte vier Zähler Rückstand auf den dritten Tabellenplatz, der zur Relegation für die erste Bundesliga berechtigte. Das Trostpflaster für Stocker und Co.: Mehr als 102.000 Zuschauer waren zu den Heimspielen des Vereins gekommen, so viele wie noch nie in einer Zweitliga-Spielzeit zuvor.

Die großen Sieger des Frühsommers 1989 aber waren Eintracht Frankfurt und ihr neuer Trainer Jörg Berger. Mit dem Ex-Freiburger schaffte es der Traditionsklub noch auf den 16. Platz und erreichte somit die Relegation gegen den Zweitliga-Dritten, den 1. FC Saarbrücken. Dank eines 2:0-Sieges im Hinspiel in Frankfurt sicherte sich die Eintracht den Klassenerhalt.

In Freiburg hingegen musste sich Achim Stocker erneut auf Trainersuche begeben. Seine Wahl fiel diesmal auf den erst 37-jährigen Lorenz-Günter Köstner, Ex-Profi bei Borussia Mönchengladbach, Bayer Uerdingen und Arminia Bielefeld. Uwe Ehret arbeitete weiter als Assistenztrainer, doch

Der Präsident auf Trainersuche

den Verein hatten mit Joachim Löw und Franz Weber zwei überragende Spieler der vergangenen Jahre verlassen. Außerdem war der zuverlässige und torgefährliche Verteidiger Alfons Higl für 600.000 DM vom 1. FC Köln verpflichtet worden. Die Neuen hingegen besaßen weniger klangvolle Namen: Holger Janz, Oliver Schäfer sowie Michael und Andreas Zeyer.

Ein unterschätzter Aufsteiger, die SpVgg Unterhaching, holte den Sport-Club sofort auf den Boden der Tatsachen: Die Münchner Vorstädter siegten zum Saisonauftakt mit 3:2 in Freiburg. Doch der 1:3-Niederlage bei BW Berlin ließ die Mannschaft drei Siege folgen: 5:2 in Kassel, 3:1 gegen den VfL Osnabrück, 1:0 in Essen. Das 1:1 am sechsten Spieltag gegen Eintracht Braunschweig sollte das letzte Punktspiel unter Trainer Köstner gewesen sein. Andreas Zeyer erinnert sich: „Wir waren ins Training gekommen und saßen in der Kabine. Warteten und warteten auf den Trainer. Doch der tauchte nicht auf. Plötzlich hieß es: Er sei zurückgetreten." Nach einer lange Zeit kolportierten Version hätte sich auf einem Mannschaftsabend der Spieler Charly Schulz einen Scherz auf Kosten des Trainers erlaubt. Köstner fühlte sich beleidigt, vor allem weil sein Co-Trainer Uwe Ehret mitgelacht haben soll. Präsident Stocker räumte später ein, dass Köstner verärgert gewesen sei, weil er über die Verpflichtung eines Spielers nicht informiert worden wäre. Der frühe und konsequente Rücktritt Köstners in Freiburg mag bei vielen Fußballanhängern schnell in Vergessenheit geraten sein. In Trainerkreisen musste er aber Eindruck hinterlassen haben. So machte später Volker Finke nie einen Hehl daraus, dass er nach dem Angebot Stockers 1991 sich sofort bei Köstner erkundigt habe, warum jener in Freiburg das Handtuch geworfen hat. Und immerhin bewies Lorenz Köstner ja später in Unterhaching seine hohe fachliche Qualifikation als Trainer.

Wieder einmal war die Reihe an Uwe Ehret. Der Assistenztrainer führte die Mannschaft als Chef bis zur Winterpause. Seine Bilanz war diesmal mit 12:14 Punkten negativ. Vielleicht deshalb suchte Stocker nach einem erfahreneren Coach und verpflichtete während der Winterpause Bernd Hoss, der in der Vergangenheit den FFC gecoacht hatte und als Trainer vor allem bei BW Berlin sehr erfolgreich gewesen war. Beim Sport-Club hingegen kam es anders. Unter Bernd Hoss spielte die Mannschaft zu Hause ohne Fortüne: 0:1 gegen BW Berlin, 0:1 gegen Hessen

Glückliches und erfolgreiches Sturmduo: Der Grieche Dimitrios Moutas und der Pole Marek Majka erzielten in der Saison 1989/90 zusammen 22 Tore.

Überzeugte auch bei seinem dritten Engagement in Freiburg: Joachim Löw.

Erzielte elf Tore in der Saison 1989/90: der griechische Stürmer Dimitrios Moutas.

Kassel, 1:2 gegen RW Essen, 0:2 gegen Hertha BSC, 1:2 gegen SV Darmstadt 98 – allein während der Rückrunde gab es fünf Heimniederlagen. Diese „schwarze Serie" brachte den Sport-Club zum Ende der Saison 1989/90 in akute Abstiegsgefahr, das letzte Heimspiel gegen den SV Meppen musste unbedingt gewonnen werden. In der Formation Haas; Maier, Schulz, Marsing; Buck, Klemenz (56. Trieb), Schäfer, Schweizer, Pfahler; Moutas (77. Bernhard), Janz siegte der SC Freiburg jedoch mühelos mit 6:1 und beendete die Saison mit 34:42 Punkten als Tabellendreizehnter.

Auch Bernd Hoss hatte wenig überzeugt und musste prompt den Trainerstuhl räumen. In Eckhard Krautzun engagierte Achim Stocker für die Saison 1990/91 einen „anspruchsvollen" Nachfolger, verkaufte aber Buck und Moutas nach Stuttgart. Als Neuerwerbungen kamen Andreas Golombek, Nils Schlotterbeck, Martin Braun und Uwe Spies.

Der zuverlässige Abwehrdirigent „Charly" Schulz: Als die Finke-Ära anbrach, war für ihn kein Platz mehr beim Sport-Club.

Ein guter Start war beim Sport-Club inzwischen zur Tradition geworden: Das Stürmer-Duo Spies-Janz erzielte die beiden Tore beim 2:0 zum Auftakt bei Hannover 96, Spies schoss beide Treffer beim 2:1 gegen den SV Meppen. Krautzun und seine Mannen feierten noch drei Siege in Folge (2:1 gegen den FSV Mainz 05, 1:0 bei Fortuna Köln und 4:0 gegen RW Essen). Nach diesem 10:0-Punkte-Auftakt wurde erneut laut darüber nachgedacht, ob der Sport-Club aufsteigen könnte. „Ja", hofften die wenigen Optimisten, „Nein" behaupteten die vielen Realisten, die fest mit einem „Einbruch" während des Winters rechneten. Letztere sollten Recht behalten. Zwar etablierte sich unter Krautzun rasch eine Stamm-

**3:0-Triumph
über Schalke 04**

elf und erwiesen sich die Neuzugänge Golombek und Braun sowie vor allem Spies und Schlotterbeck als wertvolle Verstärkungen, doch die Ergebnisse des SC wurden wieder schlechter. Zwei Tore von Janz und ein Treffer von Schweizer sorgten zwar am 20. Oktober 1990 vor 15.000 Zuschauern für einen spektakulären 3:0-Erfolg gegen den späteren Zweitliga-Meister Schalke 04, doch danach gelang dem Sport-Club bis zum 20. April 1991 nur noch ein Heimsieg (2:0 gegen Fortuna Köln). Als Erklärung für die Negativserie gegen den FC Homburg (0:0), den VfB Oldenburg (1:1), Hannover 96 (1:1), den SV Darmstadt 98 (1:2), BW Berlin (0:0) und den VfL Osnabrück (0:1) ist der Hinweis auf den damals katastrophalen Zustand des Rasens im Dreisam-Stadion nicht zu ignorieren. Bei ihren Bemühungen, konstruktiven Angriffsfußball zu spielen, waren die SC-Spieler auf dem tiefen und holprigen Platz notorisch benachteiligt.

Trotz der schwächeren Rückrunde schloss der Sport-Club die Saison mit einem positiven Punkte-Konto von 40:36 ab. Das Problem freilich blieb, dass die Mannschaft sich seit langem im Mittelmaß eingerichtet hatte. Positive Serien und offensive Spielweise wurden immer wieder durch frustrierende Rückschläge aufgewogen. Nicht weniger als sechs Trainerwechsel in den zweieinhalb Jahren nach Bergers Weggang zeugten von Konzeptionslosigkeit und mangelnder Kontinuität. Auch Krautzun hatte diese Misere nicht beenden können, zumal das Verhältnis zwischen Präsident und Trainer angespannt war: Gerne hätte der Coach weitere gute Spieler verpflichtet und vergaß nicht selten die bescheidene finanzielle Basis des Vereins. Deshalb war Stocker nicht unbedingt unglücklich, als ihm Krautzun eröffnete, seinen Vertrag in Freiburg nicht verlängern zu wollen. Längst hatte der Präsident einen Nachfolger für Krautzun im Auge: den jungen Ex-Trainer des Absteigers TSV Havelse, Volker Finke.

Achim Stocker:
Dem SC das ganze Herz

29. Mai 1999: Am letzten Spieltag der Saison treffen die beiden Aufsteiger 1. FC Nürnberg und SC Freiburg aufeinander. Weil Hansa Rostock in Bochum gewinnt und Eintracht Frankfurt den 1. FC Kaiserslautern ausgerechnet mit 5:1 bezwingt, muss einer der beiden Kontrahenten im Frankenstadion absteigen. Ein Spiel unter der Überschrift: Sein oder Nichtsein. Während ab 15.30 Uhr das Drama von Nürnberg seinen Lauf nimmt, geht Achim Stocker irgendwo im Wald spazieren. 90 Minuten später setzt sich der Sport-Club-Präsident in sein Auto und wartet auf die Bundesliga-Ergebnisse: 1. FC Nürnberg – SC Freiburg 1:2. Sein Verein ist gerettet. Und das Herz?

Wegen Herzproblemen, sagt der inzwischen pensionierte Regierungsdirektor, schaffe er es schon seit Jahren nicht mehr, ein Spiel seines Sport-Club auf der Tribüne mitzuerleben. Erst am Tag danach setzt er sich stets zu Volker Finke in die Trainerkabine, um mit ihm die Videoaufzeichnung zu studieren. Für den Fußball-Lehrer sei es ein Genuss, mit Stocker über ein Spiel oder einen Spieler zu fachsimpeln. Ein SC-Jugendtrainer, der manchmal dabei sein durfte, berichtet darüber nur: „Es ist der Wahnsinn."

„Vom Kicken verstehe ich etwas." Wenn dies der ansonsten so bescheidene Stocker behauptet, will es etwas heißen. Seit Anfang der siebziger Jahre führt er den Sport-Club und galt immer als ein Präsident mit großer Fachkompetenz. „Er hat das Auge dafür, ob aus einem mal was wird", attestiert ihm Finke. Mit diesem Blick für Talente suchte Stocker in den Siebzigern in Südbaden nach den Spielern, die unter Trainer Manfred Brief 1978 den Aufstieg in den bezahlten Fußball schafften. Später tingelte er durch ganz Baden-Württemberg und Bayern und fand für wenig Geld die Fußballer, die unter der Anleitung von bescheiden entlohnten Trainern die sportliche Existenz des Vereins in der zweiten Liga sicherten.

Achim Stocker

Nichts hat Stocker mehr geprägt als die langjährige Erfahrung, einen Klub zu führen, der kein Geld besaß. Als Manager Andreas Rettig beim Sport-Club gerade angefangen hatte, wurde er mal zum Präsidenten zitiert, weil er ein paar neue Leitz-Ordner bestellt hatte: „Warum haben Sie das nicht über mich gemacht, ich weiß, wie man sie billiger bekommt", erklärte er dem perplexen Ex-Leverkusener. Die Sparsamkeit ist dem Weinliebhaber ins Blut übergegangen, seitdem er einst, so berichtet es der Sportchef der „Badischen Zeitung", Robert Kauer, die Plakat-Ankündigungen für die SC-Spiele selber an Litfasssäulen klebte oder Briefe an die Vereinsmitglieder eigenhändig verteilte, um kein Porto bezahlen zu müssen. Beim Sport-Club soll es sogar Trainer gegeben haben, die Ärger mit Stocker bekamen, weil ihre Telefonrechnung zu hoch gewesen sei.

Ein preiswerter Trainer war 1991 auch Volker Finke. Mit kaum mehr als 100.000 DM im Jahr dürfte sein erster Vertrag dotiert gewesen sein, doch Stocker hatte aus einer flüchtigen Begegnung mit dem selbstbewussten Norddeutschen erkannt: „Mit dem könnte etwas gehen." Von ihm hat sich der „notorische Pessimist", der bis dahin nur in der zweiten Liga überleben wollte, mitreißen lassen, ohne sich fortan in die sportlichen Kompetenzen des Trainers mehr einzumischen. Nur die beiden ungleichen Partner wissen wirklich, wie viele Kämpfe sie miteinander ausgetragen haben, aber auch, wie viel sie einander verdanken. Als die erste Finke-Mannschaft nach inneren Querelen praktisch leistungsunfähig geworden war und nicht wenige in Freiburg den Kopf des Trainers forderten, stand Stocker bedingungslos zu dem Fußball-Lehrer, „zu dem es keine Alternative gab". Nach der zweiten Qualifikation für den UEFA-Pokal sagte Stocker in laufende Kameras: „Für mich ist Finke der beste Trainer in Deutschland. Sogar noch besser als Ottmar Hitzfeld."

Ein Ziehvater für Finke war Stocker beileibe nicht. Eher ein Getriebener, der plötzlich umdenken musste. Der in Schlachten geschickt wurde, die er gar nicht mehr kämpfen wollte. So mit Teilen der Freiburger Öffentlichkeit, beim letzten sehr umstrittenen Ausbau des Dreisam-Stadions. Oder beim Kampf um das Mösle-Stadion für die Freiburger Fußballschule. Darum fällt es schwer zu sagen, worin Stockers allergrößter Verdienst besteht. Darin, dass er in den siebziger und achtziger Jahren nahezu seine ganze Freizeit dem Verein schenkte, der damals nur

der „SC Stocker" hieß, und ihn aus dem Mittelmaß der schwachen südbadischen Amateurliga bis ins Mittelfeld der eingleisigen zweiten Bundesliga führte? Oder war es das schwere Opfer einer totalen Loyalität
einem Trainer gegenüber, der den Verein, ob er nun wollte oder nicht,
schließlich zum „SC Finke" formte? Sicher aber ist: Für das Wohl des Vereins hat Stocker nicht nur Zeit, Kraft und Macht, sondern auch sein Herz
gegeben. ■

1991 bis 1994

Abenteuer erste Liga

1991/92: Eine Epoche kündigt sich an

In der Rückblende kann gesagt werden, dass in der Spielsaison 1991/92 die Saat gelegt wurde, die in den kommenden Jahren Früchte tragen sollte: Eine Epoche kündigte sich an. An ihrem Anfang standen weit reichende personelle Veränderungen.

Zehn Abgänge, darunter der Verkauf von Oliver Schäfer an den 1. FC Kaiserslautern, sieben Neuzugänge, ein neuer, weithin unbekannter Trainer: Die Saison 1991/92 begann für den Sport-Club mit vielen Unbekannten. Und einer harten, anfangs umstrittenen Entscheidung: „Ich muss eine neue Abwehr aufbauen und kann das nicht mit einem Spieler tun, der nur einmal die Woche trainiert", begründete Volker Finke die Maßnahme, auf Charly Schulz zu verzichten und so gleich mit seinem Einstieg als Trainer ein Freiburger Denkmal vom Sockel zu stoßen.

Achim Stocker hatte den neuen Trainer vom SC Norderstedt geholt. Er war ihm aufgefallen, als Finke mit dem TSV Havelse in Freiburg gespielt hatte. Der neue Mann war ein 43 Jahre alter beurlaubter Studienrat, der darauf verweisen konnte, als Aktiver und Trainer bereits 21-mal in seinem Leben aufgestiegen zu sein, zuletzt mit dem TSV Havelse in die zweite Fußball-Bundesliga. Einem Zufall war es zu verdanken, dass Stocker Finke überhaupt erreichte. Der war dabei, mit seiner als Journalistin zum NDR nach Hamburg wechselnden Frau in der bereits verlassenen Wohnung noch ein paar Sachen auszuräumen, und wollte ursprünglich den Telefonanruf von Stocker gar nicht annehmen.

„Kommen Sie mir nur nicht auf die Idee, hier aufsteigen zu wollen", soll Stocker zu Finke gesagt haben. Der fand als Frankreichliebhaber

Gefallen am „anderen Standort Deutschland". Und an der Vorstellung, einen Verein mit überschaubaren Strukturen trainieren zu können. „Ich habe dabei immer das Gefühl gehabt, dass es eine Verpflichtung auf Zeit ist und ich in den Schuldienst zurückkehren werde", so Finke. Stocker wiederum ließ sich nicht von Warnungen aus Havelse abschrecken. „Mit diesem Trainer kann ein Vorstand seine Kompetenzen an der Garderobe abge-

Aus Havelse wurde vor ihm gewarnt: Volker Finke

ben", sollen dortige Vereinsfunktionäre den Machtanspruch Finkes kritisiert haben.

Schon in den Freundschaftsspielen kristallisierte sich mit dem von Eintracht Braunschweig gekommenen 25-jährigen Thomas Schmidt als Libero sowie dem altbewährten Rolf Maier und dem noch einmal von Achim Stocker entdeckten Ralf Kohl als Verteidigerpärchen das neue Defensivtrio heraus.

Die Liga präsentierte sich mit einem neuen Gesicht: zwei Zwölfergruppen, die eine normale Runde bestritten, um anschließend eine Meister- sowie eine Abstiegsrunde auszutragen. Der Südgruppe gehörten fünf Vereine aus der ehemaligen DDR an, unter ihnen traditionsreiche Vereine wie Carl Zeiss Jena oder der VfB Leipzig, die aber nach der Öffnung der Mauer zahlreiche Spielerabgänge zu verzeichnen hatten. Die Folge: Keiner wusste so richtig, wo er stand. Volker Finke gab für Freiburg „Platz fünf bis acht" als Ziel vor und verkündete, dass der SC sein Spiel nicht nach dem Gegner ausrichten werde.

Nur dank zahlreicher Münchner Fans konnte der SC gegen den TSV 1860 (2:1) mit einem vollen Stadion starten. Es folgte eine unglückliche 1:2-Niederlage in Chemnitz, nach der der Trainer der Sachsen, Hans Meyer, als Erster den Freiburgern attestierte, das Zeug zum Meister zu haben. Ein „Unterschied wie Tag und Nacht" habe zwischen seinen Mannen und dem SC bestanden.

Ungewöhnlich schnell erhielt die Mannschaft ein Gesicht und blieb über die ganze Saison hinweg weitgehend von Verletzungen verschont. Neun Spieler bestritten 27 oder mehr Spiele (von 32). Michael Pfahler, der bei einem Zusammenprall mit Saarbrückens Torhüter Alfred Wahlen einen offenen Schien- und Wadenbeinbruch erlitt, sowie der während der Saison für 45.000 DM Leihgebühr verpflichtete US-Nationalspieler Paul Caligiuri teilten sich quasi die Position im linken Mittelfeld. Im Tor hatten sich vor der Saison noch Gerd Sachs und Michael Haas den Stammplatz streitig gemacht. Als sich beide fast zeitgleich verletzten, fand der SC mit Carsten Eisenmenger, der damaligen Nummer 3 des VfL Bochum, einen Ersatz, der schnell zum unumstrittenen Stammtorhüter wurde.

Michael Zeyer zeigte als Spielmacher im Herbst 1991 bisweilen brillante Vorstellungen, ihm assistierten sein Bruder Andreas und zunehmend auch der kopfballstarke und lauffreudige Neuzugang Jens Todt. Andree Finke, für nur 40.000 Mark von den Amateuren des HSV geholt, wurde mit seinen langen wehenden Haaren und seinen Toren schnell der Liebling des Publikums, Thomas Schmidt durch konstant gute Leistungen zum Zentrum einer funktionierenden Defensive.

Bald mischte sich der SC in eine im Gleichschritt marschierende und strauchelnde Spitzengruppe, der mehr als die halbe Liga angehörte. Vor allem zu Hause bereitete er dem Publikum ungekannte Galavorstellungen wie das 6:1 gegen Erfurt oder das 4:0 gegen Chemnitz. Doch das Publikum reagierte zögerlich auf die neue Situation. „Es ist ein Skandal", eiferte sich Trainer Finke ob des Zuschauerzuspruchs gegen den VfB Leipzig (3.300 Zuschauer; der SC gewinnt 3:1). „Wir können die Leute nicht zu uns prügeln", half sich der SC-Vorsitzende Achim Stocker mit seinem trockenen Humor. Mit einem 1:1 in Saarbrücken stemmte sich der SC am 13. September erstmals an die Spitze, ein 3:3 in Leipzig sicherte schon am viertletzten Spieltag der „normalen" Runde die Qualifikation für die Meisterrunde.

Noch zögert das Publikum

Auf Freiburger Autos fanden sich plötzlich „Jetzt-geht's-los"-Aufkleber, erstmal kursierten Wechselgerüchte um Spies und Michael Zeyer, Uwe Spies lag mit elf Toren hinter dem für Saarbrücken stürmenden Michael Preetz (12) an der Spitze der Torschützenliste. Der Ausbau des Stadions und die Installation einer Flutlichtanlage wurden Gesprächsthemen.

Der Torschrei nach Christian Simons erlösendem Siegtreffer im letzten Spiel vor der Winterpause zum 1:0 gegen Jena in der 94. Spielminute soll bis Kirchzarten zu hören gewesen sein. In ihm war eine neue Hoffnung vertont: Diese Mannschaft, die durch das Tor Simons als Tabellenführer überwinterte, konnte auch Meister werden, aufsteigen. „Sie kann, muss aber nicht", meinte Trainer Finke.

Während die unter größerem Erwartungsdruck stehenden Konkurrenten in der langen Winterpause nochmals aufrüsteten (so holte Saarbrücken trotz Verschuldung den dänischen Stürmer Brian Skaarup, den Weißrussen Andrey Schalimo und Rüdiger Abramczik als Co-Trainer für Peter Neururer), diskutierte man in Freiburg über die Folgen eines Aufstiegs. „Die Stadt hinkt der Entwicklung des attraktiven Leistungssports hinterher", kritisierte Gerolf Staschull, der Vorsitzende des Sportkreises Freiburg, auf einem Forum der „Badischen Zeitung". Sportbürgermeister Thomas Landsberg räumte dies ein und stellte dem Verein eine Flutlichtanlage für die Saison 1993/94 in Aussicht.

Der SC ließ für die Aufstiegsrunde eine Zusatztribüne mit 660 Plätzen bauen, charterte drei Fan-Busse für das erste Auswärtsspiel in Saarbrücken, kontrollierte das Spiel gegen den überraschend defensiv eingestellten Gegner, fand aber kein Weg zum Tor und unterlag 0:2. Nach einem mit zehn Feldspielern (umstrittener Platzverweis für Rolf Maier) erkämpften Heimerfolg gegen Jena war der SC nochmals Tabellenführer. Zum torlosen, von Taktik und Kampf geprägten Heimspiel gegen Waldhof fuhren erstmals Busse aus den Umlandgemeinden kostenlos das Stadion an, und der Verein erhielt von der DFB-Sicherheitskommission die Auflage, einen gesonderten Gästeblock und Wellenbrecher zu installieren.

Ausgerechnet zu Hause gegen den FC Homburg, der als einziges Team in der Sechsergruppe der Aufstiegsaspiranten nach mehreren Niederlagen den Anschluss verloren hatte, platzten mit einem 1:3 die Träume von der Bundesliga. Die Mannschaft wirkte nach einem Doppelschlag hilflos, ergab sich in ihr Schicksal. „Wir haben im Moment keinen, der ein Riesending macht", klagte Uwe Spies nach den torlosen Spielen vor 13.000 Zuschauern gegen Saarbrücken und in Chemnitz. Ein zu Zehnt errungener 2:1-Erfolg in Jena (Gelb-Rot für Ralf Kohl) ließ für kurze Zeit nochmals zarte Hoffnung keimen, doch das brutale 2:6 in

Mannheim, bei dem die Freiburger in der Schlussphase Jens Todt ins Tor stellen mussten und sich wie eine aufgescheuchte Schülermannschaft auseinander nehmen ließen, erstickte diese sofort wieder. Zum letzten Heimspiel gegen Chemnitz (3:1) kamen wieder nur 3.300 Zuschauer. Obwohl der SC noch eine theoretische Chance auf Platz eins besaß! Am Schluss blieb nach 9:11 Punkten in der Aufstiegsrunde der dritte Platz hinter Aufsteiger 1. FC Saarbrücken und Waldhof Mannheim. „Es sind Mechanismen eingetreten, die ich befürchtet habe", sagte Trainer Finke. Spielervermittler störten die beschauliche Ruhe an der Dreisam im Frühjahr, die plötzlich vorhandenen Erwartungen an das spielerische Vermögen konnten von der Mannschaft nicht erfüllt werden. Insbesondere Spielmacher Michael Zeyer, der nun für 600.000 Mark zum FC Kaiserslautern wechselte, und Andree Fincke verkrampften, konnten die im Herbst gezeigten Leistungen nicht bestätigen. Verletzungen und Spielsperren verdeutlichten, dass der Kader in der Breite noch keine Qualität besaß.

Dennoch war mehr passiert als in manch einer Saison, in der der SC auch schon mit einer guten Herbstrunde auf sich aufmerksam gemacht hatte: Der Verein hatte einen enormen Imagegewinn zu verzeichnen,

Enormer Imagegewinn

schloss im April einen attraktiven Sponsorenvertrag mit einer Heizkörperfirma aus Lahr ab, konnte bereits früh die Verpflichtung interessanter Neuzugänge (Oliver Freund, Damir Buric, Maximilian Heidenreich, Thomas Seeliger) vermelden.

Es war eine Saison, in der auch der Freiburger FC noch einmal von sich reden machte. Mit dem auch schon für den SC tätigen Uwe Ehret als Trainer in die Oberliga aufgestiegen, mischte das Team mit den Ex-SC-Spielern Schulz und Klemenz im oberen Drittel der Tabelle mit, warf den Zweitligisten Chemnitz aus dem DFB-Pokal und bescherte sich mit dem Pokalkampf gegen den VfB Stuttgart (1:6) endlich wieder einmal ein großes Spiel, das den Spielbetrieb der ganzen Runde finanzierte. 1991/92 wurde mit dem Abstieg in die Bezirksliga zugleich der Niedergang der Sportfreunde DJK besiegelt, die fünf Jahre zuvor als Oberligist noch geglaubt hatten, zur zweiten Kraft im Freiburger Fußball werden zu können. „Ich bin blauäugig gewesen", sagt der Vorsitzende Adolf Frei über die lange Zeit gezahlten überzogenen Spielergehälter.

1992/93: Durchmarsch durch die Mammutliga

Die neuerliche Eingleisigkeit und das Bestreben, die zweite Liga wieder auf 20 Vereine zu reduzieren, brachten im Spieljahr 1992/93 für 24 Zweitligisten die strapaziöseste Saison seit Bestehen der Liga mit sich: 25 Spiele bis zur Winterpause, drei Aufsteiger und sieben (!) Absteiger. „Wenn Fußballfans die Tabelle lesen, sollen sie den SC schneller finden, wenn sie von oben beginnen", gab Trainer Volker Finke als Saisonziel aus. In der Tat, den Sport-Club-Anhängern wurde das Tabellelesen in diesem Jahr leicht gemacht. Am dritten Spieltag waren die Freiburger erstmals Spitzenreiter. Und nachdem sie am siebten Spieltag Carl Zeiss Jena im Topspiel mit einem 3:1-Heimerfolg vom Thron gestoßen hatten, gaben sie die Tabellenführung bis zum Ende überhaupt nicht mehr ab. Während traditionsreiche Vereine wie Fortuna Düsseldorf oder Eintracht Braunschweig ins Amateurlager mussten, hatte der SC letztlich die mit Abstand beste Heim- und Auswärtsbilanz, hatte mehr als 100 Tore erzielt, fünf Punkte Vorsprung auf Vizemeister Duisburg und zehn Punkte Vorsprung auf den ersten Nichtaufstiegsplatz.

Nach dem Einbruch in der Aufstiegsrunde 1991/92 hatte der SC Freiburg den Kader auf 23 Spieler, darunter 19 Profis, aufgestockt und besaß nun den größten Kader seit der Zugehörigkeit zur zweiten Liga. Zum ersten Mal ließ das neu formierte Team (seit Amtsantritt von Finke hatten nun schon 20 Spieler den Verein verlassen und 20 neue waren geholt worden) im zweiten Heimspiel gegen Hannover 96 aufhorchen. Beim 4:0 boten die Akteure 9.000 restlos begeisterten Zuschauern ein Spiel, welches ihnen noch heute als eines der besten SC-Spiele überhaupt in Erinnerung blieb. Als Dreh- und Angelpunkt glänzte ein Neuzugang: Maximilian Heidenreich. „Den kriege ich wieder hin", hatte Volker Finke über den ehemaligen Hannoveraner gesagt, der schon mit 24 Jahren als gescheitertes Talent galt. Heidenreich spielte bereits mit Reuter und Häßler in der U21-Nationalmannschaft, erwarb sich dann durch seine Wechsel zur Frankfurter Eintracht, wieder zu Hannover und zuletzt zum FC Basel den Ruf, ein unkonstanter Wandervogel zu sein. In den Reihen der Freiburger galt „Maxi" schon bald als Mann mit einem tödlichen Passspiel.

Nachdem ein SAT-1-Reporter sich nach dem 5:1-Auswärtserfolg in Remscheid zum Vergleich der Freiburger mit dem amerikanischen Bas-

Hatte im Freiburger Publikum die treuesten Fans und größten Kritiker zugleich: „Uuuuuwe" Spieß.

**Das „Dream-Team"
wird geboren** ketball-Nationalteam, das gerade in Barcelona die Goldmedaille gewonnen hatte, verstiegen hatte, war der Begriff vom „Dream-Team" SC Freiburg geboren. In der Universitätsstadt wurde der SC plötzlich auch auf Vernissagen oder in Kneipen ein Thema, profitierte nun gerade davon, nicht die Tradition und die Verwurzelung im Freiburger Bürgertum wie der Lokalrivale FFC zu besitzen und sich so einen völlig neuen Anhängerkreis erschließen zu können. Überdurchschnittlich viele Frauen, das intellektelle Milieu und das große Freiburger Umland entdeckten das Dreisam-Stadion.

Ausgerechnet die erste Niederlage am zehnten Spieltag beim von Uwe Reinders trainierten Meisterschaftsfavoriten Duisburg nahm Volker Finke zum Anlass, das Saisonziel nun neu zu formulieren: „Wir wollen aufsteigen", sagte er. Er habe dies getan, „um die Mannschaft zu lehren, mit dieser Erwartungshaltung umzugehen", erklärte er später.

Zunehmend als Glücksfall erwies sich die nachträgliche Verpflichtung des 21-jährigen Altin Rraklli. Erst als Einwechselspieler mit Torgarantie geschätzt, entwickelte sich der Torschützenkönig der albanischen Liga mehr und mehr zum wuseligen Unruheherd einer jeden gegnerischen Abwehrreihe. Durch die Gemeinderätin Rita Czech-Blasel und den Politik-Studenten Arben Tahiri war der Kontakt zu dem Stürmer, der die Freiburger zunächst nur zwei mit Trikots gefüllte Kleinbusse gekostet haben soll, zustande gekommen. „Ein sehr begabter Junge, aber kein Wunderstürmer", urteilte Volker Finke. Neben ihm schirmte Mannschaftskapitän Uwe Spies den Ball in unverwechselbarer Weise ab, genoss als Anspielstation und Vorlagengeber einen ausgezeichneten Ruf. „Er ist Gehirn und Herz unseres Spiels", lobte ihn damals Achim Stocker. Weil Spies nicht immer den direkten Weg zum Tor suchte, musste er sich allerdings immer wieder Unmutsäußerungen des Publikums anhören. „Manchmal höre ich sie stöhnen, wenn ich nicht gleich abziehe", hat Spies einmal gesagt. Neben diesen beiden und dem gelegentlich auch mit Erfolg als Stürmer eingesetzten, von Nancy nach Freiburg gekommenen Allrounder Thomas Seeliger blieb Andree Fincke immer häufiger nur die Ersatzbank. In der Winterpause wurde der ehemalige Publikumsliebling auf eigenen Wunsch an den Ligakonkurrenten Wolfsburg ausgeliehen.

Als wichtiges Glied einer erfolgreichen Trainerarbeit wurde auch Achim Sarstedt genannt. Der beurlaubte Gymnasiallehrer, der Finke schon beim TSV Havelse assistiert hatte, analysierte die nächsten Gegner, baute die Physis verletzter Spieler wieder auf und war als begeisterter Ausdauersportler für die Kondition des Teams verantwortlich. Sarstedt ist „absolut loyal" (Stocker) und „macht die besten Spielbeobachtungen der zweiten Liga" (Finke).

Am vorletzten Spieltag der Vorrunde sicherten sich der Verein, der mit einem 4,2-Mio.-DM-Etat bei der Finanzkraft nur auf Rang 14 der Liga rangierte, in Düsseldorf den Herbstmeistertitel. Der SC hatte nach der Vorrunde bereits fünf Punkte Vorsprung auf das Verfolgertrio MSV Duisburg, Fortuna Köln und VfB Leipzig. „Nur noch ein Rückfall ins Mittelalter und viele Verletzte könnten den SC jetzt noch vom Aufstieg abhalten", sagte Trainer Finke vor der Rückrunde. Er hatte seinen Vertrag bereits in der Winterpause verlängert, weil „der SC noch lange nicht am Ende einer positiven Entwicklung" sei.

Seine Erstligatauglichkeit durfte der Aufstiegskandidat in einem Vorbereitungsheimspiel gegen Bayern München (1:1) schon einmal unter Beweis stellen. Während zum letzten Heimspiel vor der Pause gegen Oldenburg (6:1) wieder einmal nur 5.500 Zuschauer den Weg ins Stadion gefunden hatten, hätte Schatzmeister Bernd Ziegelbauer an diesem Tag erstmals gerne ein „doppelt so großes Stadion" gehabt. Weil die Straßenbahnen im Drei-Minuten-Takt fuhren und viele Zuschauer mit dem Fahrrad kamen, blieb ein befürchtetes Verkehrschaos im engen Freiburger Osten dennoch aus.

Seinen Winterurlaub hatte Volker Finke in Costa Rica verbracht und den Nationalspieler Austin Berry dabei als preiswerte Alternative für das linke Mittelfeld entdeckt. Diese Position sollte jedoch weiter ein Sorgenkind bleiben: Michael Pfahler konnte, nachdem er nach 15-monatiger Verletzungspause endlich wieder auf dem Platz stand, an seine alte Form nicht anknüpfen. Und Berrys Formkurve schwankte so, dass er Mühe hatte, sich ins Team zu spielen.

Nachdem die Freiburger mit einem Sieg auf dem schneebedeckten Rasen des Hannoveraner Niedersachsenstadions den Vorsprung auf Platz vier bereits auf acht Punkte hatten anwachsen lassen, leitete das Heimspiel gegen Wolfsburg einen Frühjahrs-Durchhänger ein. Erstmals übertrug „Premiere" ein Spiel aus Freiburg live. Das war wohl ein schlechtes Omen. Der alternde Stürmerfuchs Sigi Reich, der schon im Vorspiel zweimal getroffen hatte, erlegte die gehemmt wirkenden Gastgeber beim 1:3 mit einem Hattrick quasi im Alleingang. Einen besonders unglücklichen Part spielte dabei Damir Buric. Der angeschlagen eingewechselte Kroate leistete sich hintereinander zwei grobe Abwehrfehler, die zu Toren führten, und wurde bereits nach elf Minuten von Trainer Finke wieder vom Platz genommen. Der älteste Spieler im Kader, der vor seiner Verpflichtung als Spielertrainer den MTV Ingolstadt gecoacht hatte, erlebte in Freiburg ohnehin eine durchwachsene Saison, die von Verletzungen, Spielsperren und Gedanken an den Krieg in seinem Heimatland geprägt war.

Es folgten 7:7 Punkte aus den nächsten Spielen. Vor dem Unentschieden gegen Homburg war der Vorsprung der Freiburger wieder auf vier Punkte geschmolzen. Libero Thomas Schmidt kämpfte mit Rücken- und Knöchelproblemen und genügte nicht immer den Ansprüchen. Torwart Eisenmenger offenbarte Schwächen in der Strafraumbeherrschung und erlaubte sich den einen oder anderen Ausrutscher. Von einer Krise wurde gesprochen, davon, dass dem Überraschungsteam nun die Angst in den Kopf gekrochen sei. Finke appellierte, Ruhe zu bewahren. Er verwies darauf, dass das Spiel des SC besser sei, als dies die Ergebnisse ausdrücken.

„Da brennt nix mehr an!" Mit 6:0 Punkten aus einer englischen Woche, einem Kampfsieg im Bindfadenregen von St. Pauli, einer Traumviertelstunde beim 4:2 über Hertha BSC und einem 3:0 im Schongang bei Darmstadt 98 meldete sich der SC eindrucksvoll zurück. Im kleinen Kreis soll Volker Finke schon nach diesen Erfolgen mit den Worten „da brennt nix mehr an" den Aufstieg als realisiert bezeichnet haben.

Perfekt wurde der Aufstieg an einem Sonntag. Der SC hatte am Freitagabend bei Fortuna Köln mit einem 2:2 einen Punkt geholt. Die Spieler hatten frei, erfuhren aus dem Fernseher von den Niederlagen der Konkurrenten Mannheim und Leipzig, die die Sensation perfekt machten. Martin Braun machte sich in Löffingen eine Flasche Weizenbier auf, und „selbst das habe ich mir noch überlegt". Volker Finke öffnete mit seiner Frau in Hamburg eine Flasche Wein, die „wir auch so aufgemacht hätten".

Der Jubel war groß und der Sekt durfte fließen: Fans und Spieler (hier: Thomas Seeliger) feiern den Aufstieg.

Im nächsten Heimspiel bestätigte die Mannschaft mit einem 4:2 gegen Unterhaching den souveränen Aufstieg. Folgende Elf ließ sich von den Zuschauern bejubeln:

▶ Eisenmenger, Schmidt (62. Käfer), Seeliger, Kohl, Braun, Buric (70. Pfahler), Todt, Heidenreich, Berry, Spies, Rraklli.

2.000 Fans feierten wenige Tage später beim Rathausempfang am 27. Mai 1993 trotz strömenden Regens eine „große Stunde Freiburger Fußballgeschichte" (Oberbürgermeister Rolf Böhme), Geburtstagskind Achim Stocker erhielt das silberne Siegel der Stadt.

Während beim Heimspiel gegen Fortuna Düsseldorf (5:1) 6.100 ausgelassene Zuschauer den 100. Punktspieltreffer durch Oliver Freund bejubelten, fiel in Mannheim die Vorentscheidung, dass der VfB Leipzig – und nicht Waldhof Mannheim – den SC Freiburg und den MSV Duisburg in die erste Liga begleiten würde. Jürgen Sundermann, dessen Wechsel als Trainer von Leipzig zum SV Waldhof bereits feststand, holte mit Leipzig einen Punkt. „Es haben nie zwei Herzen in meiner Brust geschlagen", kommentierte Sundermann die Tatsache, dass er sich selbst eine Tätigkeit in der ersten Liga verbaute.

Der Sport-Club erhöhte die Preise, die künftig auch als Fahrschein für Busse und Straßenbahnen zum Stadion galten. Der Verein führte ein Optionsrecht für Dauerkarteninhaber ein. In der Sommerpause wurde die 2,3 Mio. DM teure Flutlichtanlage gebaut, deren Kosten sich die Stadt (1 Mio. DM), das Land (500.000 DM), Sponsoren und der SC teilten. Der Verein selbst finanzierte eine neue Gegentribüne mit 1.500 überdachten Sitzplätzen.

Noch vor Saisonende waren wichtige Neuzugänge vermeldet worden, beispielsweise der 19-jährige Stefan Müller aus Schopfheim, Jan Seifert, der sich beim Chemnitzer FC als kopfballstarker Verteidiger einen Namen gemacht hatte, Rodolfo Esteban Cardoso, der Spielmacher des FC Homburg, und Jörg Schmadtke, der langjährige Torhüter des Absteigers Fortuna Düsseldorf.

Nach dem Heimsieg gegen Wuppertal (3:1) machten langanhaltende laute Sprechchöre für Volker Finke darauf aufmerksam, welche Vaterrolle an der sportlichen Entwicklung die Freiburger Fußballanhänger dem Trainer mittlerweile zuschrieben. Finke beschränkte sich immer weniger nur auf die sportliche Arbeit mit der Mannschaft, und es wurde ihm vom Vorstand ermöglicht, die amateurhafte Infrastruktur des Vereins aufzupeppen.

► **Einwurf**

Das Freiburger Spielsystem

Schon bald nach den ersten Erfolgen wurde auch von den taktischen Neuerungen gesprochen, mit denen Finke aus einer technisch ordentlichen, aber in ihren Fähigkeiten auch beschränkten Mannschaft einen Überflieger machte: Er erklärte den „Fußball der kurzen Wege" oder auch „Fußball der kurzen Pässe" zum Prinzip. Selbst in der Bedrängnis, auch wenn es galt auszugleichen, gewöhnte es sich das Freiburger Team an, nicht mit Hau-Ruck-Fußball, langen Bällen und nach dem Zufallsprinzip in den Strafraum geschlagenen Flanken zum Erfolg zu kommen. Mit kurzen Pässen kombinierte sich das Team nach vorne durch und suchte in der Regel erst im Strafraum den Abschluss. Schüsse aus der zweiten Reihe führen selten zu Toren, wurde dies begründet.

Ergänzt wurde das Kurzpass-Spiel durch das Überzahlschaffen in Ballnähe. So gelang es den Freiburgern, unnötige Laufwege zu vermeiden und den Gegner unter Druck zu setzen. Auch ließ der Trainer durch die Mitte aufbauen und erst spät auf die Flügel wechseln. „Man muss den gefährlichen Raum erst vorbereiten", erklärte er dazu dem „kicker". „Und wenn man dann aus der Enge plötzlich herausspielt, bekommt eine Abwehr Probleme." Das Überzahlschaffen in Ballnähe sollte dadurch abgesichert werden, dass bei Angriffen beispielsweise über die rechte Seite von hinten links eingerückt wird. „Die zentrale Achse kann dann wirklich ballorientiert spielen, wenn die Spieler wissen, dass hinten links rum oder hinten rechts rum eingeschoben wird", erklärte Finke Mitte der neunziger Jahre in einer Sonderausgabe der Fußballzeitschrift „Hattrick". Die Freiburger nahmen bei ihrer Spielweise in Kauf, dass der jeweils ungefährlichste, am weitesten von einer Spielsituation entfernte Gegenspieler frei stand.

„Im Grunde hat Finke dieses Spielsystem des kurzen Passes in Freiburg von Anfang an eingeführt, wir spielten auch schon in Havelse mit dieser Fußball-Philosophie", sagt Jens Todt. In Havelse habe man unter Oberligabedingungen trainiert und in Freiburg einen der kleinsten Etats

Das Freiburger Spielsystem: Hinter jedem Ball steckt ein kluger Kopf...

der zweiten Liga gehabt. „Wir haben daher in beiden Vereinen gewusst, dass wir auf den einzelnen Mannschaftspositionen unterlegen sind und dies durch ein anderes System kompensieren müssen."

Finke selbst schränkt ein, dass im ersten Jahr der Mannschaftskader die Grenzen für die Verwirklichung des Kurzpass-Spiels setzte. „Beispielsweise konnten wir nicht ohne Libero hinter der Abwehr spielen." Nach zweijähriger Trainertätigkeit von Finke waren dann insgesamt 20 neue Leute verpflichtet worden. „Dann hatten wir die Mannschaft für unser System zusammen." ■

1993/94: Die nicht mehr für möglich gehaltene Rettung

Das Abenteuer Bundesliga schien bereits am viertletzten Spieltag des ersten Spieljahres für den SC Freiburg zu Ende zu gehen: „Die Liga hat uns Schach geboten", gab Trainer Volker Finke vor dem Heimspiel gegen Dynamo Dresden als Parole aus. Die 0:1-Heimniederlage durch ein Tor von Fuchs schien Freiburg schachmatt zu setzen. Das sensationelle Ende der Saison, bei dem der Sport-Club doch noch die Rettung schaffte, war auch eine Konsequenz jener besonderen Atmosphäre, wie sie damals rund um die Mannschaft herrschte.

So zuversichtlich, so stolz hat noch nie ein Verein die Bundesliga verlassen. Das war der Eindruck, den man nach dem Spiel gegen Dresden im Dreisam-Stadion gewinnen konnte. Die Zuschauer blieben noch lange auf den Rängen, feierten mit „Freiburg, Freiburg"-Rufen eine Mannschaft, die ihr Abenteur erste Liga mit Mut zur Offensive angegangen war.

„Ein Abstieg würde die Entwicklung des Teams nur unterbrechen", gab sich Trainer Finke zuversichtlich. Mit „nur noch ein Prozent" bezifferte Verteidiger Thomas Vogel die Chance auf den Klassenverbleib. Doch im Verlauf der nächsten Woche wurde mit jedem Tag spürbarer, dass man sich in Freiburg trotz eines Vier-Punkte-Rückstands auf den 1. FC Nürnberg noch nicht mit dem Abstieg abgefunden hatte. „Volker Finke hat jedem von uns eingetrichtert, dass wir noch eine Chance besitzen", sagte Verteidiger Martin Spanring nach der Rettung über diese Woche im April.

10.000 Fans begleiteten den SC nach Stuttgart und erlebten die eindrucksvolle Wiederauferstehung einer totgeglaubten Mannschaft. Gleich mit 4:0 wurden die Schwaben abgefertigt, Ralf Kohl spielte die Partie seines Lebens und steuerte zwei Treffer bei. Wie befürchtet, sollte sich das folgende, vermeintlich leichte Heimspiel gegen den bereits feststehenden Absteiger Leipzig zu einer Zitterpartie entwickeln. Der SC spielte gehemmt, umständlich, verkrampfte ob der großen Bedeutung des Spieles. Als Steffen Heidrich beim Stand von 0:0 in der 73. Minute alleine auf ihn zulief, habe er „Tschüss, das war's" gedacht, verriet Torhüter Jörg Schmadtke nach dem Spiel. Schmadtke hielt den Heber des Mittelfeldspielers, kurz danach erlöste Cardoso mit seinem Tor das leidende Publikum. Nürnberg hatte derweil zweimal gegen Bayern München verloren (wegen eines irregulären Tors von Thomas Helmer wurde das 2:1 von

München annulliert, das Wiederholungsspiel verloren die Nürnberger mit 0:5) und Wattenscheid mit 4:1 geschlagen, der Rückstand der Freiburger betrug also vor der letzten Partie beim MSV Duisburg immer noch zwei Punkte.

Der 7. Mai 1994 war ein heißer Tag, und jeder SC-Fan kann sich heute noch erinnern, was er an diesem Tag zwischen 15.30 Uhr und 17.15 Uhr gemacht hat. Etwa 8.000 waren ins Ruhrgebiet gereist, fieberten im Wedaustadion mit. Am Flückigersee im Westen der Stadt, in Besenwirtschaften am Kaiserstuhl, in den Cafés in der Innenstadt oder auch nur auf den Balkonen: Überall liefen in Freiburg an diesem Tag die Transistorradios. Martin Spanring und Andreas Zeyer sicherten gegen einen nicht mit letzter Konsequenz um seine schwache UEFA-Cup-Hoffnung kämpfenden MSV einen 2:0-Erfolg, die 1:4-Niederlage von Nürnberg in Dortmund machte das „Wunder" („Badische Zeitung") perfekt. Duisburgs Trainer Ewald Lienen wunderte sich ob der das Spielfeld stürmenden Freiburger („Sind die denn deutscher Meister geworden?"). „Das Gute hat gesiegt", titelte die linksalternative „tageszeitung" und warf angesichts des unverhofften Klassenverbleibs des Außenseiters alle Neutralität über Bord. „Wenn Freiburg mit seinen Mitteln in der Bundesliga bleibt, haben wir in den letzten 20 Jahren alles falsch gemacht", hatte noch vor der Saison Stuttgarts Manager Dieter Hoeneß gesagt.

„Das Gute hat gesiegt"

▶ Folgende Spieler erkämpften in Duisburg den Klassenerhalt: Schmadtke, Heidenreich, Spanring (78. Schmidt), Buric, Braun, Zeyer, Todt, Kohl, Cardoso, Freund, Seretis (75. Rraklli).

An einem sonnigen Maitag hatte die Saison ihren glücklichen Abschluss gefunden, an einem heißen Augusttag hatte sie mit einer „Völkerwanderung" ins Münchner Olympiastadion begonnen. „Im Schwarzwald sind heute nur die Bäume zu Hause geblieben", witzelte ein Radioreporter ob der 20.000 Südbadener im ausverkauften Olympiastadion. „Wie ein Kaninchen vor der Schlange" sei man gegen den Gegner mit dem großen Namen in der ersten halben Stunde aufgetreten, räumte Thomas Seeliger nach der Begegnung ein. Nach 24 Minuten stand es schon 0:3. Dann waren die Freiburger sogar spielbestimmend, kamen aber lediglich noch zum Anschlusstor durch Oliver Freund.

Schadenfreude in der Stunde des Triumphs: SC-Fans in Duisburg.

Sei geküsst, heiliger Duisburger Rasen: Ein SC-Fan nach dem 2:0-Sieg, der den nicht mehr für möglich gehaltenen Klassenerhalt bedeutete.

Der gelungenen Heimpremiere gegen Wattenscheid (4:1) mit zwei Toren des wiedergenesenen Torjägers Altin Rraklli folgte der erste Durchhänger: 3:13 Punkte aus den nächsten acht Spielen, in denen die Freiburger oft ihrem Gegner spieltechnisch überlegen waren, eine Vielzahl an Chancen vergaben und immer wieder mit dem Schiedsrichter haderten.

In Dortmund hatte der SC schon 2:0 geführt, um mit einem 2:3 die in einem Sonderzug mitgereisten Fans doch noch zu enttäuschen. Zu Hause gegen Hamburg erspielte sich der Aufsteiger 18:4 Ecken und eine Vielzahl von Torchancen, scheiterte immer wieder am herausragenden Gästetorhüter Golz und wurde durch einen Konter mit 0:1 geschlagen. In Köln wurde der Aufsteiger vom Gastgeber ausgekontert, beim 3:3 gegen Borussia Mönchengladbach hatte der Schiedsrichter ein Handspiel des Gladbachers Kastenmaier auf der eigenen Torlinie übersehen. Vom Publikum des Tabellenführers Frankfurt erhielten die Freiburger für ihr freches Auftreten beim 0:3 Szenenapplaus, bei der 2:3-Heimniederlage gegen Kaiserslautern litten die Freiburger unter einem Ausrutscher des gerade eingewechselten Martin Käfer und einem nicht gegebenen Treffer des nachverpflichteten Uwe Wassmer.

Neben Wassmer war der bei Fortuna Düsseldorf aussortierte Martin Spanring unter der Saison gekommen. „Wir werden notfalls mit Volker Finke ab- und dann wieder aufsteigen", erstickte Präsident Achim Stocker jegliche Diskussion um eine Trainerentlassung im Keim.

Trainer und Mannschaft konnten in relativer Ruhe weiterarbeiten, und die Geduld wurde belohnt. Die Freiburger Abwehr mit Heidenreich, Vogel und Seeliger stand in der zweiten Hälfte der Vorrunde sicherer, Zeyer, Schmidt und Todt leisteten im Mittelfeld wertvolle Defensivarbeit.

3:1 gegen Bayern, 4:1 gegen Dortmund

Die Mannschaft schien die ersten Lektionen in der neuen Klasse gelernt zu haben und wirkte nun cleverer. Auf Schalke, in Dresden oder zu Hause gegen Leverkusen glänzten die Freiburger nicht, aber sie spielten effektiv und verstanden es nun auch, einen Vorsprung über die Zeit zu bringen. Die nachträglichen Spielerkäufe erwiesen sich als Verstärkungen, mit seinen drei Treffern gegen den FC Bayern München erschoss sich Uwe Wassmer endgültig den Ruf des „Super-Schnäppchens". Das 3:1 im ersten Rückrundenspiel gegen die

„großen Bayern", das 4:1 im letzten Heimspiel vor der Winterpause gegen Borussia Dortmund, 14:6 Punkte in Folge, fünf Punkte Abstand auf einen Abstiegsplatz und mit 36:36 ein ausgeglichenes Torverhältnis: All dies schien bei der Mannschaft zu früh den Eindruck hinterlassen zu haben, sich nun keine Sorgen mehr um den Klassenverbleib machen zu müssen. Tausende von Wunderkerzen begleiteten den SC nach dem Erfolg über Dortmund in den Weihnachtsurlaub. Trainer Volker Finke hatte den Vertrag wieder einmal vorzeitig verlängert, und der sich mit einem Wechsel zum Hamburger SV tragende Jens Todt hatte ebenfalls noch einmal sein Ja für ein weiteres Jahr gegeben.

Mit Thomas Seeliger kehrte in der Winterpause der erste Spieler der Aufstiegsmannschaft dem SC den Rücken; er wechselte zum Zweitligist 1860 München. Im letzten Heimspiel gegen Dortmund hatte ihn Trainer Finke noch auf die Tribüne verbannt und mit einer Geldstrafe belegt, weil er Kritik an seiner Leistung bei der Niederlage in Wattenscheid nicht akzeptiert habe. „Ich hatte den Eindruck, dass der Trainer nicht mehr hundertprozentig hinter mir stand", kommentierte der Spieler den Weggang. „Die Zeit in Freiburg hat mich in meiner Karriere am meisten vorangebracht", sollte er ein Jahr später sagen. Nur wenige Tage nach Seeligers Wechsel wurde der Sport-Club wieder als Einkäufer tätig. Für 500.000 Mark wurde der 31 Jahre alte russische Nationalspieler Alexander Borodjuk vom FC Schalke 04 unter Vertrag genommen. Mit Jörg Heinrich von Kickers Emden wurde der erste Neuzugang für die neue Saison bekannt gegeben.

Elf Punkte aus den noch verbleibenden 14 Spielen müssten zum Klassenerhalt reichen, rechnete Volker Finke. Ein zweites Mal in dieser Saison sollte aber eine Minusserie folgen, diesmal waren es 3:19 Punkte am Stück. Wieder litten die Freiburger dabei in entscheidenden Spielsituationen unter umstrittenen Schiedsrichterentscheidungen, aber auch unter ihrer Unerfahrenheit.

Gegen einen verunsicherten HSV freute sich der SC noch über ein 1:1, das vom Spielverlauf eigentlich als Punktverlust einzuordnen war. Mit Polizeischutz musste sich Schiedsrichter Markus Merk nach der Freiburger 2:4-Heimniederlage gegen Köln zu seinem Auto geleiten lassen. Merk hatte den Ärger des Publikums mit vielen merkwürdigen Entscheidungen ausgelöst. Die Niederlage hatte sich der SC jedoch selbst zuzuschreiben. Nachdem Borodjuk bereits Gelb-Rot gesehen hatte, konnte sich Altin Rraklli nicht beherrschen, nannte den Linienrichter ein „Arschloch" und schadete so den Mannschaftskameraden, die gerade einen 0:2-Rückstand egalisiert hatten. Ohne die verletzten Wassmer und Spieß und die gesperrten Rraklli und Borodjuk musste Trainer Finke in Mönchengladbach wieder einmal Seretis und Simon stürmen lassen. Beim 1:1 auf dem Bökelberg hatte ein regelgerecht erzielter Treffer von Oliver Freund keine Anerkennung gefunden. Beim 1:3 gegen die Frankfurter Eintracht gelang es nicht, Spielmacher Bein und Torjäger Yeboah zu neutralisieren, in Kaiserslautern reichte ein Fehler von Maxi Heidenreich, um eine im Sturm mittellose Mannschaft vor ein großes Problem zu stellen: den Ausgleichstreffer zu erzielen.

Der SC befand sich plötzlich wieder mitten im Abstiegskampf, das verkrampfte 0:0 gegen den defensiven FC Nürnberg war ein typisches Abstiegsduell. „Das war bezeichnend dafür, dass wir derzeit keinen Lauf haben", kommentierte Volker Finke den Pressschlag von Maxi Heidenreich und Schütterle, der Jörg Schmadtke durch die Beine rutschte und in einem packenden Derby die Entscheidung zum 2:1 für den KSC brachte. Als der Gast aus Schalke sich am folgenden Spieltag bereits mit einem Unentschieden zufrieden gegeben hatte, zwangen zwei unnötige Rückpässe Libero Maxi Heidenreich in einen Zweikampf mit Youri Mulder; der Schalker Stürmer setzte sich mit fragwürdigen Mitteln durch und erzielte noch den Siegtreffer.

Auch in dieser neuerlichen Krisensituation ließ Präsident Achim Stocker keine Trainerdiskussion zu. „Wenn es Finke nicht packt, dann keiner", beschied er lakonisch. Von Streit und Cliquenbildung im Team war wenig zu verspüren. „Manchmal wäre ein härterer Umgangston untereinander sogar leistungsförderlicher", beklagte Trainer Finke vielmehr zu große Harmonie auf dem Weg nach unten.

Ein trauriger Abend in Bremen brachte die Mannschaft endgültig wieder auf einen Abstiegsplatz zurück. Zwei Elfmeter wurden den Freiburgern beim 2:3 verweigert, ein Tor von Zeyer zu Unrecht nicht anerkannt. Und Altin Rraklli holte sich mit einer neuerlichen Unbeherrschtheit wieder eine rote Karte ab. „Hier hat ein Formel-1-Rennen stattgefunden, und die Schieds- und Linienrichter haben dabei versucht, die Fahrprüfung zu bestehen", half sich Torhüter Jörg Schmadtke gegen die fragwürdigen Pfiffe mit Galgenhumor.

Spektakuläre Paraden und ein lockeres Mundwerk: Jörg Schmadtke.

Nach dem 0:1 gegen Dresden wurde auf der Tribüne schon mal der Abschied zelebriert.

Individuelle Fehler von Vogel und Kohl ließen auch das Spiel bei Bayer Leverkusen mit 1:2 verloren gehen. Wieder hatte man gegen den Tabellenzweiten sehr gut ausgesehen, war aber mit leeren Händen nach Hause gefahren. „Das Licht am Ende des Tunnels wird immer kleiner", titelte die „Badische Zeitung" nach diesem Spiel. Nach der folgenden Heimniederlage gegen Dresden schien es erloschen zu sein. Die dann doch noch geglückte Rettung mit 6:0 Punkten in Folge gehört zu den bemerkenswertesten Leistungen in der Geschichte des Vereines.

DFB-Pokal: Tragik im Viertelfinale

Einen kleinen Erfolg, wenn auch mit unglücklichem Ende, gab es endlich einmal im DFB-Pokal. Als Pokal-Mannschaft hatte der SC Freiburg bisher keinen guten Ruf. Der letzte große Coup, ein 3:1-Heimerfolg gegen den FC Köln, lag bereits mehr als zehn Jahre zurück. „Gegen irgendeine unterklassige Mannschaft werden wir spätestens in der dritten Runde schon ausscheiden", lautete der Fatalismus, in den die SC-Fans sich ergeben hatten. 1993/94 sollte dies anders sein.

Im Einweihungsspiel für die neue Flutlichtanlage wurde Fortuna Köln mit 4:1 bezwungen, zuvor hatte Freiburg den Verbandsligisten Kilia Kiel mit 8:0 ausgeschaltet. Es folgte ein denkwürdiges 5:3 nach Verlängerung gegen die Frankfurter Eintracht. Ohne große Mühe gelang mit einem 3:0-Erfolg gegen den nicht besonders engagierten Zweitligisten Rostock zum ersten Mal in der Vereinsgeschichte der Einzug ins Viertelfinale des DFB-Pokals.

Ein türkischer Jugendlicher zog für die Runde der letzten Acht das vermeintliche Glückslos für den SC Freiburg: ein Heimspiel gegen Tennis Borussia Berlin, den Tabellenletzten der zweiten Liga. Doch vier Tage nachdem sie gegen Bayern München selbst der Favoritenschreck gewesen waren, rutschten die Freiburger aus. Im Schneetreiben fand der SC gegen die nach 16 Minuten in Führung gegangenen Berliner einfach kein Mittel. „Auf diesem Boden kann auch ein Verbandsligist gegen einen Bundesligisten gewinnen", hatte Präsident Stocker schon eine halbe Stunde vor Spielbeginn eine böse Vorahnung gehabt. 10.000 Fans litten mit, betrauerten hinterher den Verlust von Fernsehgeldern und die Chance, gegen Zweitligist Rot-Weiß Essen um den Einzug ins Finale spielen zu können.

Das Umfeld wird „bundesligareif"

Bereits vor der Entscheidung über den Klassenverbleib in der Saison 1993/94 war klar gewesen, dass der SC Freiburg mit rund 3,5 Mio. DM Zuschuss die Haupttribüne seines Dreisam-Stadions auf 5.000 Sitzplätze ausbauen darf. Am 25. Mai 1994, wenige Wochen nach der Rettung, gab der Bauausschuss des Gemeinderates dann auch einen Bebauungsplan zur Erhöhung der Tortribüne an der Schwarzwaldstraße in Auftrag. Für rund 600.000 Mark sanierte der Verein den zuvor von Gegnern bisweilen als „Acker" eingestuften Rasen des stadteigenen Stadions in der Sommerpause. Bauarbeiten, die zu Tage brachten, dass die Spielfläche von Tor zu Tor zur Dreisam hin ein Gefälle von etwa einem Meter aufwies.

Immer mehr ein Problem wurden die alten Stufen der Gegengerade, die mit ihren geringen Höhenunterschieden vielen Zuschauern bei den ausverkauften Heimspielen keinen Einblick auf das ganze Spielfeld ermöglichten. In der ersten Bundesliga-Saison durften die Fans noch Styroporblöcke mit ins Stadion nehmen und schufen mit teilweise abenteuerlichen Konstruktionen zusätzliche Stehplatzreihen. Dennoch wuchs auf der Gegengerade der Unmut über beengte Verhältnisse und die getrübte Sicht.

Vor allem beim Gastspiel attraktiver Gegner entstand vor den Toren des damals noch zu Unrecht als „Schmuckkästchen der Liga" bezeichneten Stadions ein regelrechter Schwarzmarkt. Beim Beginn des Vorverkaufs enwickelten sich hunderte Meter lange Schlangen an der Schwarzwaldstraße, bisweilen campierten Fans vor der Geschäftsstelle, um an Eintrittskarten zu gelangen. So wurden SC-Dauerkarten in Freiburg zu einer „Währung", Schatzmeister Bernd Ziegelbauer räumte Dauerkarteninhabern nach vom Verein ausgeklügelten Kriterien ein Optionsrecht auf neue Dauerkarten in der kommenden Saison ein. Auch überregional wuchs die Zustimmung für den südbadischen Neuling sehr schnell. Die Umfrage einer Bertelsmann-Tochter förderte deutschlandweit 514.000 bekennende SC-Fans zutage. Das waren 25-mal so viele, wie sich mit

Zerstören, um Neues zu schaffen: Die Gegengerade wurde gleich zweimal umgebaut.

Bayer-Leverkusen identifizieren wollten. Auch Mönchengladbach und Kaiserslautern rangierten in der Skala hinter Freiburg.

Der weitere Ausbau des Stadions war somit unumgänglich. Nachdem das Land Baden-Württemberg im November 1994 6,5 Mio. DM für den Bau einer neuen Südtribüne bereit gestellt hatte, beschloss der Freiburger Gemeinderat die 17 Mio. DM teure Investition, zu der auch der Verein seinen Beitrag leistete. Der 2.200 Sitzplätze fassende steile Neubau erhielt eine Photovoltaik-Anlage und Solarkollektoren auf dem Dach, im Unterbau fanden die neue Geschäftsstelle, Räume für Ordnungsdienste und ein Fanartikel-Shop Platz. Unter der Haupttribüne enstand ein „Fressgässle", mit Fernsehbildschirmen über den Ständen. Mit dem Tribünenbau war auch eine Entscheidung gegen ein immer wieder diskutiertes neues Stadion im Westen der Stadt gefallen. Der SC sollte weiter an der verkehrstechnisch am ungünstigsten gelegenen Stelle, dem Osten der Stadt, bleiben.

Für die Professionalisierung des Umfeldes war mitverantwortlich, dass der SC einen Trainer hatte, der sich auch außerhalb des Spielfeldes einmischte. „Ich musste in dieser Zeit sehr viel schieben und Leuten auf die Füße treten", sagt Finke rückblickend. Es tat sich so einiges: Der Karikaturist Christoph Härringer hatte einen Fuchs als Maskottchen und Werbeartikel für den Verein entworfen, unter Co-Trainer Achim Sarstedt wurde die sportmedizinische Betreuung der Spieler professionalisiert. Unter der ehrenamtlichen Leitung des SC-Vizepräsidenten Helmut Gebhardt wurde ein Presse- und Marketingbüro eingerichtet. Die ehemaligen Politik-Studenten Hanno Franke und Udo Bangerter riefen neben dem Fan-Artikel-Vertrieb die Stadionzeitschrift „Heimspiel" ins Leben, kümmerten sich unter anderem auch um Bandenwerbung und VIP-Bewirtung.

Eine Neuerung gab es auch bei den SC-Amateuren: Sie durften von der Rückrunde an ihre Verbandsligameisterschaftsspiele im Mösle-Stadion des Lokalrivalen FFC austragen. Eine Entscheidung, die dokumentierte, wie unumkehrbar das neue Kräfteverhältnis der beiden großen Freiburger Vereine bereits geworden war.

Nicht nur positive Erscheinungen gingen mit dem Abschied vom Provinzverein und der Etablierung als erstklassige Fußballadresse einher: Auf „50 bis 60" bezifferte Konrad Klossek, der als Einsatzleiter der Polizei die Heimspiele im Dreisam-Stadion überwachte, mittlerweile die Zahl der Freiburger Hooligans. Die meisten von ihnen seien aber bereits mit einem Stadionverbot belegt, es bestünde kein Kontakt zu den Fanklubs. Das größere Problem würden bei den Freiburger Spielen nach wie vor die Gästefans darstellen. „Aber das Freiburger Publikum hat seine Jungfräulichkeit abgelegt", urteilte Jürgen Stein, als „szenekundiger Beamter" für die Polizeieinsätze im Stadion verantwortlich.

Es hatte sich, wie sich in den beiden nächsten Jahren noch zeigen sollte, auch das Selbstverständnis bei einem Teil des Freiburger Publikums verändert. War die Freiburger Erstligazugehörigkeit bis dahin noch als etwas Vorübergehendes angesehen worden, wurde sie zunehmend als Selbstverständlichkeit betrachtet. Die Gelassenheit wich Anspruchsdenken – doch dies war nur die vermutlich unvermeidbare Kehrseite der Professionalisierung des Vereins. Auch die Fans waren nun sozusagen auf „Bundesliga-Niveau". ■

Ende eines Provisoriums: Die Styroporblöcke, mit denen viele Fans ihr Blickfeld verbesserten, wurden im Herbst 1994 verboten.

1994 bis 1997

Ende eines Höhenflugs

1994/95: Das zweite Jahr war das Leichteste

Das hatten selbst die größten Optimisten nicht erwartet: Der Beinahe-Absteiger vom Vorjahr entwickelte sich in der Spielsaison 1994/95 zur Überraschungsmannschaft der Liga, belegte am Ende hinter Meister Bremen und Dortmund den dritten Tabellenplatz und hatte mit Jens Todt und Jörg Heinrich zwei Nationalspieler in seinen Reihen. Wieder hatten sich mit Axel Sundermann, Martin Spanring und vor allem Jörg Heinrich mehrere Neuzugänge als große Verstärkungen, insbesondere für die Defensive, erwiesen. Der SC profitierte von einer markanten Auswärtsstärke, war mit 20:14 Punkten gemeinsam mit Borussia Dortmund die beste Auswärtsmannschaft. Abgeklärt neutralisierte die Mannschaft in fremden Stadien die Angriffsbemühungen der Gegner, um im richtigen Moment zum Gegenschlag anzusetzen. Der SC hatte einfach einen „Lauf" und in diesem Jahr auch in entscheidenden Situationen das Glück auf seiner Seite. Rodolfo Cardoso war in der Hinrunde ein herausragender Spielmacher mit hoher Wirksamkeit bei Standardsituationen, und viele andere Spieler wie Spieß, Zeyer, Schmadtke oder der als Libero eingesetzte Thomas Vogel konnten ihre Leistung verbessern. Vor allem aber machte das von Trainer Volker Finke eingeführte und nun perfektionierte Kurzpassspiel, das Verschieben und Überzahlschaffen in Ballnähe, die Mannschaft stark. Sie war als Ganzes mehr als die Summe ihrer einzelnen Teile.

So optimistisch war der Verein gar nicht in die Saison gegangen. Zwar wurden das Mittelfeld und der Trainer allgemein gelobt, die Abwehr jedoch als Pferdefuß betrachtet, der das zweite Jahr zum klischeehaften

„schwersten" Jahr der Bundesligazugehörigkeit machen könnte. „Mit unserem Fußball sind mehr Punkte möglich", lautete die Gleichung, mit der Trainer Finke diesmal nicht bis zum letzten Spieltag bangen wollte. Nachdem der SC vor 6.000 Zuschauern das in Südbaden beliebte Karlheinz-Bente-Gedächtnisturnier im Endspiel gegen Borussia Dortmund gewonnen hatte, kam im DFB-Pokal aber bereits in der ersten Runde gegen den Regionalligisten Stuttgarter Kickers das Aus: Durch zwei Treffer des Schwarzwälders Klaus Hofacker unterlag der SC mit 1:3 im Degerlocher Waldaustadion.

Dass der SC Freiburg in diesem Jahr eine Rolle spielen würde, die ihm niemand zugetraut hatte, bekam als Erster der FC Bayern München zu spüren: 5:1 wurden die Bayern am zweiten Spieltag, einem Dienstagabend, im Dreisam-Stadion abgefertigt. So hoch hatte der amtierende Meister seit 16 Jahren nicht mehr verloren. „Bayern vom kleinen SC Freiburg zermatscht" titelte die im fernen Kuala Lumpur (Malaysia) erscheinende „New Straits Times". „Ein Übermittlungsfehler" hatte Franz Beckenbauer noch vermutet, der als Kommentator in Kaiserslautern von einer Freiburger 3:0-Führung nach 18 Minuten erfuhr. Jörg Heinrich hatte seine Bundesligakarriere als Einwechselspieler in Karlsruhe noch drei Tage zuvor mit einem spektakulären Querschläger gestartet, der seinen Mannschaftskameraden Sundermann zur Notbremse gezwungen hatte. Dennoch durfte er gegen die Bayern von Anfang an ran und war neben Cardoso und Heidenreich einer der Matchwinner. In die Euphorie über den Husarenstreich mischte sich der Ärger vieler Stehplatzbesucher, dass künftig das Mitbringen der Styroporblöcke als Sichthilfe „aus Sicherheitsgründen" nicht mehr erlaubt war. Deren Drohungen, die Dauerkarte zurückzugeben, machten Schatzmeister Bernd Ziegelbauer keine Sorge: „Wer seine Stehplatzkarte zurückgeben will, kann das tun – es warten Tausende", sagte er einem Lokalradio.

▶ Den 5:1-Triumph im Dreisam-Stadion erkämpften folgende SC-Spieler: Schmadtke, Heidenreich, Spanring, Neitzel (77. Müller), Braun, Zeyer, Todt, Cardoso, Heinrich, Spies (57. Seretis), Kohl.

Der SC bestätigte das Erfolgerlebnis in den folgenden Wochen. Eiskalt präsentierte sich das Team beim 3:1-Auswärtserfolg in Dresden, der 20-jährige Stefan Müller aus Schopfheim krönte sein erstes Bundesliga-

„SC zermatscht die Bayern"

Nach einem Sieg über den FC Bayern München macht das Bad in der Menge den größten Spaß: Braun, Todt und Cardoso (v.l.) lassen sich bejubeln.

spiel in der Anfangsformation gleich mit einem Tor. Er musste die Heimfahrt mit dem Materialtransporter antreten, weil er nach dem Spiel zu lange brauchte, um eine Urinprobe abzugeben. Zwar ließen sich die Freiburger von Bremen die Punkte entführen, blieben aber mit einer überzeugenden Leistung in Bochum in der richtigen Spur, trotzten Leverkusen in einem mäßigen und Mönchengladbach in einem gutklassigen Heimspiel jeweils 1:1-Unentschieden ab. Cardoso dirigierte in dieser Zeit mit starken Leistungen das Angriffsspiel der Freiburger, das zudem vom offensiv ausgerichteten und durch die Verteidigerpärchen zumeist zuverlässig abgesicherten Libero Heidenreich profitierte.

Immer häufiger gehörte Neuzugang Heidenreich wie beim 3:0-Erfolg über den Hamburger SV zu den auffälligsten Freiburgern. Die Souveränität, mit der die Freiburger gegen den HSV auftraten, machte für manche den SC gar zu einem Meisterschaftskandidaten. „Das ist so wahrscheinlich, wie wenn Darmstadt 98 den Europapokal holt", wiegelte Trainer Finke solche Begehrlichkeiten ab und schien durch einen ernüchternden 0:4-Dämpfer bei 1860 München bestätigt zu werden.

Mit 9:1 Punkten aus den letzten fünf Spielen im Herbst stellten die Freiburger die Weichen eindrucksvoll in Richtung oberes Tabellendrittel. „Es ist nicht mehr ganz richtig, nur noch vom Nichtabstieg zu reden", sagte Uwe Spieß nach einem 2:1-Heimerfolg, bei dem der Rivale VfB Stuttgart phasenweise vorgeführt wurde. Spieß war nicht gerade als nassforscher Sich-selbst-Überschätzer bekannt. Gegen Frankfurt, Stuttgart, Schalke und in Uerdingen stand beim SC hinten jeweils die Null; Garant hierfür war die Abwehrkette Vogel, Spanring, Sundermann. Spielerisch ähnlich überzeugend hatte der SC auch schon ein Jahr zuvor gespielt. Nur nutzte er diesmal die Fehler der anderen, die er damals noch selbst gemacht hatte.

Wieder brannten die Wunderkerzen im letzten Heimspiel der Hinrunde. Und dieses Mal sollte in der Rückrunde nichts anderes mehr anbrennen. Trainer Finke verlängerte, wie es Sitte wurde, in der Winterpause per Handschlag seinen Vertrag um ein Jahr, Jens Todt hatte nach einer spielerisch starken Vorrunde bekannt gegeben, dass er zwei weitere Jahre in Freiburg bleiben werde. Ein neuer Vertrag mit dem Trikotsponsor Zehnder garantierte dem Verein mehr als zwei Mio. DM Werbeeinnahmen pro Saison.

Nach einem guten Rückrundenstart und mittlerweile 14:2 Punkten in Serie schien sich der Verein im März seine Krise zu nehmen. Werder Bremen wirbelte die Freiburger beim 5:1 vor allem im Luftkampf regelrecht durcheinander. Der VfL Bochum konterte im folgenden Spiel eine verunsicherte Heimmannschaft aus. Für den grippekranken Cardoso zum Einsatz gekommen, konnte der vom Freiburger Publikum wenig geschätzte russische Nationalspieler Alexander Borodjuk wieder einmal nicht die Qualität zum Spielmacher bestätigen. Der dann folgende 4:2-Auswärtssieg in Leverkusen kann als Wendepunkt angesehen werden, der die Weichen endgültig in Richtung Uefa-Pokal stellte. An Volker Finkes 47. Geburtstag überraschte die stark grippegeschwächt angereiste Mannschaft wieder einmal, machte aus fünf Chancen vier Tore und bestätigte den Erfolg eine Woche später mit einem neuerlichen Auswärtssieg beim Meisterschaftskandidaten Mönchengladbach. Damir

Buric war wie schon in Leverkusen in blendender Form. Und die Medien fragten sich, ob dieser SC nicht auch Meister werden könne.

Zwei Wochen später war nach einem erneuten Auswärtssieg in Hamburg der Vorsprung auf den Tabellensiebten Karlsruhe bereits auf neun Punkte angewachsen. Auf einen DFB-Pokal-Finalsieg Mönchengladbachs gegen Zweitligist Wolfsburg hoffend, durften sich die Freiburger schon mit einem Bein im internationalen Wettbewerb fühlen. Beidbeinig, torgefährlich und auch in der Rückwärtsbewegung wertvoll: Nicht nur wegen seiner zwei Tore stellte Jörg Heinrich beim 4:1 gegen Kaiserslautern noch einmal seine Klasse unter Beweis.

Souverän auf einem UEFA-Rang

Bayern München, Borussia Dortmund und gerüchteweise auch Inter Mailand bekundeten ihr Interesse an dem Außenbahnspieler. Das vorletzte Auswärtsspiel beim VfB Stuttgart machten 30.000 Freiburger Anhänger zum bis dahin am besten besuchten „Heimspiel" der Vereinsgeschichte. Das 0:1 begrub letzte SC-Titelträume, durch die zeitgleiche Bayern-Niederlage in Leverkusen war den Freiburgern der UEFA-Cup-Platz aber fast nicht mehr zu nehmen.

Noch vor Saisonende stand der bislang mit Abstand teuerste Transfer der Vereinsgeschichte fest: Für 1,3 Mio. DM wechselte der als Allrounder geltende Thomas Rath vom schuldengeplagten Dynamo Dresden nach Freiburg. Mit einem glanzlosen Heimsieg gegen Uerdingen machte der SC am vorletzten Spieltag die UEFA-Cup-Qualifikation perfekt. Der Jubel hierüber fiel verhaltener aus als der über den wundersamen Klassenverbleib ein Jahr zuvor.

Zumal ein Weggang die Freude der Freiburger, die am letzten Spieltag auch noch auf Schalke gewannen, trübte. Rodolfo Esteban Cardoso nahm ein Angebot vom SV Werder Bremen an – vorausgegangen war ein langwieriges Tauziehen um den Argentinier. Sein Berater Oscar Iparraguirre hatte stets betont, dass der SC-Spielmacher allenfalls bei einem lukrativen Angebot aus dem Ausland den Verein verlassen werde. Am 23. Februar schien Cardoso mit dem SC bereits über eine Weiterbeschäftigung einig zu sein, am 1. März meldete der Verein sogar schon die Vertragsverlängerung.

Dann kam es doch noch anders: Der Vertrag von Cardoso war mit einer Freigabeklausel ab einer bestimmten Ablösesumme versehen.

„Anders hätten wir ihn gar nicht halten können", begründete Präsident Stocker diesen Schritt. Vor dem letzten SC-Heimspiel gegen Uerdingen lag dann plötzlich ein neues Angebot des SV Werder Bremen vor, der bereits in der Winterpause um den Spielmacher geworben hatte. Eine Beteiligung an der Ablösesumme, die sechs Mio. DM betragen haben soll, und ein doppelt so hohes Gehalt wie in Freiburg dürften Cardoso die Entscheidung erleichtert haben. „Dass es am Ende Bremen geworden ist, hat mich schon überrascht", ließ Volker Finke erkennen, dass er sich über die nicht eingehaltenen Beteuerungen Cardosos ärgerte, allenfalls zu einem internationalen Spitzenverein zu wechseln.

Ein weiterer Spieler verließ Freiburg zum Ende der Spielrunde. „Niemals geht man so ganz" von Trude Herr lief bei der Verabschiedung von Martin Braun aus den Boxen der Stadionanlage. Sein Weggang nach Köln war vor allem deshalb von Bedeutung, weil der aus Löffingen stammende und häufig mit dem Zug anreisende ehemalige Spielführer mit der Aura des geradlinigen und ehrlichen Typs eine Identifikationsfigur war – vor allem für die Fans aus dem Schwarzwald und der Baar. Braun hatte in der abgelaufenen Saison allerdings seinen Stammplatz auf der rechten Außenbahn an Kohl verloren und sich mit Einverständnis des Vereins um einen Wechsel bemüht.

Zwei Freiburger in der Nationalelf

Die außerordentlich erfolgreiche Saison des SC ließ sich letztlich auch daraus ersehen, dass zwei Mittelfeldspieler des Vereins in die Nationalmannschaft berufen wurden: „Leute wie ihn, Spieler, die die Pflicht und das Team an die erste Stelle stellen, braucht eine Mannschaft. Man darf nicht nur Künstler aufstellen", hatte Bertie Vogts über Jens Todt gesagt. In Moskau hatte Todt beim 1:0-Sieg der Deutschen noch auf der Bank gesessen. Bei einem unattraktiven 0:0 in Budapest feierte er dann mit einer soliden Leistung sein Länderspiel-Debüt. Zwei weitere Spiele absovierte er noch, ein 0:0 in Jerez gegen Spanien und ein 2:1-Sieg beim Dreiländerturnier gegen die Schweiz. Jenes Dreiländerturnier brachte auch den ersten Nationalmannschaftseinsatz für Jörg Heinrich. Er kam beim 2:0-Sieg über Italien in Zürich zum Einsatz.

In den Medien wurde der SC ob seines Höhenfluges inzwischen bundesweit als „etwas anderes" Modell gefeiert. Viele mühten sich, das

Rosen zum Abschied: Rodolfo Esteban Cardoso.

Besondere dieses Teams herauszuarbeiten, nicht mehr die Klischees von den Breisgau-Brasilianern und dem Zigaretten drehenden Alternativtrainer wiederzukäuen. Oder das Haar in der Suppe zu finden: Als „Machtmensch ohne Sensibilität für bestehende Verdienste und zu achtende Hierarchien in der Vereinsstruktur" beschrieb der „Spiegel" den SC-Trainer und prognostizierte seinen Fall bei sportlichem Misserfolg. „Wenn Niederlagen kommen, werden einige im Klub aufstehen", wurde SC-Präsident Achim Stocker zitiert.

▶ Einwurf

Kurzgastspiel auf europäischer Bühne

Lange Gesichter machten die SC-Funktionäre wenige Stunden nach der Auslosung der ersten UEFA-Pokal-Runde in Genf. Dabei hatten die Freiburger kein Lospech gehabt. Slavia Prag, der Zweite der tschechischen Meisterrunde, erschien als „sportlich reizvolle, aber lösbare" (Andreas Zeyer) Aufgabe. Aber zum Leidwesen von SC-Präsident Achim Stocker und Trainer Finke hatte die UEFA mit Rücksicht auf ein Heimspiel des tschechischen Meisters Sparta Prag das Heimrecht nachträglich gedreht, der SC musste daher gegen seinen Wunsch zuerst zu Hause antreten.

„So spielt man, wenn man in der Krise ist", sagte Mannschaftskapitän Uwe Spies nach der 1:2-Heimspielniederlage. 16:3 Ecken hatten sich die Freiburger herausgearbeitet. Gerade wenn sie selbst am besten ins Spiel kamen, hatten sie nach Standardsituationen die Gegentreffer erhalten, beim Prager Führungstreffer hatte Torhüter Schmadtke schlicht daneben gegriffen. Mit einem 0:0 im Rückspiel in Prag und einer kämpferisch ansprechenden Darbietung beendeten die Freiburger vor 1.000 mitgereisten Fans zwar mit Anstand ihre Kurzvorstellung auf der europäischen Bühne. Vom Kampf zum Spiel fand das Team aber nicht. So machte gerade diese Begegnung gegen eine destruktive, auf die Wahrung des Hinspielvorsprungs bedachte Prager Mannschaft noch einmal das Kreativitätsdefizit des SC deutlich. In beiden Duellen war man optisch überlegen gewesen, dennoch ausgeschieden. Selbst das Schiedsrichtergespann aus Spanien wunderte sich: „Warum hat diese technisch gute Mannschaft immer nur mit hohen Bällen zum Torerfolg kommen wollen, warum hat sie es nicht am Boden versucht", fragte sich Rupio Valdivieso.

Slavia Prag schaffte es schließlich noch bis ins Halbfinale, der SC wurde also nachträglich für das frühe Ausscheiden rehabilitiert. Die junge Mannschaft um den technisch starken tschechischen Nationallibero Jan Suchoparek und den torgefährlichen Karel Poborsky war ein stärkerer Erstrundengegner gewesen, als dies zunächst den Anschein gehabt hatte.

Im UEFA-Pokal machte der Sport-Club 1995 nur eine Stippvisite: Thomas Rath im Heimspiel gegen Slavia Prag.

▶ Die Europapokal-Spiele bestritt der SC in folgender Aufstellung:
1:2 zu Hause gegen Slavia Prag: Schmadtke, Vogel, Sundermann, Spanring, Kohl, Zeyer (80. Borodjuk), Todt, Heidenreich, Freund, Rath (46. Rraklli), Spies;
0:0 in Prag: Schmadtke, Vogel, Sundermann (46. Buric), Kohl (55. Seretis), Zeyer, Todt, Heidenreich, Heinrich, Wassmer, Spies (78. Rraklli).

■

1995/96: Geruhsames Ende einer Achterbahnfahrt

„Wenn wir uns nur ein paar Wochen zurücklehnen und uns auf die Schultern klopfen würden, wie toll wir sind, könnte es schnell ein böses Erwachen geben", hatte SC-Trainer Volker Finke in einem Interview einen Tag vor Abschluss der so erfolgreichen Saison 1994/95 befürchtet. Der UEFA-Cup-Platz sollte nicht die Messlatte sein, aber die Erwartungshaltung an die Mannschaft war gestiegen: Großes Gelächter erntete Achim Stocker, als er zu Ende der Mitgliederversammlung im August 1995 seiner bangen Hoffnung Ausdruck gab, auch die nächste Versammlung wieder als Erstligist abhalten zu können.

Die Mannschaft startete mit einem Sturzflug ans Tabellenende, war zwischenzeitlich mit einem Sieg, vier Unentschieden und acht Niederlagen abgeschlagen Letzter. Nach der Nachverpflichtung von drei Offensivspielern kehrte Mitte November der Erfolg zurück, eine kleine Siegesserie katapultierte den SC unerwartet schnell wieder ins Mittelfeld der Tabelle und machte insbesondere Stürmer Harry Decheiver zum neuen Publikumsliebling. Ein durchwachsenes Ende nach einer Achterbahnfahrt in der ersten Spielrunde, in der erstmals mit dem Drei-Punkte-System gerechnet wurde, bescherte dem SC am Ende Platz elf.

Es fing gut an: Die Freiburger gewannen mit einem 2:1-Sieg gegen Kaiserslautern wieder das Bahlinger Bente-Turnier, bezwangen gar den spanischen Meister Real Madrid mit 3:1 in einem Freundschaftsspiel. „Seine konditionellen Grundlagenwerte sind verbesserungswürdig", zeigte sich Trainer Finke aber schon in der Vorbereitungsphase nicht zufrieden mit Neuzugang Rath. Als „robuster Mann im Strafraum" sollte der Ex-Dresdner das Freiburger Spiel noch variabler machen. Es zeigte sich jedoch von Anfang an, dass der eher ungelenke 26-Jährige mit dem Freiburger Kurzpassspiel nicht zurechtkam.

Die 0:1-Auftaktniederlage am Gladbacher Bökelberg wurde noch unter die Rubrik „das erste Saisonspiel verliert der SC halt immer" eingeordnet. Zumal die Freiburger solide mitgespielt hatten und sich nur den Vorwurf machen mussten, erst nach dem Rückstand offensiver geworden zu sein. Anders sah es nach der ernüchternden 0:2-Heimniederlage gegen St. Pauli aus. Widerstandslos ergaben sich die Spieler nach einem unglücklichen Rückstand in ihr Schicksal. „Schöne Sachen" habe

Konnte beim SC
selten zeigen,
was er kann:
Alexander Borodjuk.

Axel Sundermann
verstärkte die
Defensive der nach
vorn orientierten
Mannschaft.

sein Team derzeit im Kopf, so Trainer Finke. Darunter leide die Konzentrationsfähigkeit. „Wir sind verunsichert, stehen zu weit von unseren Gegenspielern entfernt", übte Ralf Kohl nach der neuerlichen Niederlage in Stuttgart Selbstkritik. „Wir waren zu wenig in Bewegung, haben taktisch zu undiszipliniert gespielt", ergänzte Jens Todt.

Ein Ausflug ans Tabellenende

Die Mannschaft stand nach drei Niederlagen am Tabellenende, konnte plötzlich nicht mehr als Team überzeugen. Beim ersten Saisonsieg stimmte in einem schwachen Spiel gegen Frankfurt zumindest die kämpferische Einstellung. Die folgende Niederlage im Münchner Olympiastadion erinnerte wieder an bessere Zeiten: Mit „gut gespielt, aber erfolglos" konnte man den Besuch beim verlustpunktfreien Tabellenführer bilanzieren. Spätestens mit der 0:1-Heimniederlage gegen Bremen hatte sich die Krise manifestiert. Die Mannschaft, die über Jahre hinweg vor allem für ihren Offensivgeist so geliebt wurde, hatte ein Problem damit, sich überhaupt noch Torchancen herauszuspielen. „Das Spielverständnis ist kaputt, kaputter, als wir es nach den ersten Spielen geglaubt haben", meinte Finke. Als Spielmacher, als Akteur, der den Gegner auf sich zieht, und bei Standardsituationen fehlte Cardoso. Neuzugang Thomas Rath war über Kurzeinsätze nicht hinausgekommen. Die beiden Außenbahnspieler Jörg Heinrich und Ralf Kohl erreichten die Leistungen der letzten Spielsaison nicht. Selbst Andreas Zeyer, bislang geradezu ein Synonym für Konstanz und Zuverlässigkeit, blieb unter Normalform.

Nach einem mühevollen Pokalsieg über Zweitligist Bielefeld wurde erstmals über Nachverpflichtungen gesprochen. „Die Mannschaft hat noch drei Partien Zeit zu beweisen, dass sie ohne Verstärkungen auskommt", verriet Jens Todt. Gemeinsam mit Stocker und dessen Stellvertreter Gebhardt beobachtete Finke derweil schon einmal die FC-Tirol-Spieler Harald Cerny und Souleyman Sane.

Es folgten ein glücklicher Punktgewinn in Köln, eine ordentliche Leistung bei der 1:2-Heimniederlage gegen Schalke und das Pokal-Aus nach Verlängerung eines hochklassigen und dramatischen Spieles gegen Borussia Dortmund. „Ihr seid besser als der BVB" hatte das Publikum den Verlierer gefeiert, Trainer Finke die Zuversicht geäußert, dass man die Probleme nun im Griff habe und auch ohne Verstärkungen den Klassenerhalt schaffen werde.

Am 11. Oktober dann doch die erste Neuverpflichtung: Der SC einigte sich mit dem 59-fachen Schweizer Nationalspieler Alain Sutter. Offensichtlich wurde der Versuch abgebrochen, Borodjuk oder Heidenreich als Spielgestalter zu etablieren. Der frühere Nürnberger Sutter hatte beim FC Bayern zuletzt nur noch auf der Tribüne gesessen. Zudem hatte sich der etwa 2,5 Mio. DM teure Spieler mit den Bayern überworfen, weil er eine Viruserkrankung nicht mit herkömmlichen Mitteln behandelte und daher bis zu acht Kilogramm Körpergewicht verlor. „Ich will keine Führungsrolle, ich will als Teil eines Teams im Hintergrund stehen", gab sich Sutter bei der Ankunft in Freiburg bescheiden und integrationswillig.

Sutters Debüt gegen den Hamburger SV glückte, allein der Rest der Mannschaft strapazierte beim 0:3 gegen die seit Monaten sieglosen Hamburger erneut die Geduld der Fans. Zur Pause dieser Begegnung hatte Volker Finke Jörg Heinrich in der Kabine gelassen. „Er hat seine Traumkarriere offensichtlich nicht verarbeitet", übte Finke hinterher offene Kritik am Mittelfeldspieler. Heinrich habe es nie verkraftet, dass der SC ihn nach einem lukrativen Angebot von Borussia Dortmund nicht aus dem laufenden Vertrag entlassen habe, urteilte SC-Präsident

Kurzfristig eingekaufte Offensivkräfte: Harry Decheiver und Alain Sutter.

Den SC als Sprungbrett für den schnellen Weg nach oben genutzt:
Jörg Heinrich.

Achim Stocker zwei Tage später. Mit Trainer Finke hatte Stocker den Vertrag auf dem Höhepunkt der sportlichen Krise vorzeitig um ein weiteres Jahr verlängert. „Er war für uns der richtige Mann und ist auch genau der Richtige für die Zukunft", stellte sich Stocker wieder demonstrativ hinter den Trainer, als der Gegenwind kräftiger wurde. Im Herbst 1996 waren bei Heimniederlagen die ersten Pfiffe gegen die eigene Mannschaft und den Trainer zu hören. Die Lokalpresse machte Finke den Vorwurf, vor der Saison nicht zugegriffen zu haben, als Stürmer wie Sean Dundee dem SC angeboten wurden.

Auch weil sich Uwe Spies im Pokalspiel gegen Dortmund den Mittelfuß gebrochen hatte, war der Verein nun noch auf der Suche nach einem Stürmer. Nicola Jurcevic, kroatischer Nationalspieler von Casino Salzburg, wurde die zweite Nachverpflichtung. Der 29-Jährige, der etwa eine Million Mark gekostet haben soll, war schon österreichischer Ligaschützenkönig gewesen, hatte mit seinem Verein das UEFA-Cup-Endspiel gegen Inter Mailand erreicht, war aber unter dem neuen Trainer Hermann Stessl etwas ins Hintertreffen geraten. Gleichzeitig wurde Alexander Borodjuk an Hannover 96 ausgeliehen. Mit einem Auswärtspunkt aus Karlsruhe brachte der Verein die nächste Neuverpflich-

5,5 Mio. DM für neue Spieler

tung mit zurück nach Freiburg: Harry Decheiver, ein 25 Jahre alter Stürmer, der für seinen Verein, den niederländischen Tabellenletzten Go Ahead Eagles Deventer, in den letzten neun Monaten 28 Tore erzielt hatte. Insgesamt hatte Decheiver bis zu seinem Wechsel nach Freiburg bereits 80 Tore in 210 Spielen erzielt. Er hatte bereits einmal ein Angebot vom PSV Eindhoven gehabt, als ihn eine schwere Knieverletzung zu einer zweijährigen Pause zwang. 1,5 Mio. DM soll der Torjäger gekostet haben, der Sport-Club investierte also innerhalb von zwei Wochen rund 5,5 Mio. DM in neues Personal.

„Jens Todt hat damals als einer der beiden Kapitäne auf Wunsch der Mannschaft auf Neuverpflichtungen gedrängt", so Volker Finke. „Trainer, wir rennen um unser Leben, wir rennen künftig für einen Neueinkauf mit. Aber wir brauchen einen, der trifft", sollen die Worte von Todt gewesen sein, mit denen er sich im Namen der Mannschaft für den Stürmerkauf eingesetzt hatte. „Der Schritt war angesagt, auch wenn er ein Jahr später in die Hose gegangen ist", sagt Todt im Rückblick über die

Auf solche Bilder mussten die Fans im Spieljahr 1995/96 lange warten: Harry Decheiver, Jens Todt, Maximilian Heidenreich, Nikola Jurcevic und Alain Sutter (von links) beim Spiel gegen Suttgart.

große Zäsur, die der Verein im Oktober 1995 mit dem Kauf von drei „fertigen" Spielern wagte. „Die Arbeit mit Talenten und Gescheiterten war zwei Erstligasaisons gutgegangen. Damals konnten wir es uns leisten und mussten es wagen, Leute zu holen, die sofort eine Hilfe sind", so Todt.

Gleich im ersten Spiel, einem 1:1-Unentschieden gegen Bayer Uerdingen, hatte sich das Publikum den engagiert auftretenden und mit gelungenen Aktionen auffallenden Harry Decheiver als neuen Liebling auserkoren. Es passte ins Bild, das der Ausgleich durch Sutter aus einer Kombination des Schweizers mit dem Holländer entstanden war.

Einen letzten Rückschlag stellte wieder einmal das Gastspiel beim TSV 1860 München dar. Das 0:3 wirkte wie eine Selbstaufgabe, auch die gerade noch gefeierten Neuen glichen sich in dieser Partie ihren hilflosen Mannschaftskollegen an. „Im Nachhinein war die Brutalität dieser Niederlage sogar gut", meinte später Trainer Finke. Nach einer internen Aussprache ohne den Trainer zeigte die Mannschaft mit drei Siegen in Folge endlich das Leben, auf das Finke und die überwiegend geduldig gebliebenen Fans immer noch gehofft hatten. Gegen Rostock konnte ein Rückstand nach einem von Schmadtke vertändelten Ball den Willen zur Wende nicht brechen, Decheiver und Jurcevic erzielten ihre ersten Tore. Ein Sonntagsschuss des eingewechselten Pfälzers Steffen Korell ließ den SC auf dem Betzenberg den ersten Auswärtssieg der Saison feiern. Indem er den von Sergio in der Nachspielzeit getretenen Elfmeter parierte, rettete Jörg Schmadtke dem SC auch beim ersatzgeschwächten TSV Bayer Leverkusen einen Sieg. Der SC verließ am 16. Spieltag der Saison erstmals die Abstiegsränge. Im letzten Spiel vor der Winterpause scheiterten die Freiburger dann vor allem an Dortmunds Torwart Klos und mussten und doch auf einem Abstiegsplatz überwintern.

Pläne für ein Fußball-Internat

Volker Finke und er hätten miteinander über die Errichtung eines Fußball-Internats gesprochen, verriet Präsident Achim Stocker erstmals im Winter 1996. Bald danach wurde ein Konzept vorgeschlagen, welches eine Zusammenarbeit mit Freiburger Schulen, die Nutzung der Sportgelände der umliegenden Vereine und das Talentscouting im Umkreis von 150 Kilometern vorsah. Mit der Einschränkung des Radius sollte auch aufkommendes Heimweh bei den Nachwuchstalenten vermieden werden.

„Das Lamentieren über das Ende des Straßenfußballs kann nicht alles sein", sagte Volker Finke. Das Brüsseler Bosman-Urteil spielte bei der Entscheidung eine Rolle. Als „letzter Tritt in den Hintern, um zu handeln" habe er den Richterspruch empfunden. Zusammen mit dem Ex-Profi beider Freiburger Vereine, Christian Streich, wurde Klaus Kirschbaum für die Nachwuchsarbeit zuständig. Zudem achtete der Verein nun darauf, dass die von der Bundesligamannschaft praktizierte Taktik mit Kurzpass-Spiel, Raumdeckung und Übergeben/Übernehmen schon in den Jugendmannschaften geschult wurde.

Derweil gab es Probleme mit dem Profikader. Erst wollte er nach der Winterpause „noch mal richtig Gas geben", wenige Tage später wollte Jörg Heinrich „nur noch weg". Nun war offenkundig geworden, was Präsident Achim Stocker nach Heinrichs schwachem Spiel gegen Hamburg bereits angedeutet hatte: Heinrich war, nachdem er von Borussia Dortmund vor der Saison ein Vertragsangebot bekommen hatte, mit den Gedanken einfach nicht mehr in Freiburg gewesen. Der Spieler ließ sich auf die Transferliste setzen, kurz darauf meldete Borussia Dortmund wieder sein Interesse an. Dem SC brachte der Wechsel zum BVB gerüchteweise noch drei Mio. DM und die Erkenntnis, dass Spieler, die gehen wollen, auch durch laufende Verträge nicht aufzuhalten sind. Harmonischer vollzog sich der Abgang von Altin Rraklli. Der 25-Jährige wusste in der abgelaufenen Saison auch Verletzungsprobleme seiner Stürmerkollegen nicht zu nutzen, sah keine Perspektive mehr in Freiburg und wurde daher an Hertha BSC ausgeliehen. Ebenfalls bekannt wurde, dass Jens Todt in der Saison 1996/97 für Werder Bremen spielen wird. „Ich will einfach noch mal was anderes machen, finanzielle Gründe gibt es natürlich auch", sagte Jens Todt.

Trotz dieser Hiobsbotschaften kam der Sport-Club hervorragend aus der Winterpause, startete mit fünf Siegen und zwei Unentschieden. „Ich war gegen Bayern noch nie so wenig beschäftigt", sagte Jörg Schmadtke nach dem 3:1-Sieg, bei dem Decheiver zweimal auf Flanken von Sutter getroffen hatte. Ausgerechnet die Bayern waren der erste Gegner, gegen den Freiburg in dieser Saison dreimal traf, und zwar in der Besetzung Schmadtke, Heidenreich, Müller, Spanring, Kohl (81. Sundermann), Zeyer, Todt, Sutter (72. Buric), Freund, Decheiver (88. Wassmer), Jurcevic.

Sein Weggang
tat vielen weh:
Jens Todt.

In Bremen profitierten die Freiburger von einer Mannschaft ohne spielerische Linie, gegen Köln hatten sie in einer hektischen Partie den Schiedsrichter auf ihrer Seite. Plötzlich musste sich Trainer Finke Fragen nach den Chancen, im nächsten Jahr im UEFA-Cup zu spielen, gefallen lassen. „Das sind dieselben Spieler, die im letzten Jahr Dritter und vor ein paar Monaten Letzter waren", verwies er auf die Unwägbarkeiten des Schicksals.

Natürlich, an der zurückgekehrten Treffsicherheit hatte vor allem Decheiver seinen Anteil, in Szene gesetzt wurde er häufig von Alain Sutter. Doch im Schatten der nun umjubelten Neuzugänge hatten auch viele Spieler der „alten" Mannschaft ihre Form wiedergefunden: Ralf Kohl, Maximilian Heidenreich, Jens Todt und vor allem Andreas Zeyer. „Unser flexibles Spielsystem mit dem Prinzip Übernehmen, Übergeben funktioniert jetzt wieder", begründete Zeyer die Wandlung.

Der Wiederauferstehung folgte ein durchwachsenes letztes Saisondrittel mit zwei Siegen, drei Unentschieden und fünf Niederlagen; der SC trudelte nach der nervenaufreibenden Berg- und Talfahrt noch ein wenig orientierungslos durchs bedeutungslose Mittelfeld der Tabelle. Nach den Niederlagen gegen Karlsruhe und beim abgeschlagenen Schlusslicht Uerdingen drohte kurzfristig noch einmal der Abstiegskampf. „Jetzt zeigen sich die Stärken und Schwächen der Spieler, die im Erfolg mitschwimmen, das Handwerkszeug unseres Spielermaterials", so der unzufriedene Trainer Finke. Die vom Verletzungspech geplagte Mannschaft wirkte ausgebrannt von den Wochen, in denen sie an ihrem Limit gespielt hatte. Bei Torjäger Decheiver wechselten bravouröse und unambitionierte Arbeitsnachweise einander ab. Wenn es einmal nicht so lief, bekamen das auch die Mitspieler zu spüren.

Mit Konterfußball wahrte der SC beim 1:0 gegen die als bestes Rückrundenteam angereisten Münchner Löwen die Distanz zu den Abstiegsrängen. Nach einer Niederlage bei Hansa Rostock, wo Trainer Finke sich durch die Personalnot sogar gezwungen sah, Torhüter Schmadtke in der Schlussphase Stürmer spielen zu lassen, rettete sich der SC mit einem torlosen Unentschieden gegen Kaiserslautern quasi ans Ufer. Mit einem Heimsieg gegen Leverkusen durften die Freiburger sogar noch das Zünglein an der Waage spielen, sorgten für ein „Abstiegsendspiel" zwischen Leverkusen und Kaiserslautern, zwei Vereinen, die ein solches Finale vor der Saison nicht einmal in den schlimmsten Albträumen erwartet hatten. Zum Ende einer ungewöhnlichen Saison war der SC für den bereits feststehenden Meister Dortmund ein gern gesehener Gast: Er spielte munter mit, ließ die Punkte aber dem Gastgeber.

„In der Bundesliga liegen zwischen Platz vier und Platz 17 halt nun mal einfach nur ein paar Zentimeter." Für Volker Finke hatte sich durch den Verlauf der Saison 1995/96 vor allem bestätigt, dass Erfolg zu haben leichter sei, als Erfolg zu bestätigen.

Immerhin: Einen dritten „Beinahe-Nationalspieler" hatte diese Nerven aufreibende dritte Bundesligasaison dem SC Freiburg noch gebracht: Auch im kritischen ersten Drittel der Saison hatte Martin Spanring in einer verunsicherten Mannschaft Konstanz bewiesen. Nachdem Berti Vogts ihn mehrfach im letzten Augenblick wieder von seiner Liste gestrichen hatte, durfte er am 27. März 1996 gegen den amtierenden Europameister Dänemark auf der Bank sitzen, kam aber nicht zum Einsatz. Derweil beendete das Freiburger Fußball-Idol Charly Schulz seine aktive Laufbahn und wurde Trainerassistent: beim SV Kappel, dem Verein, bei dem Schulz seine Karriere als Jugendlicher auch gestartet hatte. Schulz hatte in der Runde 1995/96 noch gespielt, doch im Winter Probleme mit Rheuma bekommen. „Wenn es nur noch eine Plagerei ist, dann hat es keinen Wert", sagte der 40-Jährige.

1996/97: Das unsanfte Ende eines Höhenflugs

Was im Vorjahr noch einmal vermieden werden konnte, wurde im vierten Bundesligajahr mit umso umbarmherzigerer Eindeutigkeit Wahrheit: Der SC musste die erste Klasse wieder verlassen. Am Ende fehlten elf Punkte auf den Tabellenfünfzehnten Hansa Rostock. Wie schon im Vorjahr hatten die Neuzugänge die Erwartungen nicht erfüllt, wurden teilweise auch auf Positionen eingesetzt, mit denen sie nicht zurechtkamen. Zudem wurde deutlich, dass Spieler, mit denen der SC in der Saison 1994/95 mit dem dritten Platz den größten Erfolg seiner Vereinsgeschichte feierte, ihren Leistungszenit überschritten hatten. In der Stunde des Misserfolgs wurde schließlich auch erkennbar, dass das Klima nicht mehr stimmte und die Mannschaft innerlich zerstritten war.

Vor der Saison freilich herrschte noch Optimismus. „Hier wächst ein neues Gerippe", hatte sich Volker Finke gefreut. Mit dem 23 Jahre alten Mittelfeldspieler Dieter Frey, der bei FC Bayern München nicht mehr zum Zuge gekommen war, dem österreichischen Nationalspieler Stephan Marasek für die linke Außenbahn und dem erst 20 Jahre alten offensiven Mittelfeldspieler Michael Wagner, der als großes Talent des österreichischen Fußballs galt, hoffte der SC die Lücken schließen zu können, die durch den Weggang von Heinrich und Todt entstanden waren. Dem Coach gefielen die technischen Fähigkeiten von Neuzugang Wagner, dem Verein waren Vertragsverlängerungen von Alain Sutter und Harry Decheiver gelungen. Erstmals startete der SC mit einem Heimspiel in die Saison und vor allem: erstmals mit einem Sieg. Beim 3:2 begeisterte Harry Decheiver das Publikum mit einem tollen Volley-Tor, und Alain Sutter lieferte seine bislang beste Leistung im SC-Trikot ab.

Zum ersten Mal ein Pfeifkonzert

Die aufkeimende Euphorie wurde nur drei Tage später jäh zerstört. Der Hamburger SV nahm den SC bei seinem 5:1-Erfolg vor allem in der ersten Halbzeit regelrecht auseinander. Der erst 19-jährige Hasan Salihamidzic stellte Stephan Marasek auf der von ihm ungeliebten rechten Außenbahn vor unlösbare Probleme, Finke wechselte den Österreicher schon nach 27 Minuten aus. Das Debakel in Hamburg leitete eine Serie von sechs Niederlagen in Folge ein. Vom 1. FC Köln wurde der SC zu Hause ausgekontert, in Dortmund spielte Freiburg erst mit, als das Spiel gelaufen war. Eine hilflose Vorstellung gegen Düsseldorf bedachten Teile des Publikums mit einem bis dato SC-fremden Pfeifkonzert. Die Zuschauer reagierten missmutig und gereizt auf den neuerlichen Fehlstart: Sie hatten sich offensichtlich auf einen Platz im Mittelfeld der Liga eingestellt. „Diese Reaktion ist den Leuten nicht zu verübeln", meinte SC-Präsident Stocker.

Wieder verlängerte Stocker in einer sportlichen Krisensituation vorzeitig den Vertrag von Volker Finke. Bei 1860 München (0:4) hielt der mit einer für ihn unüblichen Vierer-Abwehrkette spielende SC 60 Minuten lang mit, um dann noch einzubrechen, in Leverkusen (3:5) kassierte das Team in Überzahl drei Gegentore. Harry Decheiver beschimpfte Schiedsrichter Malbranc als „Arschloch" und hatte Glück, dass der den Fluch nicht gehört haben wollte.

In die Kritik gerieten im Verlauf der Negativserie mit 22 Gegentoren in sechs Spielen vor allem die Defensivspieler des SC. Die Neuzugänge Marasek, Wagner und Frey waren ihren Aufgaben nicht gewachsen, die beiden Außenbahnen trotz zahlreicher personeller Wechsel nie gut besetzt. Spanring und Vogel waren nach Verletzungspausen weit von ihrer Bestform entfernt. Mit Sundermann, Müller, Kohl und Rath hatte das Team langfristige Verletzungsausfälle. Volker Finke bemängelte das konditionelle Niveau der Mannschaft, der die Dauerläufer Todt und Kohl fehlten. Damit aber ließ sich jenes ausgeklügelte Spielsystem nicht mehr realisieren, mit dem die Elf in den vergangenen Jahren oft individuelle Schwächen kompensiert hatte. Und vorn zeigte das Trio, das dem SC in der vorigen Spielsaison noch aus einer verzwickten Lage hatte helfen können, nun selbst Nerven.

Eine herausragende Leistung im zentralen defensiven Mittelfeld und ein Tor von Damir Buric beendeten die schwarze Serie gegen Hansa Rostock und läuteten eine Phase der Konsolidierung mit 7:7 Punkten ein. Erschreckend war in dieser Phase aber die Niederlage beim FC St. Pauli. Vor allem, weil nichts zusammenlief und die Mannschaft auch nicht den Eindruck vermittelte, sich mit Kampf dem Schicksal entgegenzustemmen. „Es klappt nicht zwischen Kopf und Fuß", analysierte Volker Finke. Ein vorerst letztes Mal überraschte ihn sein Team beim 4:1 in Duisburg positiv. Gegen den harmlosen Konkurrenten im Abstiegskampf kombinierte der SC wie in einem Trainingsspiel, dem eingewechselten Uwe Wassmer gelangen drei Tore.

„Wenn Finke in Japan trainieren würde, wäre ich dorthin gegangen", begründete der beim FC Bayern und zuletzt auch bei Borussia Mönchengladbach ein Reservistendasein führende Michael Sternkopf seinen Wechsel zum Sport-Club. Rund 600.000 DM soll laut Achim Stocker den SC die Nachverpflichtung im November gekostet haben. Mit Sternkopf kamen neue Hoffnungen. Zwar schied der Sport-Club nach Fehlschüssen von Jörg Schmadtke und Alain Sutter im Viertelfinale des DFB-Pokals gegen den VfB Stuttgart im Elfmeterschießen aus. Zuvor hatte der SC Freiburg Uerdingen, Waldhof Mannheim und Meppen bezwungen. Den für ihr „magisches Dreieck" (Balakov, Elber, Bobic) gefeierten Stuttgartern war man allerdings ebenso ebenbürtig gewesen wie dem FC Bayern, dem man mit einem 0:0 die Tabellenführung nahm. Zwei Profis bewiesen sich dabei auf für sie ungewohnten Positionen: Thomas Rath als Manndecker und Uwe Spies im Mittelfeld.

Es gärt in der Mannschaft

Bald kursierten Gerüchte über ein gereiztes Klima innerhalb der Mannschaft. „Es gibt bei uns keine Cliquenbildung, das ist Quatsch", dementierte Verteidiger Thomas Vogel in der „Badischen Zeitung" nach der Niederlage bei Arminia Bielefeld. „Uns fehlt gegen die Mitkonkurrenten um den Klassenerhalt aber das Selbstvertrauen, um die Initiative zu übernehmen." Mit vier Siegen, zwölf Niederlagen und fünf Punkten Abstand zum rettenden Ufer beendete der SC nach neuerlichen Niederlagen gegen Schalke 04 und den Karlsruher SC die Vorrunde auf dem letzten Tabellenplatz. 40 Gegentore standen nach einer halben Runde zu Buche; so viele hatten zuletzt die Stuttgarter Kickers 1988 kassiert. Andreas Zeyer hatte mittlerweile Animositäten innerhalb der Mannschaft eingeräumt. Auch Volker Finke sprach von einer „schwierigen Gruppendynamik", machte jedoch in erster Linie die fehlende Fitness der Mannschaft nach einer missglückten Vorbereitung als „Hauptursache des Dilemmas" aus. Beispielsweise habe dem seit Oktober nicht mehr erfolgreichen Torjäger Harry Decheiver nach einer vierwöchigen Verletzungspause in der Vorbereitungsphase einfach die Substanz gefehlt. Volker Finke habe im Hoffen auf den Erfolg manches etwas zu positiv gesehen, schloss SC-Präsident Achim Stocker in seine Kritik nun auch den Trainer mit ein. Um zugleich zu betonen, dass „Finke sich allenfalls selbst entlassen kann".

0:4-Heimpleite gegen den HSV – Harry Decheiver rauft sich die Haare, Ralf Kohl dreht ab. In der Saison 1996/97 wurden mannschaftsinterne Spannungen erkennbar.

Mit dem für 200.000 DM von Manchester City gekommenen Michael Frontzeck bot sich dem SC zum Rückrundenstart eine neue Alternative für die nach Heinrichs Weggang wieder zum Problem gewordene linke Mittelfeldseite. Und mit den genesenen Rekonvaleszenten Kohl, Sundermann und Guezmir hatte der SC drei laufstarke Quasi-Neuzugänge.

Doch die Hoffnung auf Rettung lag nach der 0:4-Heimniederlage gegen den Hamburger SV darnieder. „Ich sehe den Messias nicht, der uns in dieser Situation helfen könnte", stellte sich SC-Präsident Achim Stocker am Tag nach der Niederlage wieder hinter den Trainer und propagierte ein Konzept des langfristigen Miteinanders. „Finke und Stocker haben gemeinsam beraten, ob sie den Trainer entlassen sollen, und sich dagegen entschieden", umschrieb die Berliner „tageszeitung" das Krisentreffen zwischen dem Präsidenten und seinem sportlichen Leiter. Und Stocker suchte die Öffentlichkeit, begründete das Festhalten am Trainer als Gast in mehreren Fernsehsendungen und in Radio-Interviews.

► Für den Saison-Tiefpunkt gegen den HSV hatte folgende Mannschaft gesorgt: Schmadtke, Heidenreich, Rath, Spanring (66. Buric), Kohl, Sutter, Sundermann, Zeyer, Frontzeck (46. Wagner), Spies (46. Jurcevic), Decheiver.

Stürmer Harry Decheiver, der beim Stand von 0:1 einen Strafstoß an den Außenpfosten gesetzt und damit seinen dritten Elfmeter der laufenden Runde verschossen hatte, wurde nach dem Spiel zur Behandlung einer Knieverletzung in die Niederlande geschickt. Eine Maßnahme, die den Eindruck erweckte, dass man den in der Kritik stehenden Decheiver vor Fans und eigenen Mannschaftskameraden schützen wollte. Viele seiner Mitspieler warfen Decheiver schon seit längerem fehlende Fitness und fehlenden Teamgeist vor. „Es schien, als würden die beiden (Sutter und Decheiver) von den anderen gehasst, denn sie wurden mit Blicken bedacht, die nichts anderes bedeuten konnten", schilderte Gilles Mebes, der ein sehr lesenswertes literarisches Buch über den Verein geschrieben hat („Der SC Freiburg und der Ernst des Lebens"), die subjektiven Eindrücke von einem Trainingsbesuch im Februar 1997. „Wir sind eine richtige Mobbing-Truppe geworden", gab Trainer Finke Einblick in das Innenleben einer Mannschaft, in der Neid und Eifersüchteleien den Alltag bestimmten. Zugeständnisse des Trainers, wie er sie früher gelegentlich auch schon anderen Spielern gewährt hatte, wurden bei Sutter und Decheiver besonders sensibel wahrgenommen.

**„Altgediente"
contra „Neulinge"**

Vereinfacht ließ sich von einem Konflikt zwischen den „Altgedienten" und den „Neulingen" sprechen, doch die Trennungslinien verliefen nicht eindeutig. „Es gab diesen Konflikt schon in der dritten Bundesligasaison", sagt Jens Todt, der vor der Abstiegssaison den Verein verließ, rückblickend: „Diejenigen in der Mannschaft, die schon in der zweiten Liga dabei waren oder zumindest den nicht mehr geglaubten Klassenerhalt und die erfolgreiche Saison 1993/94 mitgemacht hatten, empfanden Neid und Unzufriedenheit, als plötzlich andere als die Retter des Vereins gefeiert wurden." „Es gab fast so etwas wie eine Sehnsucht, nun auch ‚die Neuen' scheitern zu sehen", sagt Trainer Volker Finke über den Konflikt. Die „Neuen" , so Todt, hätten sich allerdings auch nicht eben geschickt verkauft. „Harry zum Beispiel hatte so eine ‚Lass-mich-doch-in-Ruhe-Haltung'." Die beiden „Stars" Sutter und Decheiver waren mit dafür verantwortlich, dass der SC seinem laufintensiven taktischen System nicht mehr treu bleiben konnte. Decheiver berief sich auf seinen Nutzen für die Mannschaft als Torjäger, arbeitete nicht in der gleichen Weise nach hinten mit wie ein Uwe Spies oder später ein Adel Sellimi. Sutter fehlte offensichtlich die Kraft für ein hohes Laufpensum. Er lieferte seine besten Spiele in der Regel zu Hause ab, wenn er das Freiburger Spiel in der Vorwärtsbewegung mit seinen Pässen belebte. Und sah oft schlecht aus,

1997 wurde ein Jahr zum Verzweifeln: Freiburgs Trainer Volker Finke.

wenn der Sport-Club in Auswärtsbegegnungen unter Druck geriet. Das könnte ein Grund gewesen sein, weshalb Roy Hodgson, der Trainer der Schweizer Nationalmannschaft, Sutter auch nicht im zentralen, sondern im linken Mittelfeld einsetzte und ihm laufstarke Spieler zur Seite stellte.

Decheiver kehrte noch einmal ins Training zurück, doch wenige Tage später trennte sich der Verein „im gegenseitigen Einvernehmen" von dem Stürmer. Die Mannschaft taumelte derweil weiter von Niederlage zu Niederlage. Zwar konnte sie, wie beim Heimspiel gegen Dortmund, gelegentlich Komplimente einsammeln. Doch die Punktdifferenz zu einem Nichtabstiegsplatz vergrößerte sich langsam aber beständig. Mit dem 1:2 in Düsseldorf, der achten Niederlage in Folge, galt der Abstieg als besiegelt. Die Mannschaft, insbesondere die altgedienten Spieler, wurden im Rheinstadion mit der Belastung psychisch einfach nicht fertig.

„Das ist in unserer Lage normal, es wird nun täglich neue Gerüchte geben", deutete Achim Stocker bereits Anfang April an, dass die nächsten Wochen von der Bekanntgabe von Ab- und Zugängen geprägt sein würden. Die Personal-Meldungen häuften sich und verdeutlichten, dass der SC den Abstieg zu einem radikalen Bruch nutzen und mit einer neuen und daher unbelasteten Mannschaft das Ziel Wiederaufstieg angehen wollte. Viele Spieler wie Jörg Schmadtke, Thomas Rath oder Thomas Vogel wollte der SC nicht mehr halten, andere wie Andreas Zeyer, Uwe Spies und Axel Sundermann konnte er nicht halten. Insbesondere bei

Torhüter Schmadtke zog der Verein mit seinem Trennungswunsch den Unmut der Fans auf sich. Es kam zu einer „Sitzblockade für Schmadtke", beim Heimspiel gegen Duisburg sprachen sich Fans auf Spruchbändern für einen „Abschiebestopp für Schmadtke" aus. In der Parteinahme kam auch das Misstrauen gegenüber dem Schnitt und Antipathie gegenüber dem (laut Umfragen aber weiter von der Mehrheit des Publikums gewünschten) Trainer Finke zum Ausdruck. Der aussortierte Torhüter wiederum gefiel sich in der Opferrolle.

Als Problem für den Verein erwies sich, dass mit fast allen Spielern nur Verträge für die erste Liga abgeschlossen waren. So konnten sie ablösefrei gehen. Mit dem Mannschaftsaustausch sollte eine entscheidende Verjüngung einhergehen: Der SC Freiburg hatte in der Saison 1996/97 die im Schnitt älteste Mannschaft der Liga gestellt. Aber auch ein paar ältere Spieler durften beim SC bleiben: Uwe Wassmer, Ralf Kohl und Damir Buric, die in den letzten Spielen trotz Abstiegsgewissheit erkennbares Bemühen und ansprechende Form zeigten. Mit Torben Hoffmann, Miran Pavlin, Marco Weißhaupt, Bosko Boskovic, Zoubaier Baya, Mehdi Ben Slimane und Boubacar Diarra standen bereits während der noch laufenden Runde zahlreiche Akteure fest, mit denen der Neuanfang gelingen sollte.

Eine vermeidbare 2:3-Niederlage in Bochum machte den Abstieg bei nun 15 Punkten Rückstand und dem weitaus schlechteren Torverhältnis gegenüber Hansa Rostock fünf Spieltage vor Saisonende auch theoretisch perfekt. Mit drei Siegen und zwei Unentschieden aus den letzten Begegnungen präsentierte sich der designierte Absteiger dann plötzlich überraschend unbekümmert. Der MSV Duisburg wurde in Abstiegsnöte geschossen, dem FC Bayern vermieste Angstgegner Freiburg im Olympiastadion die Meisterschaftsvorfreude. Mit dem 0:0 provozierte er auch Nationalstürmer Jürgen Klinsmann zu einem von den Medien dankbar aufgegriffenen Werbetrommel-Fußtritt. Den badischen Rivalen Karlsruher SC ließen die Freiburger beim 1:1 im letzten Saisonspiel schließlich noch 90 Minuten lang um seinen UEFA-Cup-Platz zittern.

All dies war jedoch nur noch emotionale Schadensbegrenzung. Zwar hatte der SC aus den letzten sieben Spielen 14 Punkte geholt. Aus den 27 Spielen davor jedoch nur einen Punkt mehr. Das war zu wenig.

> ► **Einwurf**

Andreas Zeyer:
„Unter dem Abschied gelitten"

Andreas Zeyer, Jahrgang 1968, war im Jahr 2001 der dienstälteste Spieler des Sport-Club. Zusammen mit seinem Zwillingsbruder Michael holte ihn Präsident Stocker 1989 nach Freiburg. Der laufstarke und taktisch intelligente Mittelfeldspieler war über Jahre hinweg ein Leistungsträger beim SC. Auch außerhalb des Platzes galt der zurückhaltende und bescheidene Zeyer als Muster-Profi. Nach dem Abstieg 1997 verließ er den Verein, kam aber zwei Jahre später wieder zurück. Seitdem war er nicht nur bloß der Motor im Mittelfeld, sondern reifte zu einem absoluten Führungsspieler heran. Wenn es das Prädikat „wertvollster Spieler der Finke-Ära" gäbe, kein SC-Fußballer hätte es mehr verdient als der stille Schwabe Andi Zeyer.

Herr Zeyer, Sie sind schon 1989 zum SC Freiburg gekommen. Wie haben Sie den Verein vorgefunden?
Ich habe ja mit Ulm schon in der zweiten Liga gespielt. Die Verhältnisse in Freiburg waren vergleichbar. Nur dass hier die Trainingsbedingungen und die Umkleidekabinen noch ein bisschen rückständig waren.
Weshalb der Wechsel?
Ich hatte mit Ulm als 19-jähriger Vertragsamateur ein Jahr in der zweiten Liga gespielt. Ulm ist dann abgestiegen. Mein Motiv war, nach einem Jahr Oberliga in die zweite Liga zu wechseln. Mein Ziel war, Stammspieler zu werden und mein Studium anzufangen.
In der zweiten Hälfte der achtziger Jahre hatte der SC Freiburg in der Regel einen starken Saisonbeginn und ist in der Rückrunde noch eingebrochen. So hatten Sie mit Trainer Krautzun einen Start mit 10:0 Punkten. Auch im ersten Finke-Jahr konnten Sie die Leistung von der Vorrunde in der Meisterrunde nicht bestätigen. Woran lag das?
Schwierig. Letztendlich hat wohl die Substanz gefehlt. Ohne jemandem weh zu tun, aber mehr als elf bis zwölf gleichwertige Spieler hatten

wir damals nicht. Im Finke-Jahr kamen noch Verletzungen hinzu. Außerdem war unser Platz ab Herbst/Winter in einem sehr schlechten Zustand. Da tut sich die Heimmannschaft schwer zu kombinieren.

War Ihnen Volker Finke ein Begriff, als er nach Freiburg kam? Wie hat er sich am Anfang präsentiert?

Ich kannte seinen Namen, weil Havelse in der zweiten Liga unser Gegner war. Mehr wusste ich nicht von ihm. Es gab einen radikalen Schnitt. Er war anders als die Trainer, die ich bis dahin erlebt hatte. Konzeptioneller, mit einem Training, das Spaß gemacht hatte. Es gab gleich Kritik, weil Charly Schulz aufgehört hat. Aber dann haben die von ihm geholten Neuzugänge eingeschlagen, und die Kritik verstummte.

Volker Finke sagte von sich, dass er bei der Entscheidung pro Freiburg nicht langfristig gedacht habe. Trotzdem hatte man von Anfang an den Eindruck, dass er etwas aufzubauen plante.

Er ist gar nicht der Typ, der nur mal schaut. Wir haben gleich gemerkt, dass er hier etwas bewegen will. Starre Pärchen, mit denen wir davor oft gespielt haben, waren kein Thema mehr. Die Positionen rochierten, große Laufbereitschaft wurde eingefordert.

Ein Jahr später wechselte Ihr Zwillingsbruder nach Kaiserslautern. Und weil Sie gut in die Saison 1992/93 kamen, hieß es, der Weggang habe Ihnen gut getan?

Das Problem war, dass die Leute uns vorgeworfen haben, wir würden einander zu sehr suchen und uns die Bälle zuspielen. Eckhard Krautzun hat mal gesagt, er kann uns deswegen nicht zusammen spielen lassen. Aber auf dem Platz haben wir uns gut verstanden.

Also es war nicht so, dass Sie durch den Weggang mehr Räume auf dem Spielfeld hatten?

Ich habe mich einfach einen Schritt weiterentwickelt im darauf folgenden Jahr. Aber das hätte ich auch mit ihm getan. Dann kam ja auch Maximilian Heidenreich für die zentrale Mittelfeldposition, ein Nachfolger für Michael war also da.

Der große Erfolg, den der SC Freiburg dann mit dem Aufstieg, dem Klassenerhalt und vor allem mit dem dritten Platz im zweiten Erstliga-Jahr hatte, hat Sie bestimmt selbst auch überrascht? Wie kam es dazu?

Damit hat keiner gerechnet. Es hat alles gepasst. Die Neuzugänge waren Verstärkungen. Und wenn es so gut läuft, stimmt es auch automatisch in der Mannschaft. Streitereien gibt es dann selten. Die ersten vier Jahre unter Trainer Volker Finke waren ziemlich harmonisch.

Als Erstrundengegner im UEFA-Pokal schien Slavia Prag kein übermächtiger Gegner. Hat das Ausscheiden arg geschmerzt?

Die Stimmung war nicht am Boden. Wir wussten schon, dass Slavia Prag keine schwache Mannschaft ist. Durch unsere Probleme in den Punktspielen stand aber gleich wieder die Bundesliga im Mittelpunkt.

Andreas Zeyer

Die Mannschaft hat sich dann ab November 1995 mit den drei Neuzugängen aus dem Keller nach oben gepunktet. Gab es außer den Verstärkungen noch andere Gründe für den Umschwung?

Den letzten Kick, der uns vorher gefehlt hat, haben die Neuzugänge mitgebracht. Aber wir haben uns auch wieder auf unser Spiel besonnen.

Brachte Selbstüberschätzung nach dem dritten Platz des Vorjahres die Mannschaft 1995/96 in diese missliche Situation?

Da kamen mehrere Dinge zusammen. Jörg Heinrich wollte weg und konnte nicht mehr die gewohnte Leistung bringen. Es schleicht sich in die Köpfe der Spieler, dass es auch reicht, wenn man ein bisschen weniger macht. Man arbeitet nicht mehr so konsequent.

In der Abstiegssaison hieß es, die Mannschaft sei in zwei Lager gespalten, die „Altgedienten" und die „Neuzugänge". Und Sie galten als einer der Wortführer in der Krisensituation…

Nein, ich war kein Wortführer. Ich bin eigentlich nie ein Wortführer. Die Mannschaft war in mehrere Gruppen aufgespalten. Ich war Spielführer und habe mich mitverantwortlich gefühlt, wieder ein bisschen Ordnung reinzubringen. Ich habe viel aus diesem Jahr gelernt. Die Ersten beklagen sich über die Zweiten, die wieder über die Dritten. Und ich habe es dann doch nicht verstanden, als Spielführer diese Situation in den Griff zu bekommen. Ich habe mich aber nie zu einer Gruppe zugehörig gefühlt.

War es nicht so, dass Sie die „Neuen" aufgefordert haben, sich besser zu integrieren?

Nein, so kann man es nicht beschreiben. Es wurde einfach nicht so gearbeitet, wie ich mir das vorstelle. Egal ob bei alten oder neuen Spielern. Und der Umgang untereinander war auch nicht so, wie ich mir das wünsche.

Was war zuerst da: der ausbleibende Erfolg oder die auseinander gesplittete Mannschaft?

Es gibt eben Zusammenstellungen, da hat jeder nur seine eigenen Interessen. Und das war so eine.

Volker Finke hat diese Entwicklung nicht aufhalten können?

Es war schwierig, hier wieder eine Ordnung hineinzubekommen. Es hat nur noch der radikale Schnitt geholfen, der dann im folgenden Jahr ja auch erfolgt ist.

Wäre es ungerecht, die Schuld vor allem bei Decheiver und Sutter zu suchen?

Ja, das wäre ungerecht. Die Mannschaft war in Einzelinteressen aufgespalten. Das betraf nicht nur Decheiver und Sutter.

Dann verließen Sie Freiburg und gingen zum HSV. Wollten Sie weg, wollte der Verein Sie halten?

Der SC hat gesagt, dass er mich halten will. Aber ich wollte einfach etwas anderes machen und kennen lernen. Das war im Endeffekt auch gut so. Wer so lange irgendwo ist, dem fehlt der Weitblick, mit solchen Situationen, wie sie im Jahr 1996/97 bestanden, gut umzugehen. Dieser Weitblick hat mir auch gefehlt. Für meinen Weggang hat das aber keine Rolle gespielt. Ich wäre halt am liebsten nach einem guten Jahr gegangen. Ich habe unter dem Abschied gelitten.

Warum ausgerechnet Hamburger SV?

Irgendwie wollte ich nach Hamburg. Das war eine Gefühlssache. Die Stadt hat mich gereizt.

Hätten Sie länger in Hamburg bleiben müssen?

Ja, ich war ja eigentlich Stammspieler. Das Problem war, dass ich mich von Frank Pagelsdorf nicht so behandelt gefühlt habe, wie ich mir das vorgestellt habe. Deshalb bin ich weggegangen. Mir hat auch noch die Erfahrung gefehlt, mit bestimmten Situationen umzugehen, nachdem ich lange Zeit mit Freiburg immer ein und den selben Verein hatte. Manchmal muss man eben durch bestimmte Situationen durch und darf nicht gleich die Flinte ins Korn schmeißen.

Und beim KSC war es dann schlimm?

Das Angebot vom KSC hat sich gut angehört, die Zeit dort war aber schlecht. Ich denke, ich habe richtig gehandelt, so schnell wie möglich wieder wegzugehen. Der Verein ist ja im folgenden Jahr auch als Tabellenletzter abgestiegen.

Als Sie dann nach Bochum gewechselt waren, hat sich Trainer Volker Finke wieder bei Ihnen gemeldet und gefragt, ob Sie zurückkommen wollen. Wie war die Mannschaft, die Sie in Freiburg vorgefunden haben?

Es ist konsequent gearbeitet worden, so wie ich das aus meiner ersten Zeit in Freiburg gekannt habe. Der Wiederaufstieg mit einem komplett veränderten Team war eine große Leistung gewesen.

Und nun ist Ihre Meinung als langjähriger Spieler bei Trainer und Mannschaftskameraden sehr gefragt? Sind Sie der „heimliche" Mannschaftsführer?

Nein. Ich bin im Mannschaftsrat. Aber ich halte mich eigentlich bewusst zurück, solange ich nicht gefragt werde.

Und Sie möchten hier in Freiburg Ihr Fußballerdasein beenden?

Ja, das würde ich gerne. Mal sehen, was kommt. Ein Vereinswechsel für noch einmal ein bis zwei Jahre wäre für mich nur noch ein Thema, wenn der SC Freiburg nicht mehr mit mir plant. ∎

Volker Finke:
Rationalist mit Emotionen

Von einem Spielergebnis des Sport-Clubs Freiburg lässt sich nicht zwingend auf den Gemützustand seines sportlichen Leiters schließen: Volker Finke kann auch nach einem Auswärtssieg auf seine Spieler schlechter zu sprechen sein als der Realschullehrer, der beim Landschulheimaufenthalt seine minderjährigen männlichen Schützlinge im Mädchenschlafsaal ertappt hat. Wer dann noch dem zweifachen Torschützen (dessen Defensivarbeit und Laufpensum Finke als „unterirdisch" bezeichnen würde) auf die Schulter klopft, dem würde er am liebsten Stadionverbot auf Lebenszeit erteilen. Umgekehrt kann Finke selbst nach einer Heimniederlage gegen den Tabellennachbarn eine in sich ruhende Zufriedenheit mit der eigenen Arbeit ausstrahlen, die den am Ergebnis orientierten und das Spiel nicht lesenden Fußballhalbfachmann an der Besinnung des SC-Trainers zweifeln lässt. Der Schlüssel für solch antizyklische Reaktionen liegt in Finkes Verständnis von einer Trainertätigkeit, bei der der Weg das Ziel ist. Jedes Spiel ist dabei ein Zustandsbericht, ein Zeugnis, ob man auf dem Weg weitergekommen ist. Das nackte Ergebnis ist dabei nur einer von vielen Faktoren, die auf die Zeugnisnote Einfluss nehmen.

Besonders ärgerlich kann Finke werden, wenn ein Spiel zuungunsten des SC Freiburg nicht den Ausgang genommen hat, den es nach rationalen Gesichtspunkten seiner Ansicht nach eigentlich hätte nehmen müssen. So war das unglückliche 1:3 bei 1860 München in der Saison 2000/01 für Finke noch Monate später der „Diebstahl" von drei Punkten, bei dessen Erinnerung er geradezu körperlichen Schmerz verspürte. Der Rationalist Finke, der anstrebt, spätestens zum Spielanpfiff über alle Eventualitäten informiert zu sein, ist zugleich ein Visionär voller Emotionen, der um die Unkalkulierbarkeit eines Fußballspieles weiß und sie liebt. Und der aus Aberglauben auch schon mal die Positionen der Trainerbänke von Heim- und Gastmannschaft austauscht, obwohl ihm sein

Volker Finke
Geboren am 24. März 1948 in Nienburg
an der Weser. Aktiv beim TSV Havelse,
Hannoverschen SC, TSV Stelingen,
TSV Berenbostel.
Trainerstationen: 1975 bis 1986: TSV
Stelingen (Spielertrainer), 13.2.1986 bis
9.10.1990 TSV Havelse, Oktober 1990
bis 1991 SC Norderstedt, seit 1. Juli
1991 SC Freiburg.

Liebt die Ballnähe und hat den Blick immer nach oben gerichtet: Volker Finke.

Verstand sagt, dass dies eigentlich keinen Einfluss auf das Spielgeschehen nehmen dürfte.

Es dauerte Anfang der neunziger Jahre nicht lange, bis man in Freiburg erkannte, dass hier ein Trainer gekommen war, der „das Ganze" im Auge hatte: Volker Finke denkt nicht nur über Aufstellung und Trainingsmethoden nach. Ohne je dafür geschult worden zu sein, interessierte ihn vor allem in den ersten Freiburger Jahren auch, ob im Verein das Umfeld stimmte. Ob Versitzplatzung und Ausbau der Tribünen, die Einführung einer Marketing-Abteilung und eines professionellen Managements oder gar der richtige Parkettboden für eine Trainingshalle und die familiären Probleme eines Bundesligaprofis: Finkes Optimierungsdenken schloss keinen noch so entlegenen Winkel des Vereines aus. Er agierte als Trainer, Manager, Kassenwart und bisweilen gar als Spielerberater in einer Person. Bezeichnend war, wie er als eines der wichtigsten Ergebnisse einer Saison vermeldete, nun einen hauptamtlichen Platzwart eingestellt zu haben. „Wie einer, der sein krankes Kind gesund pflegt, Tag und Nacht", schrieb Gilles Mebes in seinem Buch über den SC Freiburg über Finke in der Abstiegssaison 1996/97. Eine Berufsauffassung, die Finke schon bei seinem früheren Verein TSV Havelse hatte. Auch dort hatte er Aufgaben eines Managers mitübernommen und den Verein in die zweite Liga geführt. Außerdem hatte er das spieltaktische Konzept vom kurzen Pass, der Raumdeckung und dem Überzahlschaffen in Ballnähe, das Freiburg später stark machen sollte, bereits in Havelse entwickelt. „In Havelse hab ich viel ausprobiert, Havelse war für mich das Experimentierfeld, was man mit einem Mannschaftskonzept erreichen kann, wenn ein Verein keine großen finanziellen Möglichkeiten hat."

Die Omnipräsenz des sportlichen Leiters kam im Sport-Club nicht immer gut an. Finke nahm in Kauf, angefeindet zu werden von Personen, die sich zurückgesetzt fühlten. Er musste sich nachsagen lassen, noch an jeder verkauften Bratwurst mitzuverdienen.

„Wir waren alle noch nicht so weit, nicht professionell genug", sagt der Trainer über die Abstiegssaison. Auch er habe in dieser Zeit Fehler gemacht. Die Reaktion des Umfelds und die Berichterstattung im Zuge des sportlichen Niedergangs haben, wie Finke immer wieder erwähnt, seinem Bild vom idyllischen Arbeitsplatz Freiburg einen Knacks gegeben. Und das schon immer schwierige Verhältnis zu den Journalisten belastet. Weil er sich in den Stunden des Erfolges nicht als der Alleinverantwortliche feiern lasse, nimmt Finke für sich in Anspruch, auch bei Rückschlägen fair behandelt zu werden.

Ohnehin ist beim ehemaligen Lehrer ein gewisses Misstrauen, zuweilen gar ein Angewidertsein vom eigenen Berufsumfeld festzustellen. Der Mensch Finke liebt den Fußball, aber nicht das dazugehörige Bundesliga-Geschäft. Er wehrt sich dagegen, zum Werbeträger für Sponsoren zu werden, und nimmt es auch in Kauf, wenn sich Sponsoren deswegen mit dem Verein schwer tun. Obwohl er dank rhetorischer Gewandtheit und Fachkenntnis als beliebter Interviewpartner und Gast in Gesprächsrunden gilt, meidet er vor allem seit dem Abstieg in der Saison 1996/97 zu häufige Präsenz vor der Kamera.

Die Sonnenkollektoren auf dem Dach der neuen Tribünen des Dreisam-Stadions und die Holz-Hackschnitzelanlage, mit der die Freiburger Fußballschule beheizt wird, waren Entscheidungen zu ökologischen Ausrichtungen bei Neubauten, die der Trainer forciert hatte. Immer wieder trug er mit unkonventionellen Maßnahmen zum Klischeebild vom „etwas anderen Verein" bei. Wurde aber zugleich nicht müde zu betonen, dass hinter Leitsätzen wie jenem, die in der Freiburger Fußballschule ausgebildeten Jugendlichen „nicht nur als Renditeobjekte zu sehen", schlichtes Erfolgsdenken steht. Aber eben langfristig ausgerichtetes.

Mit der Etablierung der Fußballschule und der Errichtung eines Medienzentrums im Dreisam-Stadion sieht Finke in naher Zukunft die Vereinsstruktur an einem Punkt, wo „man sich auch mal zurücklehnen kann". So lange habe er ja auch in Freiburg noch einen Vertrag zu erfüllen. Gerne wird dem Fußball-Lehrer unterstellt, dass ihm vergleichbar erfolgreiche Arbeit in einem Großstadtverein mit aufgeregter Medienlandschaft nicht gelungen wäre. Ob es ihn reize, sich mit einer anderen Aufgabe zu beweisen, will er aber grundsätzlich nicht beantworten. Auch um dann aufkommenden Gerüchten erst gar keinen Nährboden zu geben. Was ihn dann vorantreibe? „Mich reizt alleine der morgige Tag."

Wieder Grund zum Jubeln: der SC Freiburg in der zweiten Liga (hier gegen Energie Cottbus, 2:0).

1997 bis 2001

Multikultureller Jugendstil

1997/98: Finkes zweiter Neuaufbau

An einem sonnigen Frühlingsabend hatte sich der Himmel über Fuß-
ball-Freiburg bedrohlich verdunkelt: Am 8. Mai 1998 erlebten 17.700
Zuschauer im Dreisam-Stadion entsetzt die völlig unerwartete 1:3-
Heimniederlage gegen den bereits designierten Absteiger FSV Zwickau.
Mit sechs Punkten Vorsprung auf einen Nichtaufstiegsplatz hatte der SC
Freiburg als Tabellenführer überwintert, nun, vier Spieltage vor Saison-
ende, fand sich die Mannschaft auf Platz vier wieder. Hinter Eintracht
Frankfurt, dem 1. FC Nürnberg und dem FC Gütersloh, dessen Coach
Hannes Linßen triumphierend verkündete, was in dieser lauschigen
Mainacht viele Freiburger insgeheim befürchteten: „Davon erholt sich
der SC nie mehr."

Der peinliche Unfall gegen die befreit und entfesselt aufspielenden
Sachsen ereignete sich im siebten Heimspiel der Rückrunde. Seit der
Winterpause hatte der Sport-Club nur einmal im eigenen Stadion
gewonnen. Für manchen sah es danach aus, als würde die ob ihrer Spielstärke stets gelobte Finke-Mannschaft kein Mittel mehr finden gegen
Kontrahenten, die sich vor und am eigenen Strafraum einigelten. Ein
Befund, den der Trainer nicht teilte: Hatte doch seine Mannschaft im
ersten Heimspiel nach der Winterpause den Mitkonkurrenten 1. FC
Nürnberg klar dominiert, aber ein junger unerfahrener Schiedsrichter
namens Schößling ihr einen klaren Elfmeter versagt und zudem den
wegen einer Abseitsposition umstrittenen1:0-Siegtreffer der Franken
nicht annulliert. Waren doch gegen den FC Carl Zeiss Jena und die
SpVgg Unterhaching die knappen, aber verdienten Heimsiege praktisch

bereits unter Dach und Fach gewesen, ehe buchstäblich in letzter Sekunde dumme Abwehrfehler die jeweiligen Ausgleichstreffer der Gäste gestatteten. Sogar beim katastrophalen 1:3 gegen Zwickau war der SC fast eine Stunde lang haushoch überlegen, und Finke erinnerte sich mit Schrecken noch viele Monate später daran, wie beim Stande von 1:0 Alexander Iashvili vor dem leeren Tor der Ball versprungen war. Hätte es 2:0 gestanden, Zwickau wäre nie mehr die Sensation gelungen und die Krönung einer saisonlangen Aufbauarbeit nie derart in Frage gestellt worden.

Talentsuche in aller Welt

In ganz Deutschland und in so manchem entlegenen Winkel der Welt hatten Finke sowie seine Assistenten Sarstedt und Neitzel im Frühjahr 1997 nach Spielern für den radikalen Neuanfang nach dem Zusammenbruch und Abstieg gesucht. Jung und erfolgshungrig sollten sie sein und fußballerisch in das Finke'sche Konzept und System passen: Bei einem Länderspiel sahen die SC-Scouts den slowenischen Nationaltorhüter Bosko Boskovic (damals 28 Jahre alt), in Dresden seinen Landsmann Miran Pavlin (25). Der frankophone Finke, der schon immer ein Auge auf den afrikanischen Fußball geworfen hatte, entdeckte in Tunesien den angeblich zwei Millionen DM teuren Mittelfeldspieler Zoubaier Baya (26) sowie den Stürmer Mehdi Ben Slimane (23). Aus Mali brachte er die Talente Gaoussou Diallo (21) und Boubacar Diarra (17) mit. Für „nur" 345.000 DM verpflichtete der Sport-Club aus Erfurt den Torjäger der Regionalliga Nordost, Marco Weißhaupt (24), vom Zweitliga-Absteiger VfB Lübeck kamen die kopfballstarken Jörn Schwinkendorf (26) und Torben Hoffmann (22). Komplettiert wurde der Kader mit viel versprechenden Talenten: Torhüter Timo Reus (23, SV Linx), Daniel Schumann (20, Bayer Leverkusen), Thomas Herz (20, RW Erfurt) und Marco Buchheit (20, FC Reimsbach). Während der Saison stießen noch die Georgier von Dinamo Tiflis, Alexander Iashvili (19) und Levan Kobiashvili (20) zum Sport-Club.

Die „Badische Zeitung" hatte nach dem Abstieg zumindest *ein* positives Fazit gezogen: „Der SC hat die Zeit in der ersten Bundesliga wenigstens konsequent dazu genutzt, um sich von einem armen amateurhaften Zweitligisten ohne sportliche und finanzielle Perspektive zu einem soliden solventen Fußballunternehmen zu entwickeln." Zwar waren in der zweiten Liga die TV-Einnahmen von 9 auf 4,5 Mio. DM gesunken, und

Der sportliche Misserfolg verstärkte bei manchen Freiburger Anhängern das „Nationalbewusstsein".

die beiden Großsponsoren Zehnder Beutler und CarGarantie hatten ihre Hilfe von 3,7 auf 1,8 Mio. DM reduziert. Dennoch konnte der SC mit einem Jahresetat von rund 14 Mio. DM planen und damit als finanzkräftigster Zweitligist die Saison 1997/98 in Angriff nehmen.

Besonnen war öffentlich verkündet worden, der Wiederaufstieg müsse erst nach einem zweijährigen Aufbauprozess zu erreichen sein, dennoch war schon im ersten Jahr nach dem Abstieg der Erfolgsdruck, der auf Finke lastete, immens. Präsident Stocker ließ es sich plötzlich nicht nehmen, sogar im Trainingslager auf Langeoog für einige Tage vorbeizuschauen. Abgesehen von der 1:4-Niederlage im ersten Auswärtsspiel beim 1. FC Nürnberg, die den von einem Augenleiden eingeschränkten Torhüter Boskovic den Stammplatz kostete, und dem Aus in der ersten Runde des DFB-Pokals (0:1 beim 1. FC Saarbrücken), fand die neu zusammengestellte Mannschaft sofort auf den Erfolgskurs. Nach sechs Spieltagen belegte sie mit 13 Punkten den zweiten Tabellenplatz. Doch drei Niederlagen nach schwachen bis „katastrophalen" Leistungen offenbarten, was eigentlich niemand hätte wundern dürfen: Die spielerische Homogenisierung des Teams kam nicht ohne interne Schwierigkeiten voran. „In der Mannschaft gibt es unterschiedliche Auffassungen vom Fußball", gestand Finke. Routinier Ralf Kohl monierte öffentlich, dass längerer Ballbesitz nicht von allen Spielern als wertvolles taktisches Mittel empfunden wird: „Die Außenbahnen werden zu wenig einbezogen, und zu schnell wird steil nach vorne gespielt." Obwohl keine Namen genannt worden waren, wussten viele, dass die strategische Chefrolle des tunesischen „Spielmachers" Baya innerhalb der Gruppe angefochten wurde. Der Techniker und erklärte Verfechter des „tödlichen Passes" verteidigte sich: „Der ballführende Spieler hat zu wenige Anspielstationen, es ist zu wenig Bewegung in der Mannschaft."

Die Diskussionen gerieten in Vergessenheit, als der Sport-Club der 0:2-Niederlage beim FC St. Pauli eine Erfolgsserie mit sechs Siegen folgen ließ. Die 18 Zähler hievten die Mannen um den von Finke bestimmten Kapitän Steffen Korell zum Ende der Hinrunde mit einem Fünf-Punkte-Vorsprung auf Platz eins. Doch ohne Baya und Ben Slimane, die im Januar 1998 mit der tunesischen Nationalmannschaft um den Afrika-Cup in Burkina Faso spielten, verlor der SC zu Beginn der Rückrunde die ersten beiden Spiele in Cottbus (0:2) und gegen Nürnberg (0:1). Die Niederlagen leiteten bis zum Spiel gegen Zwickau eine mittelmäßige Rückrunde ein, in der das Team nicht nur seine Tabellenführung, sondern auch seine Aufstiegschancen zu verspielen schien. Finke allerdings bewahrte trotz des Abrutschens auf Platz vier nach dem 30. Spieltag nach außen hin die Ruhe: „In der Vorrunde haben wir mehr Punkte kassiert, als wir verdient hatten. In der Rückrunde dagegen haben wir weniger bekommen, als es gerecht gewesen wäre."

Selbstbewusst auf die Zielgerade

Ohne den verletzten Ben Slimane stand der Sport-Club nach dem 1:3 gegen Zwickau am Sonntag, den 17. Mai, im Kölner Südstadion mit dem Rücken zur Wand. Aber als hätte es die Niederlage und die gellenden Pfiffe im eigenen Stadion nicht gegeben, präsentierte sich die Mannschaft vor 7.000 Zuschauern strotzend vor Selbstbewusstsein. Von der ersten bis zur letzten Minute dominierten die Finke-Schützlinge ihren Gegner, die Tore von Pavlin und Müller besiegelten einen hochverdienten Auswärtssieg. Weil der FC Gütersloh am gleichen Spieltag nur unentschieden spielte, waren beide Teams nun punktgleich. Fünf Tage später, im Heimspiel gegen Fortuna Düsseldorf, fehlte Iashvili wegen einer Gelbsperre. Der Sport-Club ließ sich davon nicht beirren und gewann nach Toren von Weißhaupt und Ben Slimane

Beförderte den SC mit seinen Toren wieder in die Erstklassigkeit: Marco Weißhaupt.

souverän mit 2:0. Erneut strauchelte Gütersloh – die Freiburger waren wieder Dritter und hatten zwei Punkte mehr als die Westfalen.

Eine zehntägige Pause stoppte in der entscheidenden Meisterschaftsphase den Spielbetrieb der zweiten Bundesliga. Das Auswärtsmatch in Wattenscheid fand erst am 3. Juni statt, die Weltmeisterschaft in Frankreich stand vor der Tür. Finke reiste persönlich nach Albertville und erhielt vom tunesischen Verband sowie dessen polnischem Nationaltrainer Henryk Kasperczak grünes Licht, seine beiden Tunesier aus dem dortigen Trainingslager mit nach Wattenscheid zu nehmen. 1.000 SC-Fans erlebten dann in der Lohrheide einen ungefährdeten 4:1-Sieg folgender Elf: Reus; Schumann, Korell, Müller; Hoffmann (46. Günes), Baya, Kobiashvili, Weißhaupt, Frontzeck; Iashvili (76. Wassmer), Ben Slimane (36. Pavlin). Zeitgleich kam der FC Gütersloh in Cottbus nicht über ein 2:2 hinaus. Vier Punkte Vorsprung vor dem letzen Spiel – der Sport-Club hatte auf Anhieb den Wiederaufstieg in die erste Bundesliga geschafft. Während die Spieler ausgelassen bei Bier und Zigarren in einer Hotelbar feierten, atmete ihr Trainer erleichtert durch: „Dies war die schwierigste, aber auch intensivste Saison in meiner Laufbahn. Dieser Aufstieg wiegt schwerer als der dritte Platz vor drei Jahren."

Finke wusste, wie sehr er Stocker Dank schuldete: Der Präsident hatte trotz des endgültigen Zusammenbruchs der Mannschaft vor einem Jahr zu seinem Trainer gehalten, ihm die Chance gegeben, den Verein in die erste Liga zurückzuführen. Und dem SC-Coach war die Bedeutung des Wiederaufstiegs im ersten Jahr bald klar geworden. Eine in letzter Sekunde verpasste Rückkehr ins Oberhaus hätte nach der guten Hinrunde die Stimmung in Freiburg möglicherweise erneut ins Negative umschlagen lassen. Der Druck, unbedingt reüssieren zu müssen, wäre während eines weiteren Jahres in der zweiten Liga vielleicht lähmend geworden.

Bestimmt hatte Finke während dieser Saison oft daran gedacht, im Erfolgsfall beim SC aufzuhören. Nachdem aber mit dem Leverkusener Andreas Rettig ein Manager für die nächsten beiden Jahre verpflichtet worden war, überwog bei ihm der Wunsch, die Entwicklung der jungen SC-Mannschaft weiterhin zu prägen. In Schumann, Hoffmann, Müller, Diarra, Günes sowie den Georgiern Iashvili und Kobiashvili hatte er sehr talentierte Spieler schnell und erfolgreich in die Mannschaft integriert. Neuzugänge des vergangenen Sommers wie der frisch gekürte Zweitliga-Torschützenkönig Weißhaupt, Pavlin oder die Tunesier Baya und Ben Slimane waren inzwischen zu Leistungsträgern gereift, denen es neben den wenigen Routiniers aus der Abstiegsmannschaft (Korell, Frontzeck, Kohl und Wassmer) gelingen müsste, die jungen Spieler auch in der ersten Bundesliga zu führen.

Nach dem Sieg in Wattenscheid darf gefeiert werden: Trainer Finke und Kapitän Frontzeck (oben), sowie Torwart Timo Reus (unten), den die Fans auf Händen tragen.

1998/99: Die Rettung in letzter Sekunde

Mitten in die Nürnberger Grabesstimmung blieb am 29. Mai 1999 dem Freiburger Trainer Volker Finke nur übrig, entschuldigend zu bemerken: „Ich bitte um Verständnis, dass wir uns über den Klassenerhalt richtig freuen." 4.000 Sport-Club-Fans waren am letzten Spieltag ins Frankenstadion mitgefahren und erlebten dort eine der dramatischsten Abstiegsentscheidungen, die es je in der Fußball-Bundesliga gegeben hatte. In der Aufstellung Golz; Müller, Hermel, Diarra; Kohl, Baya, Pavlin, Günes Willi; Wassmer (68. Sellimi), Weißhaupt besiegten die Freiburger dank zweier Tore von Ali Günes den 1. FC Nürnberg mit 2:1, ein Ergebnis, das den Abstieg der von Friedel Rausch trainierten Franken besiegelte. Vor dem Spiel hatten nicht wenige noch einen stillen Nichtangriffs-Pakt zwischen den beiden Bundesliga-Aufsteigern erwartet, denn bei einem „normalen" Verlauf des letzten Spieltages hätte beiden Vereinen je ein Punkt reichen müssen.

Doch an diesem Samstag gewann Hansa Rostock mit 3:2 beim VfL Bochum, und Eintracht Frankfurt besiegte den Champions-League-Anwärter 1. FC Kaiserslautern mit 5:1. Sekunden vor Schluss besaßen die Nürnberger noch eine Riesenchance zum Ausgleich, die der Freiburger Torhüter Richard Golz mit einer großartigen Rettungstat vereitelte. Hätte das Spiel in Nürnberg 2:2 geendet, und in Frankfurt wäre noch das 6:1 gefallen, der Sport-Club wäre neben dem VfL Bochum und Borussia Mönchengladbach der dritte Absteiger gewesen. Erst Stunden nach dem Schlusspfiff dämmerte es vielen Freiburger Fans, wie nahe der Sport-Club dem Abgrund gewesen war.

So aber war die Saison ein großer Erfolg. Am Ende gab es eine positive Antwort auf die bange Frage, ob der SC Freiburg mit einer unerfahrenen und sehr jungen Mannschaft im Oberhaus würde bestehen können. Auch in ihren fußballerischen Mitteln waren sich Finke und Co. treu geblieben: Taktische Flexibilität, Spielintelligenz und vor allem das Bemühen um attraktiven Kombinationsfußball hatten die Darbietungen der Mannschaft gekennzeichnet. Zwei junge Verteidiger, Daniel Schumann (22) und Boubacar Diarra (19) etablierten sich in der Abwehr neben Libero Lars Hermel, als Entdeckung der Saison galt der erst 21 Jahre alte türkische Jugendnationalspieler Ali Günes. Als das Verletzungspech den Sport-Club mehr und mehr dezimierte, stellte Finke sogar das 19-jährige Eigengewächs Tobias Willi in die Anfangsformation, obwohl dessen erster Profi-Vertrag erst ab der kommenden Saison Gültigkeit besaß. Außerdem war das georgische Trio Levan Tskitishvili (22), Levan Kobiashvili (21) und Alexander Iashvili (21) kaum noch aus der Mannschaft wegzudenken – nach Nürnberg schien mit einem derart jungen Team eine erfolgreiche Zukunft vorprogrammiert.

Eine halbe Million für Richard Golz

Zum Saisonstart, ein knappes Jahr zuvor, hätte Trainer Finke nicht unbedingt befürchten müssen, am Ende derart zu zittern. „Ich vermute, dass der SC Freiburg mit seinem Kurzpassspiel in der Bundesliga weniger Schwierigkeiten haben wird als in der zweiten Liga", prognostizierte vor Meisterschaftsbeginn der Ex-Freiburger Jens Todt. Die Aufstiegsmannschaft hatte Finke („ihr will ich keine gestandenen Spieler vor die Nase setzen") nur punktuell, aber gut verstärkt: Für 500.000 DM kam vom Hamburger SV mit Richard Golz ein erfahrener Torhüter. Ablösefrei wurde vom FSV Zwickau Lars Hermel verpflichtet, dessen Wechsel nach Freiburg noch vor einem Jahr an den finanziellen Forderungen seines Ex-Vereins gescheitert war. Unmittelbar vor Meisterschaftsbeginn unterschrieb auch noch einer der besten Fußballer Tunesiens, Adel Sellimi, einen Vertrag beim Sport-

Erfahrener Rückhalt: der neue Torwart Richard Golz.

Club. Der Stürmer suchte nach einer verkorksten Zeit beim FC Nantes und einem bescheidenen Auftreten bei der Weltmeisterschaft in Frankreich eine neue Herausforderung.

Bis zum elften Spieltag musste der Aufsteiger nur eine einzige Niederlage hinnehmen: Gegen den späteren Meister Bayern München waren die Freiburger beim 0:2 im Dreisam-Stadion chancenlos. Dafür aber beeindruckten sie mit ihrer offensiven Spielweise besonders auswärts. Es waren die Auswärtssiege – 2:1 beim VfL Bochum, 2:0 bei Hansa Rostock und 3:2 bei Werder Bremen –, die den Sport-Club nach neun Spieltagen auf den fünften Tabellenplatz hievten. Von allen Seiten prasselte Lob auf die Mannschaft, die bei vielen Experten ob ihrer Leistungen für ein Dejá-vu-Gefühl sorgte. Doch die Unerfahrenheit und der Kräfteverschleiß einiger Spieler nach einer langen Zweitliga-Saison sowie die zusätzlichen WM-Strapazen der Tunesier forderten ihren Tribut. Vier Niederlagen in Folge – 0:1 gegen den 1. FC Kaiserslautern, 1:3 bei Eintracht Frankfurt mit Platzverweis für Marco Weißhaupt, 1:2 gegen 1860 München und 1:3 bei Borussia Mönchengladbach – warfen den Sport-Club deutlich zurück. Immerhin wurden aus den letzten vier Spielen vor der Winterpause noch sieben Punkte geholt – als Tabellenzehnter mit 22 Zählern schien der Aufsteiger relativ beruhigt die Weihnachtsferien genießen zu dürfen.

Wie schwer die Rückrunde dennoch werden könnte, kündigte sich während der Vorbereitungsphase an, als Iashvili in einem Testspiel gegen den Karlsruher SC einen Kreuzbandriss erlitt. Ohne den Georgier blieben dem Sport-Club bis zum Saisonende mit Sellimi, Mehdi Ben Slimane, Uwe Wassmer und Stefan Hampl vier Stürmer übrig, die zusammen während der gesamten Spielzeit nur vier Treffer erzielen sollten. Die Gemüter erregte eine weitere Personalie: Dem Ex-Lübecker Torben Hoffmann flatterten nach einer starken Zweitliga-Saison und einer guten Hinrunde eine Menge Angebote ins Haus. Früh gab der Verteidiger bekannt, zum Saisonende nach Leverkusen wechseln zu wollen. Der Sport-Club hingegen hätte gerne seinen Vertrag verlängert und bei einem späteren Wechsel noch eine Ablösesumme kassiert. Doch Hoffmann und Bayer-Coach Daum waren sich einig geworden – fortan zählte der kräftige Blondschopf bei Finke nicht mehr zur ersten Wahl.

Die ersten vier Spiele nach der Winterpause deuteten noch immer auf einen relativ ruhigen Verlauf der Rückrunde hin: Der Sport-Club über-

Unentschieden „auf Schalke": Stefan Müller wird von Martin Max hart genommen.

Einer der Auswärtssiege am Anfang der Saison: Alexander Iashvili jubelt nach seinem Tor in Bochum.

raschte positiv beim 1:1 in Leverkusen, kam aber im Dreisam-Stadion nicht über ein 0:0 gegen den VfL Wolfsburg hinaus. Nach der „erwarteten" 0:2-Niederlage bei Bayern München glättete sofort ein 3:0-Heimsieg gegen Hansa Rostock die Wogen. Allerdings nur bis zur Negativserie, die nun folgte: Ein individueller Fehler Hoffmanns, den Finke in Duisburg von Anfang an bringen musste, entschied ein Spiel, das mit 0:1 verloren ging. Zwei Konzentrationsaussetzer der gesamten Abwehr ebneten im nächsten Auswärtsspiel dem Hamburger SV den Weg zum 2:1-Erfolg.

Eine Schwalbe wird bestraft

Gegen den abstiegsbedrohten SV Werder Bremen versuchte es der bereits verwarnte Kobiashvili mit einer Schwalbe. Nach seinem Platzverweis war der Sport-Club hoffnungslos unterlegen und verlor mit 0:2. Sogar eine großartige Leistung der SC-Mannschaft blieb danach unbelohnt. Im Dortmunder Westfalenstadion lieferten Hermel und Kollegen taktisch und spielerisch eine große Partie, die 1:0-Führung durch Günes bogen die verzweifelt kämpfenden Dortmunder doch noch zu einem 1:2 aus Freiburger Sicht um. Nur drei Tage später kam Schalke 04 ins Dreisam-Stadion und besiegte eine müde SC-Mannschaft mit 2:0. Der SC fand sich auf dem 15. Tabellenplatz wieder, die Zeitungen schrieben über den Pessimismus der Anhängerschaft: „Nicht einmal die Optimisten glauben mehr an den Klassenerhalt."

Eine Mannschaftssitzung brachte jedoch zutage, dass der interne Zusammenhalt intakt war. Der allgemeine Tenor lautete: „Wir wollen noch enger zusammenrücken und es allen beweisen, dass wir es verdienen, in der ersten Liga zu bleiben." In dieser Stimmung fuhr der Sport-Club am 24. April an den Betzenberg und dominierte den 1. FC Kaiserslautern in allen Belangen. Weißhaupt und Baya sorgten mit ihren Treffern für den überraschenden 2:0-Sieg. Als eine Woche später der Tunesier Ben Slimane sein vielleicht bestes Erstliga-Spiel für den SC machte und der direkte Mitkonkurrent Eintracht Frankfurt mit 2:0 besiegt wurde, schienen die Freiburger gerettet. Und die Eintracht trotz Feuerwehrmann Jörg Berger zum Abstieg verdammt. Doch von den nächsten vier Spielen verlor der Sport-Club gleich drei – 0:2 bei 1860 München, 1:3 beim VfB Stuttgart und 0:2 gegen Hertha BSC –, während die Hessen mit dem Mute der Verzweiflung von Erfolg zu Erfolg eilten. In Freiburg tobte längst eine Stürmerdiskussion, die die Verantwort-

Zwei „Fußballgötter": Ali Günes und Stefan Effenberg.

lichen kaum eindämmen konnten. Der Ruf nach einem „Knipser" à la Decheiver wurde erst leiser, als in Nürnberg am letzten Spieltag mit dem Ziehen der Reißleine doch noch die sanfte Landung gelang.

Hätte es den dramatischen Abstiegskampf nicht gegeben, die sportliche Leistung des SC in der Saison 1998/99 wäre fast komplett von einer anderen langwierigen und zeitweise hitzigen Debatte in den Schatten gestellt worden. Finke und Manager Andreas Rettig

Zähes Ringen um Stadion-Ausbau

hatten zuerst intern die SC-Führungsriege darauf eingeschworen, das Dreisam-Stadion nochmals um- und auszubauen sowie seine Kapazität auf 25.000 Plätze zu erhöhen. Auf höhere Einnahmen und einen besseren Service im Stadion könne der Sport-Club nicht verzichten. Die Kosten in Höhe von 12 Mio. DM, die Verein, Stadt und Land teilten, waren das geringste Problem. Denn zuerst machten die Fans gegen die Pläne mobil, den Wegfall der Stehplätze auf der Gegengeraden wollten sie nicht akzeptieren. Finke und Rettig – vor allem im Manager sahen einige Anhänger den kalten Kapitalismus im idyllischen Freiburg personifiziert – leisteten vor allem bei den Fanklubs viel Überzeugungsarbeit und gewannen allmählich die Unterstützung für eine ebenfalls ausgebaute Nordtribüne mit einer Kapazität für 6.000 Stehplätze.

Den hartnäckigsten Gegner des Ausbaus bildete eine Gruppe von Anwohnern, die gegen Lärm, Verkehr, parkende Autos und die Verschmutzung ihrer Straßen und Vorgärten bei Heimspielen Front machte. Der Sport-Club ließ nichts unversucht, sie umzustimmen: Noch mehr Ordner und Reinigungskräfte wurden eingesetzt, mehrere Straßen von der Stadt für Autos gesperrt, die Öffnungszeiten des Stadions verkürzt und sogar ein Anwohner-Beirat gegründet. Die Unzufriedenen änderten ihre Haltung nicht und zogen vor den Richter. Doch weder das Freiburger Verwaltungsgericht noch der Verwaltungsgerichtshof in Mannheim waren bereit, die von der Stadt Freiburg erteilte Baugenehmigung zu kassieren. Dennoch stand fest: Einen weiteren Ausbau des Dreisam-Stadions, das an ein Wohngebiet angrenzt, wird es künftig nicht mehr geben.

Andreas Rettig:
Der professionelle Geist der
Freiburger Dreifaltigkeit

Die übliche Praxis im Profifußball, derzufolge der Manager des Vereins in Absprache mit dem Präsidium den Trainer verpflichtet, gilt in der Finke-Ära nicht beim SC Freiburg. Hier kommt der Coach eines Abends zum Präsidenten, lädt ihn zum Essen ein und bringt noch einen jungen Mann im Schlepptau mit. Er heißt Andreas Rettig und ist Kaufmann im Leverkusener Bayer-Konzern. Finke kennt ihn seit einem gemeinsamen Trainerlehrgang beim DFB. Bestimmt haben die beiden mit Stocker nicht nur Entrecote gegessen und Gutedel getrunken, sondern viel über Fußball geredet. Der SC-Präsident ist beeindruckt vom Sachverstand des Jüngsten in der Runde und lässt sich danach von seinem Trainer überzeugen, wie sehr dieser Zuversicht versprühende Rheinländer als Dritter in den bisher norddeutsch-badischen Bund passen würde. Ein geschickter Schachzug Finkes, denn Stocker vertrat bis zu diesem Abend in puncto Bundesliga-Manager das vernichtende Urteil: „Die telefonieren den ganzen Tag – und das kann ich auch."

Als der damals 35-jährige Rettig, zuvor die rechte Hand von Bayer-Fußball-Manager Reiner Calmund, seinen Vertrag beim Sport-Club im Frühjahr 1998 unterzeichnet hatte, erklärte Stocker auf der Pressekonferenz: „Ein Ex-Kicker hätte nie und nimmer Manager beim SC werden können. Die reden dem Trainer zu viel rein." Allerdings hätte der Präsident „Ex-Profi" sagen müssen, denn Rettig war sehr wohl Fußballer gewesen: In der Jugend spielte er bei Bayer 04 Leverkusen, später als Amateur beim Wuppertaler SV, dem FV Honnef, Viktoria Köln und dem SC Brück. Augenzeugen berichteten, er sei als ein schneller Mann auf dem rechten Flügel aufgefallen; die Ausbildung zum Trainer besitzt er zudem.

Bei der Eröffnung des SC-Nachwuchsleistungszentrums im Mösle am 1. September 2001 bezeichnete DFB-Präsident Gerhard Mayer-Vor-

Der Macher: Andreas Rettig.

felder das Trio Stocker-Finke-Rettig als die „Freiburger Dreifaltigkeit". Als Teil der Trinität aber bleibt Rettig neben der Vater-Figur des Präsidenten und dem erlösenden Heilsbringer in Gestalt des Trainers nur die Rolle des Geistes. Die erfüllt er zwar keineswegs mit Heiligkeit, dafür mit umso mehr Professionalität. Über den Freiburger Fußball kam er weniger als sanfte Taube, dafür aber als ideenreicher Erneuerer und resoluter Macher.

Rettigs Manager-Bilanz in nur drei Jahren beim SC Freiburg ist imposant: Dynamisch moderierte und kämpfte er gegen viele Widerstände um den letztmöglichen Ausbau des Dreisam-Stadions auf eine Kapazität von 25.000 Zuschauern. Dafür war er eine Zeitlang der Buhmann der Freiburger Fan-Aktion gegen die so genannte komplette Versitzplatzung der Gegengeraden. Zusammen mit Finke überzeugte er den zögernden Stocker von der Notwendigkeit einer mehr als 20 Mio. DM teuren „Freiburger Fußballschule". Seitdem Rettig das operative Geschäft beim Sport-Club führt, hat sich der Etat des Vereins dank horrender TV-Einnahmen fast verdreifacht, in der Personalpolitik ist der defensive Hang zu kurzen Kontrakten einer riskanteren Haltung gewichen: Alle jungen Spieler sind mit langfristigen Verträgen an den Verein gebunden.

Nicht alle, die anstatt des sich mehr und mehr zurückziehenden jovialen Präsidenten nun mit dem zielstrebigen Manager leben und verhandeln müssen, sind seine Freunde geworden. Doch in der Branche genießt der profunde Fachmann Rettig einen exzellenten Ruf. Beim DFB und in der Liga hat sein Wort Gewicht, an diversen Angeboten hat es bei ihm nie gemangelt. Vermeintlich leichte Aufgaben sind nicht Sache der rheinischen Frohnatur: Wenn Rettig eines Tages Freiburg verlässt, könnte er dort wieder auftauchen, wo man ihn am wenigsten erwartet. Der Geist weht eben, wo er will. ∎

1999/2000: Wieder Zittern um den Klassenerhalt

Vor der stimmgewaltigen Kulisse der neuen Nordtribüne im Dreisam-Stadion präsentierte sich der SC Freiburg zum offiziellen Saisonauftakt der Spielzeit 1999/2000 gegen den österreichischen Meister Sturm Graz (2:2) wie erwartet ohne spektakuläre Neuzugänge. 900.000 DM, für Freiburger Verhältnisse schon eine Menge Geld, kostete das Schweizer Talent Oumar Kondé (20), das beim englischen Premier-League-Klub Blackburn Rovers nicht den Durchbruch geschafft hatte. Florian Bruns (20) war für 130.000 DM vom Regionalligisten VfB Oldenburg verpflichtet worden. Noch billiger (40.000 DM) war der Norderstedter Björn Dreyer (22), und ablösefrei kam Andreas Zeyer. Der Heimkehrer konnte nach einer unglücklichen Odyssee über Hamburg, Karlsruhe und Bochum seine Freude nicht verbergen, wieder beim Sport-Club gelandet zu sein: „Hier weiß ich, was mich erwartet." Dem Verein den Rücken gekehrt hatten neben Torben Hoffmann (Bayer Leverkusen) die bisherigen Ersatzspieler Mike Rietpietsch (VfL Bochum), Jörn Schwinkendorf (SV Waldhof Mannheim), Damir Buric (Borussia Mönchengladbach) sowie drei Spieler, denen beim Sport-Club der Durchbruch nicht gelungen war: Bosko Boskovic, Marouene Guezmir und Gaoussou Diallo.

Trotz des gelungenen Klassenerhalts war die Stürmerdiskussion während der Sommerpause nicht ganz verstummt. Präsident Stocker meldete sich zu Wort, um die Lage zu beruhigen: „Einen Stürmer, der wenig kostet, dafür aber Tore garantiert, gibt es nicht. Für einen drei Millionen Mark hinzulegen, entspricht nicht unserem Konzept. Das Risiko ist zu groß." An einen namhaften Stürmer verschwendete Trainer **„Was nützt ein teurer Stürmer?"** Finke überhaupt keinen Gedanken. Dem „kicker" stellte er die rhetorische Frage: „Was nützt mir ein Stürmer, der in jedem Spiel sein Tor macht, wenn die Mannschaft aber zu häufig verliert?" Er und Manager Rettig kündigten an, stattdessen mehr Geld in die Nachwuchsarbeit zu investieren: „Da wollen wir mit Dortmund und den Bayern mithalten", so Finke. Es war jedoch schwer, ein geeignetes Gelände zu finden, auf dem der SC seinen schon seit langem gehegten Traum von einem wirklichen Jugendinternat verwirklichen konnte. Erste intensive Gepräche mit dem alten Rivalen FFC, der inzwischen aus der Verbandsliga abgestiegen war, über

Im Gleichschritt zu Fall: Tobias Willi und Duisburgs Bugera.

eine gemeinsame Nutzung des Mösle-Stadions und seiner Trainingsplätze waren bereits im Frühjahr ergebnislos verlaufen.

Das mit großer Spannung erwartete Kräftemessen mit dem Überra-
schungsaufsteiger SSV Ulm 1846 am Eröffnungsspieltag endete aus Freiburger Sicht eher unglücklich 1:1, aber bitterer war danach die 2:3-
Heimniederlage gegen Eintracht Frankfurt, als der Sport-Club ohne Not
eine 2:0-Führung noch in der letzten Viertelstunde verspielte. Die gute
Form, die die Mannschaft während dieser beiden Spiele bereits zeigte,
wurde in den folgenden Spielen von den Ergebnissen bestätigt: 3:0 gegen
1860 München, 1:1 in Dortmund, 5:0 gegen Hansa Rostock, 2:1 gegen
Werder Bremen. Wäre nach einer schwächeren Leistung die 1:0-Füh-
rung von Bielefeld nicht verspielt worden, der Sport-Club hätte sich vielleicht für längere Zeit in der Spitzengruppe etabliert. Immerhin lagen die
Freiburger nach sieben Spieltagen auf dem vierten Tabellenplatz. Kondé
hatte sich sofort neben Boubacar Diarra einen Stammplatz in der Verteidigung erkämpft wie Tobias Willi auf der rechten Außenbahn. Der
Sohn des ehemaligen SC-Profis Reinhard Willi wurde wie etwas später

Florian Bruns in die U-21-Nationalmannschaft berufen und war plötzlich als ein Wunschspieler bei Bayern München im Gespräch. Im Mittelfeld schaffte Zeyer gleich den Sprung in die Stammelf, Günes begann die
Saison stark, die Tunesier Baya und Sellimi erhielten nach den ersten
Spielen glänzende Kritiken.

Doch als der Herbst mit nasskaltem Wetter seinen Einzug hielt,
begann die Mannschaft wie im Vorjahr zu schwächeln: Drei Spiele in
Serie – 0:2 beim Hamburger SV, 0:0 gegen Bayer Leverkusen und 0:1 bei
der SpVgg Unterhaching – gelang ihr kein einziges Tor. Nach dem leichten 3:0-Heimsieg gegen den Tabellenletzten MSV Duisburg folgte die
zweite Negativserie. Heimniederlagen gegen den VfB Stuttgart (0:2), und
Hertha BSC (0:1) sowie die 1:6-Klatsche bei Bayern München sorgten
für ein Abrutschen bis in die Nähe der Abstiegsplätze.

Dabei hatten die Freiburger am 20. November 1999 im Münchner
Olympia-Stadion alles andere als katastrophal gespielt. Bayern-Trainer

Unentschieden in Leverkusen: Diarra springt höher als Kirsten.

Ottmar Hitzfeld sagte nach dem Spiel: „Wir haben sehr viel Effizienz gezeigt. Freiburg hat spielerisch überzeugt." 20 Minuten vor Schluss stand es nur 3:1 für die Münchner, der Sport-Club war feldüberlegen gegen einen Gegner in Unterzahl – Markus Babbel hatte die gelb-rote Karte gesehen. Doch in der Schlussphase wurden die ohne Libero spielenden Breisgauer von einem famos konternden Gegner bitter bestraft, der durch Jancker (2) und Zickler noch dreimal erfolgreich war.

▶ In München spielte der Sport-Club in der Aufstellung: Golz – Kondé, Korell (65. Ramdane), Diarra – Willi, Baya, Zeyer, Schumann, Kobiashvili – Sellimi (77. Ben Slimane), Weißhaupt (78. Bruns).

Der erneut spektakuläre 2:0-Auswärtssieg in Kaiserslautern sowie die Punktgewinne bei Schalke 04 (2:2) und gegen den VfL Wolfsburg (1:1) erlaubten zumindest die Überwinterung auf Rang zwölf. Mit 20 Punkten hatte der Sport-Club einen Zähler weniger im Vergleich zum Vorjahr. Frustriert erklärte Torhüter Richard Golz, dass es ihm und seinen Kollegen nicht gelungen war, die notorische Heimschwäche zu beseitigen. Eine bittere 0:1-Niederlage im Viertelfinale des DFB-Pokals auf dem vereisten Rasen der Stuttgarter Kickers in Degerloch trübte die Vorfreude auf den Weihnachtsurlaub noch mehr.

Das Jahr 2000 begann für den Sport-Club dennoch höchst erfreulich. Die neue Vereinsführung des verschuldeten Freiburger FC um den Vorsitzenden Peter Oberholzner sah längst ein, dass es keine Frage des Prestiges sein durfte, weiterhin im maroden Mösle-Stadion dahinzusiechen. Jährlich die Anlage für eine sechsstellige Summe zu unterhalten, übertraf bei weitem die finanziellen Möglichkeiten des Landesligisten. Oberholzner und seine Crew waren zu einer Kooperation mit dem Sport-Club und schließlich zum totalen Auszug aus dem Mösle-Stadion bereit: Der FFC, finanziell großzügig entschädigt von seinem einstigen Rivalen, zog in den Freiburger Westen und teilt sich dort eine Sportanlage mit BW Wiehre.

Der FFC räumt das „Mösle"

Der Sport-Club hingegen hatte fertige Pläne, um das vom DFB geforderte Nachwuchsleistungszentrum im Mösle zu errichten. Dabei sollte richtig geklotzt werden. 20 Mio. DM wollte der SC im Falle des Klassenerhalts in die Sanierung des Stadions, der Trainingsplätze sowie den Bau eines schmucken Internats investieren. Wie heftig um die so genannte

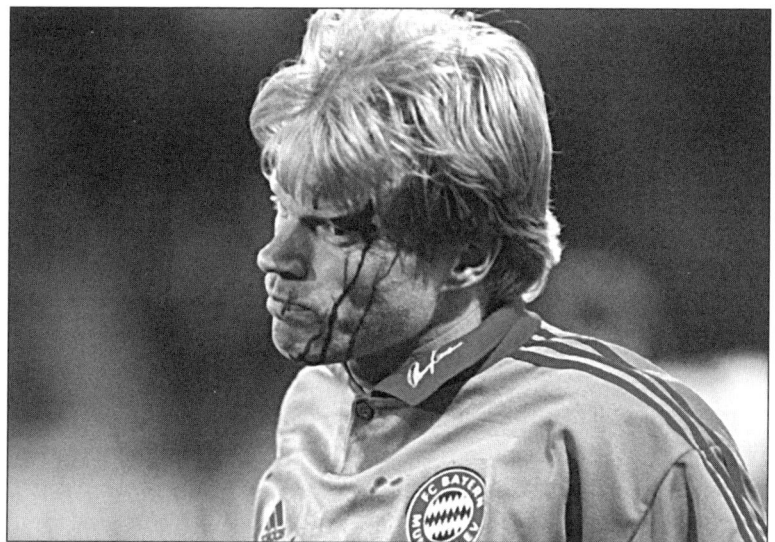

Der Golfballwurf auf Oliver Kahn erschütterte das Bild vom friedvollen Freiburger Publikum.

1-A-Lösung intern gestritten wurde, drang nie an die Öffentlichkeit. Dass Volker Finke sich vor Weihnachten 1999 zierte, seine Vertragsverlängerung bekanntzugeben, wurde von Insidern mit der Frage nach dem Nachwuchsleistungszentrum in Zusammenhang gebracht.

Die historische und symbolische Bedeutung des FFC-Exodus aus dem Mösle war vor allem für die älteren Mitglieder des Deutschen Meisters von 1907 überwältigend: Der FFC hat sich dadurch seine Zukunft gesichert, dennoch empfanden es viele so, als würde er nun endgültig zu Grabe getragen. Für den SC-Präsidenten Stocker war die Situation ebenfalls nicht leicht. Als im September 2001 das Nachwuchsleistungszentrum eröffnet wurde, sprach er in seiner Rede viel über den FFC. In den Mauern des großen Traditionsvereins zu hausen, der den SC im Laufe der Jahre öfters gerne mal von oben herab behandelt hatte, daran musste sich der geschichtsbewusste Stocker erst einmal gewöhnen.

Um den Klassenerhalt sollte der Sport-Club auch in der Rückrunde 2000 bis zum Saisonende zittern. Verantwortlich dafür war eine enorme Verletzungsmisere: So fielen allein im Heimspiel gegen Arminia Bielefeld (1:1) Schumann, Tskitishvili, Günes, Korell, Baya, Diarra und Hermel aus. Iashvili, der wegen seines Kreuzbandrisses lange pausiert hatte, fand die gesamte Saison nicht zur gewohnten Form zurück. Der Sport-Club blieb nach dem 2:0-Heimsieg zum Rückrundenauftakt gegen den SSV Ulm 1846 die acht darauf folgenden Spiele ohne Sieg. Erst das damals überraschende und glücklich erkämpfte 1:1 bei Bayer Leverkusen sowie die anschließenden Erfolge gegen die SpVgg Unterhaching (4:3) und den MSV Duisburg (2:1) verhinderten das Abrutschen auf die Abstiegsplätze. Gerettet war der SC aber noch lange nicht: Die 1:2-Heimniederlage gegen Bayern München und das 0:1 im Derby beim VfB Stuttgart brachten das Abstiegsgespenst zurück an die Dreisam. Im Heimspiel gegen die Bayern geriet auch erstmals der Sympathiebonus in Gefahr, den Freiburg in der bundesdeutschen Fußballgemeinde besaß: Ein erst 16-jähriger Schüler traf den Münchner Torhüter Oliver Kahn mit einem Golfball und verletzte ihn an der Augenbraue. Der Sport-Club wurde dafür vom DFB mit einer Geldstrafe von 75.000 DM belegt, doch viel schwerer wog die Erkenntnis, dass eine solche Gewalttat auch aus den Reihen des als äußerst fair angesehenen SC-Publikums geschehen konnte.

Für endgültige Gewissheit in Sachen Klassenerhalt sorgten die sieben Punkte, die vom 31. bis zum 33. Spieltag verbucht wurden. Dabei gelangen dem Sport-Club jeweils 2:1-Heimsiege gegen den FC Schalke 04 und den 1. FC Kaiserslautern sowie ein 0:0 bei Hertha BSC Berlin. Ein Kuriosum: Den Siegtreffer gegen die Lauterer erzielte Kobiashvili, als bereits Verteidiger Michael Schjönberg das Lauterer Tor hütete. Zuvor hatten sich sowohl Stammkeeper Georg Koch als auch sein Ersatzmann Uwe Gospodarek während der ersten Halbzeit verletzt. „Es hätte mir sehr weh getan, mit dieser jungen Mannschaft abzusteigen", sagte Finke nach dem 33. Spieltag.

Dennoch gab es Ärger um einen der beim Publikum beliebtesten jungen Freiburger Spieler: Nach einer längeren Verletzungs- und Behandlungspause schaffte Ali Günes während der Rückrunde nicht mehr den Sprung in die Stammelf. Enttäuscht entzog sich der türkische U-21-Nationalspieler mehr und mehr dem Einfluss seines Trainers. Am Ende der Saison sah auch die SC-Führung ein, dass eine Trennung vom Eigengewächs unausweichlich war. Für geschätzte 1,5 Mio. DM wechselte Ali Günes zum türkischen Spitzenklub Fenerbahce Istanbul.

2000/01: „Der SC Freiburg grüßt Europa"

Obwohl der neue TV-Vertrag zwischen der Bundesliga und der Kirch-Gruppe den Erstliga-Vereinen einen Geldsegen ohnegleichen bescherte, waren in Freiburg auch im Sommer 2000 keine teuren Spielereinkäufe zu erwarten. Der bisherige 30-Mio.-DM-Etat des SC hatte sich um mindestens 50 Prozent erhöht, doch davon sollten mehr als 15 Mio. DM in das Nachwuchsleistungszentrum investiert werden. Zu dessen Leiter wurde der ehemalige Spieler Andreas Bornemann ernannt, der fortan auch die Arbeiten auf der Anlage im Mösle-Stadion überwachte.

Später stellte sich heraus, dass der SC Freiburg für wenig Geld seinen Kader dennoch gut mit jungen Spielern verstärkt hatte: Für 400.000 DM holte Trainer Finke von Zamalek Kairo den Kapitän der malischen Nationalmannschaft Soumaila Coulibaly (22). U-21-Nationalspieler Sebastian Kehl (20) hatte beim Zweitligisten Hannover 96 den merkwürdigen Passus im Vertrag stehen, für nur 200.000 DM den Verein verlassen zu dürfen. Also griff der Sport-Club zu und holte noch ablösefrei den Elsässer Régis Dorn (20) von Racing Strasbourg sowie Ferydoon Zandi (21) vom Regionalligisten SV Meppen. Den 600.000 DM teuren Einkäufen standen zwei Verkäufe gegenüber, die zusätzliches Geld in die SC-Kasse brachten. Neben den 1,5 Mio. DM für Ali Günes gab es eine hübsche Summe auch für den Slowenen Miran Pavlin, der nach guten Leistungen bei der Europameisterschaft in Belgien und den Niederlanden dem portugiesischen Abonnementmeister FC Porto 1,8 Mio. DM wert war. Ablösefrei wechselte lediglich Steffen Korell zu Borussia Mönchengladbach.

Nicht mehr zittern und bangen wie in den vergangenen beiden Jahren – so lautete die Zielvorgabe des Trainers, der vor Saisonbeginn eine interne Aufarbeitung der Verletzungsmisere der vergangenen Saison angekündigt hatte. Unter drei Gesichtspunkten wurden die zahlreichen Ausfälle der Freiburger Spieler untersucht: Belastung im Training, Professionalität der Spieler, ärztliche Betreuung. Zugleich bastelte Finke an einer interessanten Änderung der taktischen Grundordnung seiner Mannschaft. Da Lars Hermel verletzt ausfiel, kamen nur Andreas Zeyer und Neuzugang Kehl für die zentrale Rolle in der Dreier-Abwehr in Frage. Weil beide ihre Stärken im Spiel nach vorne besitzen, sollte diese

Das Freiburger System: 4-4-2 oder 2-4-2-2?

Position fortan anders interpretiert werden als bislang. Präzise ausgedrückt: Finke, Zeyer und Kehl haben diese Position praktisch abgeschafft, denn ab nun agierte der vermeintliche zentrale Abwehrspieler im defensiven Mittelfeld. Dafür komplettierten die beiden Außenbahnspieler die Verteidigung bei Angriff des Gegners zu einer Art Viererkette. Seitdem durfte gestritten werden, wie dieses System überhaupt zu beschreiben sei. Ist es ein 4-4-2 Freiburger Prägung, oder wäre es mit einem 2-4-2-2 genauer charakterisiert?

Bei allen taktischen Spitzfindigkeiten – der Saisonstart am 12. August 2000 gegen den VfB Stuttgart, der unter Trainer Rangnick die drei vorangegangenen Punktspiele gegen den Sport-Club allesamt gewonnen hatte, verlief spektakulär. Es war drückend heiß im Dreisam-Stadion, als der Sport-Club seinen baden-württembergischen Rivalen, der gerade im UI-Cup von Erfolg zu Erfolg eilte, an die Wand spielte. Dreyer, Zeyer, Baya und der Neuzugang Dorn erzielten die Tore zum umjubelten 4:0-Sieg. Noch einen klaren Sieg feierte der Sport-Club am fünften Spieltag, als der Aufsteiger Energie Cottbus nach Treffern von Iashvili (2), Weißhaupt und Baya mit 4:1 bezwungen wurde. Ungeschlagen reisten die Freiburger am 22. September zum TSV 1860 München und dominierten im Olympia-Stadion ihren Gegner über eine Stunde lang. Nach der verdienten 1:0-Führung wurde dem SC allerdings ein Elfmeter versagt, und die Finke-Elf verlor in einer turbulenten Schlussphase noch mit 1:3.

Es war die erste in einer Reihe von Niederlagen, die den Sport-Club nach dem elften Spieltag bis auf den 14. Tabellenplatz abrutschen ließ. Unterbrochen wurde die Misserfolgsserie lediglich von einem 3:1-Heimsieg gegen den FC Schalke 04. Ansonsten: 0:1 gegen Werder Bremen, 0:1 bei Borussia Dortmund, 0:3 bei Eintracht Frankfurt, 0:5 beim Hamburger SV, als sich die SC-Abwehr desolat präsentierte, und 0:1 gegen Bayer Leverkusen. Bereits vor der 0:5-Niederlage in Hamburg hatte der SC für rund 600.000 DM das „ewige Talent" der Dortmunder Borussia, Vladimir But, verpflichtet. In den Plänen des neuen BVB-Trainers Matthias Sammer spielte der 23-jährige Russe keine Rolle mehr. Die Verpflichtung des spielstarken But hatte jedoch einen anderen Hintergrund als die kurze sportliche Krise im Bundesliga-Alltag. Es deutete sich längst an, dass die Vertragsverhandlungen mit Kapitän Baya schwierig werden sollten.

Schlüsselszene in Köln: Dorn wird von Keller gefoult, der fällige Elfmeter führt zum 1:0-Sieg der Freiburger.

Öffentlich verlangte der Verein in Gestalt des Managers Rettig von seinem Spieler, sich für den Sport-Club „auszusprechen". Der Tunesier sollte auf Qualifikationsspiele seines Heimatlandes im Afrika-Cup verzichten. Ansonsten würde der Verein einen etwaigen neuen Vertrag schlechter dotieren als den bisherigen, drohte Rettig. Es war klar, dass Manager und Trainer den ehrgeizigen Spieler in einen schweren Loyalitätskonflikt stürzen würden. Erst Monate später, als Baya endgültig nicht bereit war, sein Engagement in Freiburg zu verlängern und schließlich bei Besiktas Istanbul unterschrieb, ließen die SC-Verantwortlichen durchblicken, der Spieler hätte ursprünglich zu hohe Gehaltsforderungen gestellt. Der Versuch, seine finanziellen Wünsche mit Länderspiel-Verboten zu „mäßigen", blieb wirkungslos. Doch nach der Verpflichtung Buts hatte der Verein einen Spieler im Kader, der in Bayas Rolle schlüpfen konnte.

Nach einer mannschaftsinternen Aussprache fand die Mannschaft in die Erfolgsspur zurück. Erste Hilfe leistete wieder einmal der 1. FC Kaiserslautern. Auf dem Betzenberg gewann der SC zum dritten Mal seit dem Wiederaufstieg, erneut hieß das Ergebnis 2:0, Sellimi und Zeyer die Torschützen. Danach gastierte Bayern München in Freiburg, die Fans leisteten Abbitte bei Oliver Kahn für den Golfballwurf im Frühjahr. „Unser letzter Treffer war ein Eigentor", stand auf einem riesigen Plakat. 24 Punkte, so viele Punkte wie noch nie seit dem Wiederaufstieg, sammelten die Freiburger bis zur Winterpause. Nach dem hochverdienten 1:1 gegen die Bayern – But erzielte mit einem herrlich verwandelten Freistoß sein erstes Tor für den Sport-Club – gelang ein 2:2-Unentschieden bei Hertha BSC Berlin, wo der SC nach einem frühen 0:2-Rückstand fast schon verloren hatte. Es folgte der 5:0-Kantersieg gegen den VfL Bochum, das 2:1 beim VfL Wolfsburg und ein 0:0 beim VfB Stuttgart. Volker Finke verlängerte seinen Vertrag zum ersten Mal für zwei Jahre, doch in die vorweihnachtliche Stimmung fiel ein Wermutstropfen: Nach Siegen gegen den Regionalligisten SC Pfullendorf (3:1) sowie Werder Bremen (1:0) und Bayer Leverkusen (3:2) hatte der Sport-Club erneut das Viertelfinale im DFB-Pokal erreicht. Hier war wieder einmal Endstation. Wenige Tage nach dem torlosen Remis verlor der SC das Pokalspiel beim VfB Stuttgart nach Verlängerung mit 1:2.

Pokal-Pech in Stuttgart

Nur 8.000 Zuschauer wollten am kalten Abend des 21. Dezember 2000 dieses Spiel sehen. Dabei stand der VfB Stuttgart und sein Trainer Ralf Rangnick arg unter Druck, der Fußball-Lehrer musste bei einer Niederlage um seinen Job bangen. Zwanzig Minuten lang passierte nicht viel, die Stuttgarter waren feldüberlegen, die Freiburger hingegen darauf bedacht, das Tempo aus dem Spiel zu nehmen. Dennoch hätte der Sport-Club nach 23 Minuten in Führung gehen können: Alexander Iashvili schickte Zoubaier Baya, doch der scheiterte allein vor dem VfB-Torhüter Timo Hildebrand. Mit dem Glück im Bunde stand aber auch der SC drei Minuten später, als der Schuss des Stuttgarters Pablo Thiam nur die Latte traf. Nach 30 Minuten kam der Augenblick des VfB-Regisseurs Krassimir Balakov: Aus 18 Metern setzte er einen Freistoß in die Maschen des Freiburger Tores. Doch die schwäbische Freude währte nur für kurze Zeit, denn fast im Gegenzug jagte SC-Mittelfeldspieler Sebastian Kehl einen 25-Meter-Schuss in den VfB-Winkel: 1:1.

Fortan agierten die Freiburger, lautstark unterstützt von mehreren hundert Fans, immer selbstbewusster. Adel Sellimi hatte noch vor der Pause die Chance zum 2:1, doch aus aussichtsreichster Position hob er den Ball über das Stuttgarter Tor. Die zweite Halbzeit war ein offener Schlagabtausch, der VfB kämpfte und rackerte, der SC vertraute seinem Kombinationsspiel. Mit viel Mühe parierte SC-Keeper Richard Golz den Schuss des Stuttgarters Viorel Ganea. Dessen Mannschaftskollege Jochen Seitz vergab elf Minuten vor Schluss eine weitere Großchance. Doch auch die Freiburger hatten den 2:1-Siegtreffer mehrfach auf dem Fuß. Vor allem der eingewechselte Soumaila Coulibaly, der in der 77. Minute allein vor Hildebrand auftauchte und den Stuttgarter Torhüter in der vorletzten Minute mit einem herrlichen 20-Meter-Schuss zu einer Glanzparade trieb.

Nach 90 Minuten stand es 1:1. Eine harte Verlängerung am Ende einer langen Hinrunde folgte. Doch die Entscheidung fiel früh. Nur fünf Minuten hatte Schiedsrichter Janssen wieder angepfiffen, als Ganea an der Strafraumgrenze frei zum Schuss kam und den Ball in die lange Ecke hämmerte. Verzweifelt versuchten die Freiburger noch einmal den Ausgleich zu schaffen, die Stuttgarter Hintermannschaft um den Kroaten Zvonimir Soldo ließ kaum noch eine echte Tormöglichkeit zu. „Ich werde es als Freiburger Trainer wohl nie erleben, dass wir einmal nach Berlin fahren", hatte Finke schon vor dem Spiel gesagt. Seine böse Vorahnung war bestätigt worden.

▶ Die Aufstellungen: VfB Stuttgart: Hildebrand – Schneider, Soldo, Endreß, Blank (60. Gerber) – Lisztes (53. Ganea), Thiam, Balakov, Carnell – Djordjevic (74. Seitz), Dundee
SC Freiburg: Golz – Kondé, Diarra – Weißhaupt, Kehl, Zeyer (103. Kobiashvili), Zandi – But, Baya – Sellimi (61. Coulibaly), Iashvili (74. Dorn)

Aufmerksamkeit erregte während der Winterpause die Verpflichtung eines weiteren Spielers aus Dortmund: Dort war der Ghanaer Ibrahim Tanko Dauerreservist und sich längst mit dem Sport-Club einig. Für Wirbel sorgte seine Doping-Probe nach dem Pokalspiel der Dortmunder

Triumphzug in der Rückrunde

gegen Schalke 04. Sie bewies, dass der Sohn eines Stammeskönigs Haschisch konsumiert hatte. Da Tanko glaubhaft versichern konnte, dass es sich um einen einmaligen Ausrutscher gehandelt habe, entschlossen sich die SC-Verantwortlichen, seine Verpflichtung nicht in Frage zu stellen. Allerdings wurde Tanko vom DFB bis April 2001 gesperrt.

Die Rückrunde geriet für den SC zum Triumphmarsch. In 16 Spielen gab es nur drei Niederlagen: 0:3 gegen 1860 München, 1:3 bei Werder Bremen und 0:1 bei Bayern München. Einer der spektakulärsten SC-Siege war das 3:1 bei Bayer Leverkusen. Schumann, Baya und But krönten mit ihren Toren eine großartiges Spiel der Freiburger. Weitere Auswärtssiege gelangen in in Köln (1:0), Cottbus (2:0) und Bochum (3:1). Im Dreisam-Stadion wurden gegen Eintracht Frankfurt (5:2) und den 1. FC Kaiserslautern (5:1) Schützenfeste gefeiert.

Vor dem letzten Heimspiel gegen den VfL Wolfsburg am 19. Mai 2001 benötigte der Sport-Club nur einen Punkt, um die Qualifikation für den UEFA-Pokal zu schaffen. Mehr noch: Theoretisch besaßen die Freiburger sogar die Chance, in die Champions League einzuziehen. Allerdings hätte Bayer Leverkusen sein Heimspiel gegen den bereits abgestiegenen VfL Bochum verlieren müssen. Die Werks-Elf siegte mit 1:0, während sich der Sport-Club mit einer Gala-Vorstellung von seinen Fans beim 4:1 gegen den VfL Wolfsburg verabschiedete. In der Aufstellung Golz; Willi (58. Kohl), Schumann, Diarra, Kobiashvili (60. Zandi); But, Kehl, Zeyer, Coulibaly; Ramdane (77. Weißhaupt), Tanko ließ der SC keinen Zweifel daran, mit seiner jungen Mannschaft auf die europäische Bühne zu wollen. Die Tore für die Freiburger erzielten Ramdane, Kobiashvili und Coulibaly (2).

In der Kabine floss der Sekt

„Der SC Freiburg grüßt Europa" stand auf Zuschauer-Plakaten zu lesen, in der Umkleidekabine der Mannschaft floss der Sekt in Strömen, und die Spieler rauchten ausgelassen Zigarren. Das Saisonziel war deutlich übertroffen worden, Finke und seinen Spielern wurden von vielen die schönsten Perspektiven vorausgesagt. Bevor aber die Saison 2001/02 begann, warnte Stocker die Vereinsmitglieder: „Uns muss klar sein, dieses Ergebnis ist nicht mehr zu toppen." Und Manager Rettig warnte vor „einem bösen Erwachen".

Überraschender Sieg in Leverkusen: Hier erzielt Baya das 2:1, Zivkovic und Nowotny (rechts) kommen zu spät.

Möglich wurde dieser Erfolg, weil der SC anders als im Vorjahr kein außerordentliches Verletzungspech zu beklagen hatte. Nahezu alle wichtigen Leistungsträger spielten eine konstant gute Saison: Im Tor strahlte Golz eine entwaffnende Sicherheit aus. Der Lauterer Trainer Andreas Brehme empfahl ihn öffentlich dem Teamchef der Nationalmannschaft, Rudi Völler. Im Abwehrzentrum hatte sich Diarra weiterentwickelt, auf der linken Außenbahn war Kobiashvili eine verlässliche Größe. Der junge Kehl galt im defensiven Mittelfeld als die Entdeckung der Saison, Andreas Zeyer schien unverwüstlich, But und Coulibaly wurden im offensiven Mittelfeld immer besser. Mit Iashvili, Sellimi, Tanko, Ramdane, Dorn und Bruns besaß Finke im Sturm sechs ernst zu nehmende Alternativen. „Die Kleinigkeiten müssen passen", hatte er vor Meisterschaftsbeginn gehofft. In dieser Saison hatten sie sich tatsächlich zu einem ansehnlichen Mosaik zusammengefügt.

2001/02: Anzeichen für eine rosige Zukunft

Durch die zweite Qualifikation für den UEFA-Cup hatte der SC 2000/01 in seinem dritten Bundesligajahr nach dem Wiederaufstieg den erwarteten Schritt nach vorn geschafft. Das Los für die erste Runde weckte die Hoffnung, dass das Abenteuer Europa diesmal länger andauern würde: SK Matador Púchov, der Sechste der slowakischen Liga. Eine Mannschaft aus einer Kleinstadt, die nur durch die Fair-Play-Wertung in den Wettbewerb gelangt war und erst das zweite Jahr erstklassig spielte. „Ein völlig unbeschriebenes Blatt", meinte Trainer Volker Finke, warnte aber zugleich davor, den Gegner zu unterschätzen.

Die Hinrundenbegegnung in der Slowakei wurde überschattet von den Terroranschlägen auf das World Trade Center in New York wenige Stunden zuvor. Auf Weisung der UEFA mussten die Spiele durchgeführt werden, obwohl die Vereine lieber verzichtet hätten und das Fernsehen die Live-Übertragung absetzte. In einer an Torchancen armen Begegnung erspielte sich der SC immerhin ein 0:0-Unentschieden, von dem man sich versprach, dass es zum Weiterkommen reichen müsste.

Im Rückspiel vor 18.600 Zuschauern (auf alle Stehplätze wurden blaue Sitzschalen montiert, das Fassungsvermögen des Dreisam-Stadions dadurch reduziert) machten es die Freiburger ihren Anhängern aber wieder einmal schwer. Nach einem von Kobiashvili verschossenen Elfmeter und dem Ausgleich durch Lubos Pernis rannte Freiburg leidenschaftlich, aber oft ungeschickt an. Erst in der 88. Minute fand Tanko die entscheidende Lücke in der slowakischen Verteidigung und sorgte mit seinem 2:1-Siegtreffer für das glückliche Ende einer unerwartet spannenden zweiten Halbzeit. Ein Tag später war die Freude noch größer. Die Freiburger hatten St. Gallen zugelost bekommen, einen vor allem wegen der räumlichen Nähe attraktiven und zugleich bezwingbaren Zweitrundengegner.

Auch sonst gab es im Sommer 2001 Anzeichen für eine rosige Zukunft der Freiburger. Mit einem sehenswerten Treffer und einer soliden Leistung beim 5:2 im Freundschaftsspiel gegen Ungarn machte Sebastian Kehl seinen Anspruch geltend, schon jetzt zum Stamm der deutschen Nationalelf zu gehören. Der erst 21-jährige Kehl stammt zwar

Engagierter Einsatz im UEFA-Pokal-Spiel gegen SK Matador Púchov: Sebastian Kehl setzt sich gegen Lubos Pernis durch.

Befreiter Jubel: In der 89. Minute erzielt Tanko (rechts) das entscheidende 2:1. Erstmals hat der SC auf europäischer Bühne die erste Runde überstanden.

nicht selbst aus der Nachwuchsförderung des Vereins, ist aber das derzeit bekannteste Beispiel für die Fähigkeit der Freiburger, Talente aufzuspüren und zu fördern – ihr wohl wichtigster Pluspunkt, wenn es um die Zukunft in der Bundesliga geht. Gleich vier junge Freiburger befinden sich im Blickfeld von Hannes Löhr, der die U-21-Nationalmannschaft betreut: Tobias Willi, Florian Bruns, Ferydoon Zandi und Fabian Gerber. Mit ein Grund, warum Freiburg Ende August 2001 das EM-Qualifikationsspiel gegen England (1:2) ausrichten durfte. Beim SC wurden die U-21-Nationalspieler teilweise noch in der Amateurmannschaft eingesetzt, die erstmals in der Vereinsgeschichte an der DFB-Pokal-Hauptrunde teilnahm und gegen den großen Favoriten Schalke 04 beim 0:1 einen Achtungserfolg erzielte.

Das im maroden Mösle-Stadion des Lokalrivalen Freiburger FC für 21 Mio. DM eingerichtete Nachwuchsleistungszentrum, die „Freiburger Fußballschule", wurde bei seiner Einweihung von der nationalen Fußball-Prominenz als vorbildlich auch im Vergleich mit den Häusern der Liga-Konkurrenz gelobt. Als der Deutsche Fußball-Bund den Bundesligavereinen die Auflage machte, eigene Nachwuchsleistungszentren zu bauen, hatte man sich in Freiburg für eine „1-A-Lösung" (Volker Finke) entschieden. Eine acht Meter unter die Erde verlegte Turnhalle mit Sonnenlicht von der Hallendecke, Sauna, Entmüdungsbecken, ein Internat für 16 Nachwuchsspieler. Ein Hauptspielfeld mit Rasenheizung sowie drei Trainingsplätze, einer davon ein Kunstrasen gehören zur Anlage. „Es wurde jeder Wunsch erfüllt", sagte der ehemalige SC-Spieler Andreas Bornemann, der die Fußballschule leitet, bei der Einweihung.

Zukunftsweisend: Die Freiburger Fußballschule

Aus dem Umkreis von rund 150 Kilometern will der SC seine Nachwuchs-Kicker rekrutieren, sie sollen an insgesamt vier Partnerschulen parallel zum Training Unterricht erhalten. „Die Kindheit und Jugend erhalten" sei ein Ziel des Freiburger Modells, so Volker Finke. Aus diesem Grund soll sich das Freizeitverhalten der Schüler nicht auf den Fußball beschränken. Die Einzel- und Doppelzimmer, in denen sie leben und die Verpflegung bezahlt der Verein, zudem erhalten die Nachwuchstalente 300 DM Taschengeld. „Die Schüler sollen den Bezug zum normalen Leben nicht verlieren."

Erfreulicher Saisonstart 2001: Der SC besiegt Werder Bremen mit 3:0. Hier jubeln Willi, Kehl, Ramdane, But und Kobiashvili (v.l.).

Das runde Leder im Blickpunkt: Im „Mösle" richtete der SC Freiburg seine Fußball-Schule ein.

Bei der Personalpolitik des Vereins steht Kontinuität vornan. Bereits in der Vorsaison hatte sich die Mannschaft in der Lage gezeigt, auch den Ausfall von mehreren Stammkräften zu verkraften. Von noch größerer Bedeutung scheint, dass die Spieler langfristige Verträge haben, die auch für die zweite Liga gelten. So hat sich Boubacar Diarra beispielsweise bis ins Jahr 2005 an den Sport-Club gebunden. Auf diese Weise ist eine Identifikation mit dem Verein garantiert: Den Spielern liegt das Schicksal des SC Freiburg schon aus ureigenstem Interesse am Herzen. So scheint die Mannschaft für die Zukunft gut gerüstet zu sein.

Solide Finanzen

Der Verein ist kein Underdog mehr. Er kann sich bezüglich Finanzkraft zwar nicht mit den Krösussen der Liga messen, aber entgegen seinem verbreiteten Image zählt er auch längst nicht mehr zu deren Armenhäusern. Mittlerweile beträgt der Etat des Sport-Clubs mehr als 50 Mio. DM. Der Gesamtetat aller 18 Bundesligavereine hatte in diesem Jahr 1,0481 Mrd. DM betragen; die finanzielle Ausstattung des SC liegt somit nahe am rechnerischen Durchschnitt. Der Abstand zu Vereinen wie FC Bayern oder Borussia Dortmund ist allerdings noch immer immens. Das Dreisam-Stadion ist immer noch bei fast jedem Punktspiel ausverkauft, der Verein schuldenfrei. Und die Verantwortlichen haben so geplant, dass der SC Freiburg von einer Reduzierung der Fernsehgelder weniger schmerzlich betroffen wäre als so mancher Konkurrent. Zwar gab der SC Freiburg vor der Saison 2000/01 überhaupt kein Geld für neue Spieler aus, während die Konkurrenten rund 228 Mio. DM in insgesamt 134 Neuzugänge investierten. Allerdings hatten die Freiburger ja schon in der letzten Runde Vladimir But und Ibrahim Tanko nachverpflichtet und können auf ein eingespieltes Team und einen großen Kader setzen.

Die Bundesliga ist in den vergangenen Jahren – von ein paar Spitzenteams abgesehen – ausgeglichener geworden. Ob eine Mannschaft ihr volles Potenzial abrufen kann oder nicht, dies entschied zuletzt darüber, ob sie Fünfter oder Siebzehnter wurde. So droht auch dem SC in einer „schlechten Saison" jederzeit wieder der Abstiegskampf. Doch innerhalb der letzten zehn Jahre wurden Voraussetzungen geschaffen, die selbst einen Abstieg nicht mehr zum Absturz werden lassen. So hat der Verein nach seinem langen Weg zum kurzen Pass die Ausgangsbedingungen geschaffen, ein „großer Traditionsverein" zu werden.

Die SC-Fans

„Bleichtalfüchse" und „Torschusspanik"

Dreisam-Stadion, irgendein Samstagnachmittag im Frühjahr oder Herbst gegen Ende der achtziger Jahre. 15 Uhr 15, eine Viertelstunde vor Spielbeginn, Gegengerade. Wer damals zu dieser Zeit ins Stadion kam, konnte noch bis Spielbeginn per „Gesichtskontrolle" nach Freunden suchen. Denn oft saßen nur ein paar hundert Fußball-Liebhaber auf den baufälligen Stufen, blieben zumindest bis zum Anpfiff auch sitzen. Falls Tore fielen, so wurden die Plättchen auf der Anzeigetafel per Hand ausgetauscht. Bisweilen gelang es einem entschlussfreudigen Grüppchen von Gästefans, mehr Lärm zu machen als die heimische Übermacht. Der SC Freiburg war das, was man in Fußballerkreisen eine „graue Maus" nennt. Und niemand auf den Rängen störte sich offenbar daran oder hegte gar insgeheim hochfliegende Pläne. Die paar Dutzend meist jüngeren Fans, die auf der Nordtribüne schon zu dieser Zeit mit rot-weißen Fahnen Stimmung machten und ihre Liebe zum zweitklassigen SC Freiburg mit großen Aufnähern auf Kutten-Jacken kundtaten, wurden milde belächelt.

Hartmut Wilhelm gehörte zum exotischen kleinen Völklein hinter dem Tor in Richtung Dreisam. Wilhelm ist einer der Mitbegründer des ältesten noch bestehenden SC-Fanklubs, des Fanklubs „Adler 86". In ihm hatten sich Sport-Club-Anhänger zwischen Offenburg und Lörrach, zwischen Breisach und Neustadt vereint. Vorrangiges Ziel des Zusammenschlusses, der das Greif-Symbol aus der SC-Gründungszeit zum Namensgeber machte: Auswärtsfahrten so zu organisieren, dass sie billiger und bequemer wurden.

Auch Wilhelm wusste einst die Vorzüge eines oft fast leeren Stadions zu schätzen. „Der Weg zum Getränkestand dauerte nicht lange, man musste nicht allzu früh da sein, konnte sich einen schönen Nachmittag machen. Zu Anfang der achtziger Jahre wurden im Kaufhaus

Schneider (heute Kaufhaus Breuninger) noch alle SC-Artikel für 50 Pfennig das Stück verramscht", erzählt er. „Sie waren Ladenhüter, die wollte einfach keiner."

Zeitsprung, nur ein paar Jahre später, 14. August 1993, 17.15 Uhr. 30.000 Arme lassen „la ola" durchs Dreisam-Stadion kreisen, 15.000 Münder skandieren „Ehrenrunde". Der SC Freiburg hat soeben in der Auseinandersetzung zweier ehemaliger Zweitliga-Daueraspiranten die SG Wattenscheid im ersten Bundesliga-Heimspiel mit 4:1 geschlagen.

Zuschauerzahlen im Höhenflug

Fortan sollte ein ausverkauftes Stadion über Jahre hinweg die Regel sein, SC-Dauerkarten zu einer harten Währung werden. „Ausverkauft" hatte der SC-Schatzmeister noch im Aufstiegsjahr gerade zweimal vermelden können: im Spitzenspiel gegen den MSV Duisburg und nach dem feststehenden Aufstieg im Heimspiel gegen Unterhaching. Etwas mehr als 1,2 Millionen Zuschauer hatten die insgesamt 287 Heimspiele des Zweitligisten SC Freiburg verfolgt, das entsprach einem Schnitt von 4.334 Besuchern. Zwischen 2.000 und 5.000 hatte die Zuschauerzahl von 1979 bis 1991 gependelt, unter dem neuen Trainer Finke war sie in den beiden letzten Zweitligajahren erst auf 7.240 und dann auf 8.620 pro Spiel geklettert.

Das Interesse am Verein war rasch gewachsen, für die Bildung einer ausgeprägten Fan-Szene war der sportliche Erfolg aber zu schnell gekommen. In einer Handvoll Fanklubs hatten sich etwa 200 Personen organisiert, um dem Aufsteiger die Daumen zu drücken. Neben dem vom Fanklub „Adler 86" abgespaltenen „Fanclub Ortenau 90" gehörten die „Dreisam Bobbele", die „Bleichtalfüchse" und die Fanklubs „Torschusspanik", „Fair Play Hochrhein" und „Oberwinden" zu den ersten, die in einer losen Fan-Organisation miteinander kooperierten. Zwei Jahre später waren es bereits mehr als 20 Fanklubs, heute gehören der Fangemeinschaft SC Freiburg 56 Fanklubs mit rund 1.500 Mitgliedern an. Darunter die von Ex-Freiburgern in Hamburg und Berlin gegründeten „Alsterfüchse", die „Spree Bobbele", zu denen auch der Bundestagsabgeordnete Gernot Erler oder der „Tagesspiegel"-Redakteur Wolfgang Prosinger gehören, sowie der vom Pfarrer Rainer von Oppen betreute Fanklub „Nienburg/Weser" mit dem Bruder von Trainer Volker Finke als Gründungsmitglied.

Kutten, Ultras und „Normalos" – im Jubel vereint.

Der Verein hatte in dieser Zeit alle Hände voll zu tun, die Infrastruktur der Bundesligazugehörigkeit anzupassen. Um die Fans hat er sich dabei wenig gekümmert. Keine organisierten Auswärtsfahrten; Fanklub-Mitglieder wurden beim Bemühen, eine Dauerkarte zu erhalten, nicht besser gestellt. Eine Holzhütte an der Schwarzwaldstraße diente als Fanklub-Büro. Die Karten zum ersten UEFA-Cup-Auswärtsspiel der SC-Geschichte in Prag waren an Busunternehmen verteilt worden, organisierte Fans erhielten kein Kontingent. „Das wurde erst mit dem Manager Andreas Rettig besser", sagt der 22 Jahre alte Bankkaufmann Marc Schmid, der seit 1993 SC-Fan und jetzt der Vorsitzende der Fangemeinschaft ist. Mittlerweile sind die Fanklubs mit den Anstrengungen, die der SC für sie unternimmt, zufrieden. So hat der Verein für 700.000 Mark an der Nordseite des Stadions ein Fanhaus errichtet. Mit Verwaltungsräumen, Fanartikel-Verkauf, Info-Theke und Stadion-TV für alle, die keine Karte mehr erhalten haben. Allein über das Vereins-Diktat, dass Spieler, die zu Fanklub-Feiern erscheinen, bald wieder zu gehen haben, ärgere man sich. „Das ist bei Klubs vergleichbarer Größe wie 1860 München, St. Pauli oder Bochum ganz anders", sagt Marc Schmid.

Wer jubelt mit wem? Lange Zeit hatte auf der Gegengeraden und der Nordseite des Stadions jeder mit jedem geschrien. Eine Aufteilung unterschiedlicher Fans gab es allenfalls in kleinen Gruppen. Das hatte sich mit dem Erfolg und den vielen Fanklub-Neugründungen verändert. Marc Schmid unterteilt die SC-Anhänger in vier Gruppen: die traditionellen Kuttenträger, die Wert auf Choreografien und Spontan-Aktionen legenden Ultras, die organisierten sowie die „normalen", nichtorganisierten Fans. Als aussterbende Spezies gelten die Kuttenträger. In Freiburg hatten Jeansjacken mit überdimensionalen Aufnähern noch nie besonders große Konjunktur. Seit einigen Jahren sind sie auch bundesweit immer seltener zu sehen. Der Farbe bekennende Fan trägt lieber ein Vereinstrikot, das er wieder ausziehen kann, wenn er nach einem Auswärtsspiel noch in eine Kneipe gehen will. Die kleine Gruppe Freiburger Ultras (etwa 20 bis 30 Personen und 50 Sympathisanten) besteht aus jungen Fans, die sich auch Begegnungen anderer Vereine ansehen. Während des Spieles geht es ihnen darum, beispielsweise mit Transparenten auf sich aufmerksam zu machen. Wegen des Abbrennens pyrotechnischer Gegenstände wurden gegen einige

Ultras nach einem Pokalspiel in Saarbrücken Stadionverbote erteilt. In eine Schlägerei seien die Freiburger Ultras – im Gegensatz zu denen anderer Städte – aber bislang noch nie verwickelt gewesen, so Marc Schmid. Auch gelten die Freiburger Ultras nicht als politisch rechts stehend.

Die vielen in Fanklubs organisierten Stadiongäste, die dem SC innerhalb von wenigen Jahren zuliefen, kamen vor allem aus dem Umland. Schopfheim, Furtwangen, Herbolzheim, Merdingen: Überall in Südbaden bekannte man sich zum Sport-Club.

Marc Schmid, Vorsitzender der Fangemeinschaft des SC Freiburg.

Auffallend war, dass auch viele Städter den einst wenig beachteten Klub im Osten für sich entdeckten. Mit seinem Offensivfußball und dem alternativen Image kam der SC insbesondere in studentischen und intellektuellen Milieus gut an. „Es war eine Spaß-Geschichte, aber auch ein Bekenntnis", sagt Dirk Rohde, ehemals Vorsitzender der Roten Socken, über die Gründung dieses Fanklubs, der vor allem aus Germanistik- und Politikstudenten bestand, darunter vielen Frauen. Die Szene-Kneipen der Innenstadt stellten plötzlich TV-Geräte über ihre Theken, an Samstagen blieb fortan zwischen 18 und 20 Uhr die Stereoanlage aus. Mit der Übertragung von Spitzenspielen durch den Abonnementsender Premiere kam es zu Menschenansammlungen, die man sich einige Jahre zuvor nicht hätte ausmalen können: 600 Fans zum Beispiel, die sich an einem sonnigen Nachmittag in der dunklen, höhlenartigen Punk-Diskothek Crash ein Fußballspiel anschauen.

Fußball statt Punk

Die linksalternative Szene beließ es nicht beim Zuschauen. Zum Heimspiel gegen Dynamo Dresden erschien am 4. März 1995 erstmals der „FANMAN", ein 32-seitiges meinungsfreudiges, oft essayistisches Fanzine mit Plattentipps, Interviews und den Ergebnissen der Freiburger Alternativliga, der Bunten Liga. Die Redaktionssitzungen fanden im

„Swamp" statt, einer Kneipe, in der sich schon auch einmal Trainer Finke oder ein Spieler sehen ließen. Zum Ende der neunziger Jahre sollte mit „Ja gut" ein in Aufmachung und alternativem Anstrich dem mittlerweile eingestellten „FANMAN" verwandtes Fanzine folgen.

Die SC-Stadionzeitschrift erschien als „Heimspiel" in einer neuen, weitaus lesenswerteren Form, das Fußballmagazin „Hattrick" integrierte in jedes Heft große Sonderteile über den SC Freiburg, weitere Fanzines wurden ins Leben gerufen. Mitte der neunziger Jahre brachten viele ihre Gedanken über den Sport-Club zu Papier. Sie waren dabei nicht immer einer Meinung: Die erregte Debatte um ein machohaftes Trinklied im Fanzine „Charly" verdeutlichte die Heterogenität, die die Freiburger Fanszene mittlerweile hatte. Den moralischen Bedenken, wie sie im „Fanman" und auch im „Heimspiel" geäußert wurden, stand das Unverständnis anderer SC-Fans gegenüber.

Die mit dem Bundesligaaufstieg erwachte Begeisterung ganz unterschiedlicher sozialer Schichten hatte auch mit dem Gegner zu tun. Nun konnte man die Stars vom FC Bayern oder Borussia Dortmund aus nächster Nähe sehen. Im Duell mit dem heimischen SC – ein Vergleich David gegen Goliath, Armenhaus gegen Millionäre. Eine Auseinandersetzung, die der nach Selbstbestätigung lechzenden badischen Seele besonders dann gut tat, wenn spektakuläre Erfolge gegen die Spitzenteams gelangen. Die Mannschaft hat in ihrer ersten Bundesliga-Saison dabei noch mehr für die enge Bindung und leidenschaftliche Beziehung ihrer Fans getan als in der so erfolgreichen zweiten. Das gilt für all die Spiele, in denen der SC zwar der Bessere war, aber in Schönheit starb. Um dann, totgesagt nach einer Heimniederlage gegen Dresden, doch noch wiederaufzuerstehen. „Etwas Besseres konnte damals gar nicht passieren", meint Marc Schmid rückblickend.

Die Dankbarkeit, die die SC-Anhänger ihrem Team gegenüber empfanden, hielt auch der Achterbahnfahrt in der Saison 1995/96 weitgehend stand. Sie wurde mit dem im Jahr darauf folgenden Abstieg ernsthaft auf die Probe gestellt. Zumal häppchenweise bekannt wurde, dass sich die Lieblinge untereinander zerstritten hatten und gegeneinander intrigierten. Zudem machte vielen Fans der vom Verein vorgenommene radikale Bruch mit völlig neuen und vielen ausländischen Spielern zu schaffen. „Auch in der zweiten Liga spricht man Deutsch, Herr Finke",

Jeder vierte Freiburger Fan ist eine Frau, und einige wenige sind Weih-
nachtsmänner.

war im Spieljahr 1997/98 auf einem Spruchband in der Fankurve zu lesen. „Ein zweites Zweitligajahr wäre schlimm geworden", glaubt Marc Schmid. Der Wiederaufstieg wurde als Selbstverständlichkeit hingenommen, vergleicht man ihn mit dem ersten Aufstieg fünf Jahre zuvor. Obwohl der Verein das Stadion mehrfach ausbaute, kann er seit dem neuerlichen Aufstieg wieder in fast jedem Heimspiel „ausverkauft" vermelden. Ein Golfballwurf an den Kopf von Oliver Kahn beschädigte in der Saison 1999/2000 jedoch das Image der Fußball-Idylle Freiburg. Gerade noch hatte der Verein für sein Publikum den Fair-Play-Preis erhalten, da vermittelten die Bilder des blutverschmierten Gesichtes des Bayern-Torwarts den Eindruck, dass nun auch das Dreisam-Stadion von den hässlichen Seiten des Bundesliga-Alltags eingeholt wurde. Ein 16 Jahre alter Junge aus einer Umlandgemeinde, der keinem Fanklub angehörte, hatte den Golfball geworfen.

Wie sieht er heute aus, der typische SC-Fan? Auch Wissenschaftler der Freiburger Universität haben sich mit den Fans des SC Freiburg beschäftigt. Sie fanden heraus, dass der SC-Fan zu 40 Prozent Abitur oder Hochschulreife besitze. Das entsprach dem statistischen Durchschnitt der Bevölkerung einer Universitätsstadt. Jeder vierte Anhänger sei weiblich, im Durchschnitt sei der Stadionbesucher 32 Jahre alt.

Besonders reisefreudig ist der SC-Fan nicht. Sicher, in der ersten Bundesligasaison machte sich der halbe Schwarzwald auf zum Punktspiel ins Münchner Olympiastadion. Zum Spiel ins Dortmunder Westfalenstadion fuhr sogar ein Sonderzug. Doch die Bereitschaft, das eigene Team auch in andere Stadien in großen Scharen zu begleiten, ließ wieder nach. Auf „nur zehn bis 15 Personen" schätzt Marc Schmid die Anzahl der SC-Fans, die den Verein an allen 34 Spieltagen und in den Pokalspielen anschauen. Das derzeit wieder kleiner werdende Interesse an Auswärtsspielen müsse der Verein als Warnsignal sehen.

„Gästefans kommen gern nach Freiburg"

Eine Fanfreundschaft, von den Kontakten einzelner Fanklubs einmal abgesehen, existiert mittlerweile nur noch zum Regionalligisten Wattenscheid 09. Die ungleiche Brüderschaft mit Borussia Dortmund hatte nicht lange angehalten. „Die Dortmund-Fans hatten sich nicht mehr für uns interessiert, waren arrogant und überheblich", heißt es bei der Freiburger Fangemeinschaft.

SC-Anhänger gelten als „liebe Kerle", die niemandem etwas zuleide tun. Selbst der Golfballwurf tat dem keinen Abbruch. „SC-Fans sind friedlich, Gästefans fahren am liebsten nach Freiburg", sagt Hartmut Wilhelm, der nach seinem Engagement für den Fanklub „Adler 86" auch Fanbeauftragter des Vereines war und in diesem Amt vor kurzem von Wolfram Siefert abgelöst wurde. Als Ausnahmen gelten die Spiele gegen den VfB Stuttgart und mittlerweile auch gegen Bayern München. Besonders im Kräftemessen mit den Schwaben erwacht der badische Patriotismus und beeinträchtigt die „political correctness".

„Ihr seid Schwaben, asoziale Schwaben" ist dann einer der Fangesänge, wie man sie sonst nicht auf den Rängen im Dreisam-Stadion zu hören bekommt. Nie wird das unter den Fans umstrittene „Badner-Lied" lauter und einstimmiger mitgesungen als in den badisch-schwäbischen Derbys. Für einen Sieg beim VfB Stuttgart hätte er „die Überschwemmung seiner Heimatstadt Rheinfelden in Kauf genommen": Wenn es um den VfB Stuttgart ging, wurde auch der Feingeist Gilles Mebes in seinem Buch über den SC Freiburg drastisch. Man gewinnt bisweilen den Eindruck, in Baden habe man die Bildung des Südweststaates noch nicht

Rosen für die Spieler: der Dank der Fankurve.

akzeptiert. Der Südwestrundfunk vernachlässige in seiner sonntäglichen Sendung „Sport im Dritten" den SC regelmäßig, Landesmittel für den Sportstättenbau würden auch nicht gleichmäßig verteilt werden, lauten Vorwürfe nach Stuttgart, für die sich Argumente finden lassen.

Wird die noch junge Liebe der SC-Fans zu ihrem Verein halten, werden die SC-Fans mit fairem Verhalten weiterhin ihren Teil zum Image des „etwas anderen" Vereins beitragen? „Es darf dazu keinen Stillstand geben, ein kleiner Trend nach oben muss in der sportlichen Entwicklung des Vereins immer erkennbar sein", schätzt Marc Schmid die Stimmungslage der organisierten Fans ein. „Es ist jetzt schon Originalität verloren gegangen", glaubt Dirk Rohde, dessen Fanklub sich inzwischen aufgelöst hat. Eine Aktion mit Steh-Männchen gegen die Versitzplatzung der Gegengeraden, die vom Verein kritisiert worden war, sei das letzte große Beispiel für ein einfallsreiches SC-Fantum gewesen. Fairness von Fans sei auch beim SC Freiburg zunehmend von der sportlichen Situation abhängig. „Mit einer Negativserie steigt auch in Freiburg die Destruktivität."

Eines stand bislang jedoch außer Frage: Rassismus, Rechtsradikalität oder Hooligan-Umtriebe bekamen im Dreisam-Stadion nie ein Bein auf den Boden. Mal störte eine Gruppe rechtslastiger Fußballfans aus einer nördlichen Umlandgemeinde die Idylle, mal versuchten Einzeltäter die Internetseiten des Sport-Clubs mit fremdenfeindlichen Sprüchen zu unterwandern. Ihr größter Gegner war immer die Masse der anderen SC-Fans, die im Stadion oder auf der Web-Seite bereits den Anfängen wehrten. Mit einer neuen Stadionverordnung will der Verein nun dafür sorgen, dass das auch in Zukunft so bleibt. Im September 2001 segnete der Freiburger Gemeinderat ab, dass man beim Besuch von SC-Heimspielen rassistisches Gedankengut weder äußern noch in gedruckter Form mitbringen oder verbreiten darf. „Unseren ausländischen Spielern wie unseren Fans wollten wir so verdeutlichen, dass wir so etwas nicht dulden", begründete Manager Andreas Rettig diesen Vorstoß.

Spielt der Sport-Club „linken" Fußball?

Als der SC Freiburg 1993 das Licht der ersten Liga erblickte, kamen der Verein und sein Trainer für Linke und Intellektuelle wie gerufen. „Die ,Grünen' der Bundesliga" – nie zuvor hatten Medien so über einen Fußballverein geschrieben. Nun aber hatte die alternative Szene ein quer durch alle Bevölkerungs- und Bildungsschichten bekanntes Projektionsobjekt für ideologische Wunschvorstellungen. Zudem konnte sich die Linke auf diese Weise Teile eines Gebiets erobern, welches bis dato wahrlich nicht als Terrain intellektueller Eliten angesehen war. Mit dem Sport-Club war der Fußball unter Studenten und Dozenten, Literaten und Lektoren ein gehöriges Stück salonfähiger geworden. Kein Wunder also, dass im Zusammenhang mit dem Sport-Club die traditionelle „David gegen Goliath"-Parabel bald durch den Vergleich mit der linken Öko-Partei ergänzt wurde, und kurz danach sprach man auch vom „linken" SC Freiburg, der einen ebensolchen Fußball spielen sollte.

Doch sind die Begrifflichkeiten „links" und „rechts" überhaupt auf den Fußball anwendbar? Ursprünglich stammt die Kartierung der politischen Gesinnung in ein Links- / Rechts-Schema aus der französischen Nationalversammlung, in deren Sitzungssaal sich das progressive Lager auf der linken, das konservative auf der rechten Seite gesammelt hatte. Heute allerdings operieren nicht einmal mehr Politikwissenschaftler gerne mit diesem Begriffspaar, dessen Schwammigkeit es nur ungenügend zu einem sinnvollen akademischen Werkzeug macht. Und wer ein Koordinatensystem für Geisteshaltungen gar auf das Fußballspiel anwenden will, muss sich nicht wundern, wenn ihm Unverständnis entgegengebracht wird.

„Linker Fußball" = „guter Fußball"?

Was ist „linker Fußball"? Nicht selten wurden in Versuchen, diese Frage zu beantworten, wieder neue Fragezeichen aufgestellt. Als die vermeintlichen Links-Experten von der „tageszeitung" im Mai 2001 ihre Trainer des Jahres wählten, landete Freiburgs Volker Finke hinter Hector Cuper auf Platz 2. Der kurze Erklärungssatz zu Finkes Platzierung endete mit den Worten „Linker Fußball? Guter Fußball." In diesen vier Worten steckte das ganze Dilemma: Kein Gleich-, sondern ein Fragezeichen stand zwischen den beiden Konzepten, und selbst die taz-Redakteure hatten sich vorsichtig vom Begriff „Links" distanziert: „Linker Fußball?" Da sind wir jetzt auch nicht so sicher, doch jedenfalls: „guter Fußball".

Was half das? Nichts, denn der Begriff „guter Fußball" ist genauso unscharf: Der FC Bayern hat auch einiges an gutem Fußball geboten. Würde irgend jemand die Bayern deshalb als linken Verein bezeichnen? Spielen sie gar linken Fußball?

Ein anderer Versuch: Der vielleicht Fachkundigste von all jenen, die sich an einen Definitionsversuch von linkem und rechtem Fußball gemacht hatten, war Cesar Louis Menotti, Trainer des argentinischen WM-Siegers von 1978: „Beim rechten Fußball wird viel von Opfern und Arbeit geredet", hatte er gesagt, „er wirft seinen Blick nur auf das Resultat. Der linke Fußball aber feiert die Intelligenz, er schaut auf die Mittel, mit denen das Ziel erreicht wird. Er möchte ein Fest feiern."

Das waren endlich Kategorien, denen man das Spiel selbst nach längerem Blick auf das Feld zuordnen konnte. Doch auch hier kam Widerspruch, sogar aus der Kulturredaktion. Im Berliner „Tagesspiegel" schrieb Harald Martenstein 1998 zu Menottis These: „Also spielen die Deutschen rechten Fußball, und die Brasilianer sind eher links. Aber Herr Menotti macht es sich da ein bisschen einfach. Er definiert ‚guten' Fußball, und sagt: So, liebe Leser, das nenne ich links. Schlechter Fußball ist für mich rechts. Nach der gleichen Logik werden gute Boxer, Muhammad Ali vor allem, zu linken Boxern erklärt. Ein Linker hält alles Schöne für tendenziell links; alles Unschöne hält er für rechts. Marilyn Monroe ist links. Vereiterte Weisheitszähne sind rechts."

Wir wissen nicht, ob Autor Martenstein damals ebenfalls an einem vereiterten Weisheitszahn zu leiden hatte und er uns deswegen mit dem in Anführungszeichen gesetzten „guten" Fußball wieder alleine ließ.

Andererseits könnten Teile seiner Analyse der Wahrheit näher liegen, als geplant war. Zwar mag „guter" Fußball ein noch so endlos zu definierendes Feld sein. Vielleicht aber wurde mit linkem Fußball einfach nur eines bezeichnet: schöner Fußball. Ästhetisch, aber nur eventuell „gut", weniger am Ergebnis orientiert, dafür mehr optischer Genuss.

Doch wer nach Assoziationen zum „linken" Fußball fragt, bekommt noch weitere Parameter geliefert, auch wenn diese nicht mehr unbedingt das Spiel selbst betreffen. So hält ein Linker nicht nur alles Schöne für tendenziell links, wie Martenstein beschreibt. Stattdessen stürzen sich Linke gerne auch auf die Randscheinungen außerhalb des Spielfeldes. Schlagen sie

Der „linke" Freiburger Fußball lockte selbst den Literaten ins Stadion: Günter Grass als SC-Fan.

sich zum Beispiel nicht mit Vorliebe auf die Seite des „Underdogs", der mit beschränkten Mitteln versucht, gegen „die Großen" im Fußballgeschäft zu überleben? Mit beschränkten Mitteln, die für Spielintelligenz und eben „guten" Fußball nicht mehr ausreichen?

Auf welche Seite hätte sich das Herz eines Linken geschlagen, als im Herbst 2001 Irland die Niederländer aus der WM-Qualifikation warf? Auf die der Niederländer, die fast ein Jahrzehnt lang den Begriff „Spielintelligenz" in den Länderwettbewerben für sich gebucht hatten? Oder aber auf die Seite der Iren, die mit ihren geringen Möglichkeiten im Hin- und Rückspiel den holländischen Superstars von Marc Overmars über Patrick Kluivert bis hin zu Ruud van Nistelrooy die Stirn boten? Und das auch noch in Unterzahl! Müsste das, was die Spvgg Unterhaching unter ihrem Trainer Lorenz-Günter Köstner in ihren wenigen Erstliga-Saisons vollbracht hatte, nicht auch zum linken Fußball zählen? Wie viele Startruppen hatten sich an dem konsequenten, Zieharmonika-artigen Abwehrsystem der Münchner Vorortmannschaft die Zähne ausgebissen.

Allerdings: Linken Fußball wollte der Spvgg Unterhaching niemand zuschreiben, womit wir wieder zur bereits genannten These „Linker Fußball = Schöner Fußball" kommen. Die Spielweise von Unterhaching als optischen Genuss zu bezeichnen – auf diese Idee wäre zu Köstners Zeiten nie jemand gekommen. Statt Zauber herrschte bei Haching nackter Rationalismus: „Mehr kann diese Mannschaft nicht", hatte Trainer Köstner damals gesagt, „deswegen müssen wir das Wenige, was wir können, eben perfekt durchziehen." Ein Satz, der aufmerksamen Lesern aus Interviews des Freiburger Trainers Volker Finke bekannt vorkommt. Dort hieß es sinngemäß: „Die wenigen Sachen, bei denen wir mit den Großen mithalten können, müssen wir perfekt machen."

Womit wir wieder beim Sport-Club aus Freiburg wären. Wenn sich auch bisher keine schlüssige Definition für „linken Fußball" finden ließ, so muss man andererseits zugeben: Sämtliche Kriterien, die sich diesem Begriff zuordnen lassen, wurden von jenem SC Freiburg erfüllt, den wir zu Beginn seiner Erstliga-Karriere kennen lernen konnten.

Das gilt beispielsweise für Cesar Louis Menottis Spielintelligenz als oberstes Prinzip. Zu Beginn der neunziger Jahre konnte ein SC Freiburg die Bundesliga mit Konzepten überraschen, die damals vielleicht nicht neu erfunden, dennoch aber in der höchsten deutschen Spielklasse in dieser Deutlichkeit zum ersten Mal zu betrachten waren. Die verschiedenen Arten des Pressings, das oberste Ziel, Überzahl in Ballnähe herzustellen. Die Auflösung direkter Zuordnungen und eindeutiger Aufgaben. Stattdessen musste der Einzelspieler sich dem System unterordnen, und wenn man den Spieler als Zahnrad sehen wollte, so musste dieses Rad in einer sich ständig verändernden Mechanik zu immer neuen Übersetzungen beitragen.

Die laut Menotti „rechte" Ergebnisorientiertheit gab es dagegen nur äußerst reduziert. Der SC Freiburg der frühen Erstligajahre spielte reinen Angriffsfußball, und dazu noch einen schönen. In Zeiten, in denen ein zentraler Spielmacher gerne den langen Ball nach vorne als Allround-

Werkzeug verwendete, versuchte sich der SC Freiburg am Kurzpass-Spiel – mit dem Effekt, dass die
eher ungewohnten Blitzkombinationen in ihrer

Flüssigkeit von Liebhabern ästhetischen Fußballs geradezu als Offenba-
rung aufgesogen wurden. An Catenaccio, das Zerstören eines Spiels und
das klassische „ein Eins-zu-Null über die Zeit retten", daran dachte man
an der Dreisam nur selten.

Überdies bediente der SC Freiburg perfekt das Klischee vom Underdog mit wenig Geld. „Der Habenichts im Klub der Fußballmillionäre"
titelte die „Badische Zeitung" einmal. Freiburg lag in der links-untersten
Ecke Deutschlands, sonst nur von der Durchreise in den Süden bekannt.
Und von da sollte Bundesligafußball kommen? Von einem Verein ohne
Geld? Aus einem winzigen Zweitliga-Stadion, mit einem damals noch
unbekannten Trainer und mit Spielern, von denen nie jemand zuvor
etwas gehört hatte? Der letzte Rest Unschlüssiger schloss den Verein in
sein Herz, als dieser in den ersten drei Saisons hintereinander die großen

**Auch er prägte das Image vom „etwas anderen" Verein: Uwe Spies, als er
zum „Ehrenspielführer" der „Bunten Liga" gewählt wurde.**

Bayern im heimischen Dreisam-Stadion schlug. Einmal gar mit 5:1. „Tiny Friburg beats Bayern-Masters" – eine englischsprachige Zeitung aus Peking hatte damit nicht nur eine nette Story, ihr Text hätte auch ideologischen Vorgaben eines sozialistisch-parteitreuen Verlages standgehalten.

Nach den bisher ermittelten Kriterien hat der SC Freiburg durchaus linken Fußball gespielt. Eine weitere Frage ist aber, ob er dies nach wie vor tut. Kurz gesagt: Er tut es nicht mehr.

Der konsequente Verzicht auf die „Ergebnisorientierung" als Spielstrategie funktionierte paradoxerweise nur so lange, wie die Ergebnisse stimmten. Doch daran haperte es, wie die Freiburger Fans, allesamt Bundesliganeulinge, bereits 1993 beim zweiten Heimspiel ihres frischen Erstligisten mitansehen mussten. Auf das Tor des Hamburger Sportvereins hatten die Freiburger 90 Minuten lang einen herzerfrischenden Dauerangriff veranstaltet. Der HSV hingegen beschränkte sich darauf, jeglichen Treffer zu verhindern und auf den einzig ordentlichen Konter zu warten. Den hatte Thomas von Heesen dann zum 1:0-Sieg für die Hamburger verwandelt und den Freiburgern damit eine Lehre erteilt: So abgezockt kann die erste Liga sein.

In Schönheit sterben? Viele Fans wissen ein Lied davon zu singen, dass dies über Jahre hinweg eine Spezialität des SC Freiburg war. Irgendwann war es ein Tod zuviel: Nach der Saison 1996/1997 fand sich der Verein in der zweiten Liga wieder. Nicht für lange zwar, bereits nach einer Saison gelang Volker Finke und seiner Mannschaft der Wiederaufstieg. Doch das war der Anfang vom Ende einer Ära: Der scheinbar zum Selbstzweck erkorene Angriffsfußball des SC Freiburg nahm allmählich seinen Abschied.

Ein Effekt, den ZDF-Moderator Wolf Dieter Poschmann vorausgeahnt zu haben schien. Er schrieb 1995 über den SC Freiburg: „Wie lange wird man den Fußball noch spielen, der einst die Fußballästheten entzückt hat. Spätestens, wenn es im UEFA-Cup einen knappen Vorsprung über die Runden zu bringen gilt, wird man zu branchenüblichen Mitteln greifen." Poschmann schrieb dies im Vorfeld der UEFA-Cup-Premiere der Freiburger gegen Slavia Prag im Herbst 1995. Noch konnte der Mann vom „Aktuellen Sportstudio" nicht wissen, dass dort kein Vorsprung über die Zeit zu retten sein sollte. Unrecht hatte Poschmann aber dennoch nicht.

Allerdings ließ diese Entwicklung noch etwas auf sich warten. Erst ab dem Herbst 1997 begann die Metamorphose des SC Freiburg. Nach dem

Abstieg in die zweite Liga hatte Volker Finke fast die ganze Mannschaft ausgetauscht; statt Freund, Spies oder Spanring tauchten jetzt Diarra, Iashvili oder Baya auf der Anzeigetafel auf. Eine junge Mannschaft hatte der Freiburger Trainer sich da zusammengebaut und mit dem Warnaufkleber versehen: „Achtung unerfahren – die können noch genügend Fehler machen." Zwar erlebten die Fans in den folgenden drei Jahren inklusive Zweitligasaison zuweilen noch einen in Schönheit sterbenden SC. Wenn aber Volker Finke vorschnellen Zweiflern die warnenden Worte hinterherrief: „Die Mannschaft muss noch lernen!", so hatte er damit Recht, und das Ergebnis dieses Lernprozesses war alsbald zu bewundern: Spätestens in der Saison 2000/01 zeigte die Mannschaft, was sie an Erfahrung gewonnen hatte, ihre Leistung wurde mit dem zweiten UEFA-Cup-Platz der Vereinsgeschichte belohnt.

Doch war das noch linker Fußball? Schon die Äußerlichkeiten hatten sich verändert: Der Trainer drehte keine Zigaretten mehr, sondern hatte das Rauchen aufgegeben. Erstmals wurde diskutiert, die traditionelle Stehplatz-Gegengerade für lukrativere Sitzplätze herzugeben. (Was kurze Zeit später auch geschah). Und auf dem Spielfeld? Gut, die Spielintelligenz war nicht verloren gegangen. Neu war Volker Finkes einst überraschendes System in der Liga zwar niemandem mehr, den ausgeklügelten Konzeptfußball konnte dem SC aber immer noch keiner absprechen. Jedoch brachte es die Mannschaft jetzt auch mal fertig, sich ein 0:1 auf fremden Platz mehr zu erkämpfen als zu erspielen. Sie konnte den Ball ergebnissichernd so lange in den eigenen Reihen halten, bis der Gegner vor Ungeduld endgültig die Nerven und damit auch das Spiel verlor.

Dazu gab es Siege für Systemfetischisten: Wenn die Freiburger die technokratische Neutralisation beider Spielsysteme so lange ungerührt mitmachten, bis der Gegner den einen einzigen Fehler beging. Und wer in der Rückrunde der Saison 2000/01 den 0:2-Auswärtssieg des SC Freiburg über Energie Cottbus (Chancenverhältnis: 13:4 für Cottbus!) angeschaut hatte, der mochte eine Ahnung haben, wie der HSV einst acht Jahre zuvor auf die einzige Nachlässigkeit des SC gelauert und danach gewonnen hatte. In jenem Zusammenhang übrigens noch ein Abschied vom linken Fußball: Den Underdog-Status, den hatten zu dieser Zeit längst andere: eben Energie Cottbus, aber auch Unterhaching und natürlich immer wieder der FC St. Pauli.

Was bleibt am Ende? Am Ende landet man wieder bei einer Analogie zu den Grünen: Auch dort wurde der idealistische Aufbruchsgeist der achtziger Jahre samt links-alternativer Gesinnung zum größten Teil längst eingemottet. Heute dominieren bei ihnen Begriffe wie „Machbarkeit", „Wiederwahl" und „Regierungsfähigkeit"; in der Sprache des Freiburger Bundesligisten wurde entsprechend der „Nichtabstieg" vom „Platz in der Tabellenmitte" abgelöst – und der Idealismus vom kompromissbereiten Pragmatismus. So drängt sich der Schluss auf, dass der SC Freiburg nichts anderes als den Paradigmenwechsel des letzten Jahrzehnts mitgemacht hat: Er hat frischen Wind und eine sympathische Form der Modernisierung in den Ligafußball gebracht, sich letztlich aber den Rahmenbedingungen angepasst.

Jedoch hat man nicht alle Ideale vergessen. Geblieben ist aus jenen Jahren des Aufbruchs, dass der Verein fehlende Finanzmittel durch intelligente Spieltaktik, kluges Management und vorausschauende Jugendarbeit auszugleichen versteht. Eine Handlungsweise, die man im ideologischen Vokabular der Jahrtausendwende als „nachhaltig" bezeichnen könnte. Zudem bekommt der Freiburger Zuschauer noch immer etwas geboten, das spektakulärer ist als ein rein ergebnisorientierter Fußball in der Definition Menottis. Nur eben keinen linken Fußball mehr. Doch wer will es dem Verein verdenken, dass er nach einer Devise lebt, deren Geltung schon lange vor der Ära Volker Finke beschworen wurde: „Wer mit zwanzig nicht links ist, hat kein Herz. Wer mit vierzig noch links ist, hat keinen Verstand."

Jens Kitzler war Mitherausgeber des Fanzines „Ja Gut... ich sach ma" und arbeitet heute als Sportjournalist in Freiburg.

Spielerlexikon des SC Freiburg

Von „Charly", „Kalla" und dem „Kanzler"

Zoubaier Baya (15.5.1971)
Der Tunesier war einer der besten und eigensinnigsten Mittelfeldspieler, die der Sport-Club je in seinen Reihen hatte. Baya kam im Sommer 1997 von Ètoile Sousse und hatte den Ehrgeiz, als Regisseur das SC-Spiel zu prägen. Innerhalb der Mannschaft führte die gewünschte Chefrolle des Tunesiers zu mancherlei Irritationen. Die Zuschauer behielten den WM-Teilnehmer von 1998, der für den SC 85 Bundesliga-Spiele bestritten und dabei 15 Tore erzielt hatte, aber in guter Erinnerung. Sein von vielen bedauerter Weggang zu Besiktas Istanbul im Sommer 2001 hing wohl weniger mit der Unzufriedenheit des Vereins ob seiner zahlreichen Länderspiel-Verpflichtungen als mit den zu hohen und aus der Sicht des Vereins unerfüllbaren Gehaltsforderungen zusammen.

Karl-Heinz Bente (13.9.1941)
Als 39-Jähriger absolvierte Bente nur noch 16 Spiele für den Sport-Club und erzielte dabei drei Tore. Als langjähriger Mittelfeldstratege des FFC aber war er zuvor zum Freiburger Fußballidol der sechziger und siebziger Jahre avanciert. SC-Lizenzspielerobmann Horst Zick verglich Bente sogar mit Wolfgang Overath. Während seiner langen Laufbahn schnupperte der gebürtige Gelsenkirchener in der Saison 1963/64 Erstliga-Luft bei Preußen Münster. Nachdem er seine Fußballschuhe an den Nagel gehängt hatte, arbeitete „Kalla" Bente bis 1983 als Manager beim Sport-Club, ehe er als Trainer zum Offen-

burger FV wechselte. Am 25. Januar 1984 verunglückte Bente auf der A5 tödlich.
(Siehe auch Porträt S. 109.)

Reinhard Binder (17.10. 1955)
Ihn kannten die Freiburger Fußballfans nur als „Bimbo" – in Anlehnung an den viel berühmteren österreichischen Stürmer Franz „Bimbo" Binder. Der nur 1,62 Meter große Mittelfeldspieler war aus der SC-Jugend hervorgegangen und einer der wichtigsten Spieler jener Mannschaft, die unter Trainer Brief den Aufstieg in den Profi-Fußball schaffte. Obwohl er Angebote aus der Bundesliga besaß, ist er dem Sport-Club bis 1984 treu geblieben. Für seine Trainer war Binder ein pflegeleichter Profi, der nie aufsteckte. Aus der zweiten Liga wechselte der kleine Irrwisch mit dem Nähmaschinenschritt, der in seiner Laufbahn 19 Tore für den SC erzielt hatte, zum Offenburger FV. Heute ist Binder im südbadischen Amateurfußball als Trainer tätig.

Alexander Borodjuk (30.11.1962)
Borodjuk wechselte im Januar 1993 für 500.000 DM vom FC Schalke 04 zum SC Freiburg. Der damals 31 Jahre alte russische Nationalspieler war 1989 von Dynamo Moskau als einer der ersten sowjetischen Spieler in die Bundesliga nach Gelsenkirchen gekommen. Borodjuk schoss Schalke mit 30 Toren in die erste Liga, kam aber unter Trainer Jörg Berger nur noch selten zum Einsatz. Trainer Volker Finke schwärmt bis heute von den spielerischen Möglichkeiten Borodjuks, doch in Freiburg blieb er erst im Schatten Cardosos und konnte später nicht in dessen Fußstapfen treten. Nach der Verpflichtung von Alain Sutter und nur 20 Erstligaeinsätzen (2 Tore) wurde er 1996 an Hannover 96 ausgeliehen.

Martin Braun (18.11.1968)
„Gängle" kam 1990 vom FV Donaueschingen zum SC Freiburg. Der aus Löffingen im Schwarzwald stammende Mittelfeldspieler wurde schon im ersten Zweitligajahr mit 31 Einsätzen zum Stammspieler. Als Elfmeterschütze vom Dienst wurde Braun in der Aufstiegssaison als Torjäger nur noch von Altin Rraklli geschlagen. In der erfolgreichen Bundesligasaison 1994/95 kam Braun immer seltener zum Einsatz und entschied sich daher nach 51 Erstliga- (105 Zweiliga-) Einsätzen und 24 Toren zu einem Wechsel zum Ligakonkurrenten Köln. Von Köln wechselte Braun zu Rapid Wien, dann machte er in der Saison 2000/01 den Abstieg des Karlsruher SC in die Regionalliga mit. Derzeit ist Braun beim Regionalligisten VfR Aalen beschäftigt.

Manfred Brief (11.12.1939)
1964 wechselte Brief von Rhodiacete Freiburg zum Sport-Club. Unter Trainer Hans Diehl war der ehrgeizige

Stopper einer der wichtigsten Spieler beim Gewinn der südbadischen Meisterschaften 1965 und 1968. 1972 beendete er seine Fußballerlaufbahn, wurde aber von Achim Stocker als Trainer verpflichtet. Brief formte die Mannschaft, die 1978 den Aufstieg in den bezahlten Fußball schaffte. Nach einem schwachen Saisonstart in der zweiten Liga trat er von seinem Amt zurück und widmete sich noch mehrere Jahre der Jugendarbeit beim SC. Beruflich ist Manfred Brief der Bezirksdirektor der staatlichen Toto-Lotto GmbH Südlicher Oberrhein.

Cardoso

Vladimir But (7.9.1977)

But war im Herbst 2000 bei Borussia Dortmund unter Trainer Matthias Sammer nur noch Ersatzspieler. Zwischen dem 1. FC Kaiserslautern und dem SC Freiburg entschied sich der russische Nationalspieler aus Novorossisk für die Breisgauer. Der als „ewiges Talent" verschriene Mittelfeldakteur wurde in Freiburg zum Stammspieler und absolvierte für den Sport-Club in der Saison 2000/01 24 Spiele, in denen er vier Tore erzielte.

Rodolfo Esteban Cardoso
(17.10.1968)

„Die Sonne scheint bei Tag und Nacht – Rodolfo Cardoso" sangen die SC-Anhänger im Dreisam-Stadion. 1993 vom FC Homburg zur aufgestiegenen Mannschaft gestoßen, nahm Cardoso im Mittelfeld das Heft in die Hand,

war eineinhalb Jahre lang die Schaltstelle des Kurzpassspiels. Zudem war Cardoso torgefährlich, erzielte insbesondere herrliche Freistoßtore. Lange zögerte er im Frühjahr 1995 die Entscheidung hinaus, um sich dann schließlich doch für einen Weggang aus Freiburg zu entscheiden. In seinen letzten Spielen war er, teils verletzungsbedingt, keine große Stütze der Mannschaft mehr. Insgesamt hatte er in Freiburg bei 63 Erstligaeinsätzen 28 Tore erzielt. Weder in Bremen, noch in Hamburg, wo er nach einem Intermezzo in Argentinien wieder auf der Gehaltsliste steht, fand Cardoso später zu einer seinen Freiburger Auftritten vergleichbaren Rolle.

Harry Decheiver (8.3.1970)

„Ich habe eingeschlagen wie eine Bombe und bin abgegangen wie eine Rakete", hat Harry Decheiver selbstironisch sein nur 15-monatiges Gast-

Decheiver

Diarra

spiel beim SC zusammengefasst. Mit seinen Toren half Decheiver entscheidend mit, den SC in der Saison 1995/96 vor dem Abstieg zu bewahren. In der darauf folgenden Saison musste der einst Gefeierte nach schwächeren Leistungen und einem verschossenen Elfmeter schon fast fluchtartig die Stadt verlassen. Decheiver kehrte noch einmal nach Freiburg zurück, doch der Verein einigte sich mit dem Spieler auf eine Vertragsauflösung. Decheiver (für Freiburg 41 Einsätze und 17 Tore) wechselte zur Saison 1997/98 zum FC Utrecht und tauchte in der Saison 1998/99 bei Borussia Dortmund nochmals in der Bundesliga auf, erzielte bei acht Einsätzen immerhin drei Treffer.

Boubacar Diarra (15.7.1979)
Diarra kam nach dem Bundesliga-Abstieg 1997 nach Freiburg. Der damals erst 18-jährige Malier hatte im ersten Jahr schwer damit zu kämpfen, sich an die physischen Belastungen im deutschen Profifußball anzupassen. Inzwischen ist der 1,84 Meter große Verteidiger zu einer der Stützen des Teams herangereift. In puncto Zweikampfverhalten gilt er als einer der besten Spieler in der gesamten Bundesliga. Doch auch spielerisch hat sich „Bouba" deutlich verbessert. Diarra besitzt die französische Staatsbürgerschaft und steht beim Sport-Club bis 2005 unter Vertrag.

Paul Dörflinger (23.1.1955)
Dörflinger wurde als Nachfolger für den 1978 zum Karlsruher SC abgewanderten Torjäger Wolfgang Schüler verpflichtet. Der Stürmer, der vom SV Weil kam, erzielte für den Sport-Club bis 1981 24 Tore und versuchte sein Glück auch in der ersten Liga beim MSV Duisburg und Hertha BSC Berlin. Da er sich dort wegen seiner Ver-

letzungsanfälligkeit nicht durchsetzen konnte (nur 14 Spiele und vier Tore), kehrte er nach Freiburg zurück. Hier erfuhr er im Herbst 1981 von seiner unheilbaren Krankheit. Paul Dörflinger starb im Mai 1982 an Darmkrebs. Der Sturmtank, dessen Kopfbälle und harten Schüsse gefürchtet waren, hatte mit seinen Treffern maßgeblichen Anteil daran, dass der SC 1979 nicht absteigen musste.

Volker Fass (6.2.1952)
Der Libero spielte bereits in den USA, ehe er 1978 für 55.000 DM vom Sport-Club angeheuert wurde. Wegen seiner eleganten Spielweise bekam er den Spitznamen „Franz" verpasst. Bis 1981 war der ehemalige Erstligaspieler der Offenbacher Kickers (46 Spiele) der SC-Abwehrchef. Bis 1985 spielte Fass noch beim Freiburger FC. Auch als praktizierender Orthopäde ist er Freiburg treu geblieben.

Michael Frontzeck (26.3. 1964)
Kam in der Winterpause der Abstiegssaison 1996/97. Für den 32-Jährigen, den Volker Finke als „Alternative für die linke Seite" wollte, mussten die Freiburger 200.000 DM Ablöse an den damaligen englischen Zweitligisten Manchester City bezahlen. Frontzeck absolvierte in Freiburg 32 Erstligaspiele und erzielte ein Tor; 29-mal lief er in der zweiten Liga auf (1 Tor). Im Winter 1999 kehrte er zu Borussia Mönchengladbach zurück, wo der

19fache Nationalspieler 1983 seine Bundesligakarriere begonnen hatte.

Oliver Freund (15.4.1970)
Als DFB-Pokalsieger kam Oliver Freund 1992 von Hannover 96 zum SC Freiburg. Weil ihn Trainer Finke aus der Oberliga Nord kannte, fand der in Lörrach aufgewachsene und als Jugendspieler beim FV Lörrach aktive Mann wieder zurück nach Südbaden. In der Aufstiegssaison gelang Freund der 100. Punktspieltreffer, außerdem erzielte er das erste Bundesligator des Sport-Club Freiburg. Mehrfach brachte er aber auch mit unnötigen Platzverweisen seine Mannschaftskollegen in unerfreuliche Situationen. 94 Erstligaeinsätze (3 Tore) und 31 Zweitligaeinsätze (5 Tore).

Willi Gäßler
Vor dem Stürmer Willi Gäßler hatten die Gegner des Sport-Clubs Anfang der dreißiger Jahre hohen Respekt. Der torgefährliche Mann spielte später noch für die beiden Münchner Teams 1860 und Bayern. Und wurde schließlich Musikprofessor.

Richard Golz (5.6.1968)
„Richie" wurde nach dem Wiederaufstieg in die Bundesliga 1998 verpflichtet. Er hatte trotz 273 Erstliga-Einsätzen seinen Stammplatz beim Hamburger SV an Hans-Jörg Butt verloren. In Freiburg war der gebürtige Berliner auf Anhieb die Nummer

Golz

eins und gehört seitdem zu den Führungsspielern im Verein. Zuweilen kam er sogar für die Nationalmannschaft ins Gespräch. In seinem Vertrag wird ihm zugesichert, am Ende seiner Laufbahn in das Management des Sport-Club einsteigen zu können.

Ali Günes (23.11.1979)
Ging aus A-Jugend des Sport-Club hervor. Der türkische U-21-Nationalspieler wurde nach seinem Debüt in der Zweitliga-Saison 1997/98 in Freiburg schnell zum Teenie-Schwarm. Wenn der laufstarke Mittelfeldspieler vor einem Match vom Stadionsprecher vorgestellt wurde, skandierten die Fans nach seinem Namen das Attribut „Fußballgott". Nach einer längeren Verletzungspause in der Saison 1999/2000 und einigen Meinungsverschiedenheiten mit Trainer Finke wechselte Günes (46 Bundesliga-Spiele, sechs Tore) zu Fenerbahce Istanbul.

Maximilian Heidenreich
(9.5.1967)
Als Maximilian Heidenreich 1993 nach Freiburg geholt wurde, galt er eigentlich schon als gescheitertes Talent. Bei Hannover 96, bei 1860 München, bei der Frankfurter Eintracht und beim FC Basel hatte der 24-Jährige bereits sein Glück versucht. Beim SC wurde „Maxi" zum „Mann mit dem tödlichen Pass" im Mittelfeld. Oder, bei Bedarf, zum umsichtigen Libero. 114-mal lief Heidenreich für den SC in der ersten Liga auf (4 Tore), 46-mal in der zweiten (7 Tore). Aus der Abstiegsmannschaft ausgeschieden, blieb seine Zeit beim VfL Wolfsburg ohne große Verdienste. Heidenreich ist nach Freiburg zurückgekehrt. Er ist mittlerweile Trainer des Verbandsligisten Freiburger FC und führt das Freiburger Ausflugslokal „St. Ottilien".

Jörg Heinrich (6.12.1969)
Er genoss die Fußballschule der ehemaligen DDR, lernte beim FC Velten/Brandenburg das beidfüßige Spiel. Kam zur Saison 1994/95 als 24-Jähriger zum SC Freiburg. Heinrich spielte drei Jahre in Ostfriesland und wechselte von Kickers Emden zum SC. Von den Trainern der Oberliga Nord war er dort gerade zum besten Spieler des Jahres gewählt worden. Heinrich kam vom zweiten Saisonspiel an hervorragend aus den Startlöchern, blieb eineinhalb Jahre in Freiburg, lieferte in

Heinrich

der erfolgreichen Saison 1994/95 begeisternde Leistungen ab und wurde als Aufsteiger der Saison in dieser Zeit Nationalspieler. Schon damals lag ein Angebot von Borussia Dortmund vor. Die Weigerung des SC Freiburg, Heinrich abzugeben, beeinträchtigte die Leistungsbereitschaft in der darauf folgenden Saison so sehr, dass sich der SC gezwungen sah, Heinrich im Januar 1996 doch nach Dortmund ziehen zu lassen (nach 41 Einsätzen / 7 Toren). Heinrich ist der bislang einzige Leistungsträger, der in anderen Vereinen das in Freiburg gezeigte Können in vollem Umfang bestätigen konnte. Nachdem er beim AC Florenz in der italienischen ersten Liga gespielt hatte, ist er wieder zu Borussia Dortmund zurückgekehrt.

„Holdi" Henger

Den „Sebastian Kehl" der zwanziger Jahre hat ihn Friedrich Würmelin genannt. Denn eine ähnlich zentrale

Funktion beim Spielaufbau hatte Henger inne. Der aus Gutach stammende Mann galt als ausgezeichneter Techniker. „Da ist jeder Pass angekommen", sagen alte SC'ler. Ein Tritt aufs Knie machte Henger zum Sportinvaliden. Nach dem Zweiten Weltkrieg machte sich Henger mit einem Eisen- und Schrotthandel in Lörrach selbstständig.

Lars Hermel (28.10.1970)

Bereits 1997 wollte Hermel das SC-Trikot überstreifen, doch sein Ex-Verein FSV Zwickau konnte sich mit der Führung der Breisgauer nicht über die Höhe der Ablösesumme einigen. So kam der Sachse erst ein Jahr später an die Dreisam. Dank seiner strategischen Fähigkeiten auf dem Platz verdrängte er Steffen Korell von der Liberoposition. Wegen zahlreicher Verletzungen kam Hermel, der es bis zum Sommer 2001 auf 58 Bundesliga-Spiele für den SC brachte, in seiner dritten Freiburger Spielzeit immer seltener zum Einsatz.

Alexander Iashvili (23.10.1977)

Spielte in Deutschland zuerst für den VfB Lübeck als Leihgabe. Der SC transferierte den georgischen Nationalspieler mitten in der Saison 1997/98 von Dynamo Tiflis nach Freiburg. Der schnelle und trickreiche Stürmer ist vor allem für großgewachsene und schwerfälligere Verteidiger ein Schrecken: Auf engstem

Iashvili

Raum kann er gleich zwei oder drei Gegenspieler austanzen. Wie wichtig Iashvili für den SC ist, wurde 1999 deutlich, als er wegen eines Kreuzbandrisses monatelang ausfiel. „Iashi", der manchmal auch als Lückenreißer und Vorbereiter glänzt, erzielte bis zum Sommer 2001 11 Bundesliga-Tore in 59 Einsätzen für den Sport-Club.

Nicola Jurcevic (14.9.1966)

Die größten Erfolge seiner Laufbahn hatte Jurcevic bereits hinter sich, als er 1995 nach Freiburg wechselte. Der kroatische Nationalspieler schaffte mit seinem Land die EM-Qualifikation und mit seinem Ex-Verein Casino Salzburg den Einzug ins Finale des UEFA-Pokals gegen Inter Mailand. In Freiburg durchlebte der Stürmer anderthalb durchwachsene Jahre, erwarb beim Klassenerhalt 1996 nicht die gleichen Meriten wie die mit ihm gekommenen Spieler Sutter und Decheiver und kam in der Saison 1996/97 nur noch sporadisch zum Einsatz. Insgesamt lief er 45-mal für den SC auf (5 Tore).

Sebastian Kehl (13.2.1980)

Das große Talent wechselte für nur 200.000 DM vom Zweitligisten Hannover 96 zum Sport-Club. Im zentra-

Blond gefärbte Hoffnungsträger: Sebastian Kehl (rechts) mit Tobias Willi.

len defensiven Mittelfeld avancierte der selbstbewusste U-21-Nationalspieler schnell zu einem Leistungsträger. Als Lohn für seine hervorragenden Auftritte im ersten Bundesliga-Jahr (25 Einsätze, 2 Tore) durfte er am 30. Mai 2001 in der deutschen A-Nationalmannschaft im Spiel gegen die Slowakei debütieren. Längst steht der kampfstarke sowie spielintelligente Kehl, der einen Vertrag bis 2003 besitzt, auf dem Einkaufswunschzettel u.a. der Münchner Bayern.

Levan Kobiashvili (10.7.1977)
War nach Iashvili der zweite Georgier in den Diensten des SC. Auch der Außenbahnspieler kam von Dynamo Tiflis in den Breisgau, spielte zuvor noch für Alania Wladikawkas in Russland. Der Linksfüßer zählt wegen seiner Ballsicherheit und abgeklärten Spielweise zu den besten SC-Spielern seit dem Wiederaufstieg. Der Mann, der in der georgischen Nationalmannschaft zu den festen Größen zählt und von einem Gastspiel in der spanischen Liga träumt, spielte bis zum Sommer 2001 90-mal für den SC in der Bundesliga und schoss dabei 16 Tore.

Ralf Kohl (28.10.1965)
Der „Kanzler" war der Einzige, der mit Trainer Volker Finke zusammen 10-jähriges Dienstjubliäum feiern durfte. 1991 als „spätberufener", fast 26 Jahre alter Amateur für 40.000 DM

vom FV Weinheim ins Profilager gewechselt, durchlebte der Dauerläufer im rechten Mittelfeld sämtliche Höhen und Tiefen der Finke-Ära. Mit großem Ehrgeiz spielte sich Kohl trotz Verletzungen immer wieder ins Team zurück. So kam er insgesamt auf 147 Erstligaeinsätze (12 Tore) sowie 86 Zweitligaspiele (3 Tore). Kohl gehört in der Saison 2001/02 zum Kader der Oberliga-Mannschaft des SC. Er bleibt auch nach seiner aktiven Karriere beim SC Freiburg und soll sich in der Jugendarbeit engagieren.

Joachim Löw (3.2.1960)
1978 von Eintracht Freiburg zum Sport-Club gekommen, wurde der technisch versierte Jugendnationalspieler bereits 1980 für etwas mehr als 500.000 DM an den VfB Stuttgart verkauft, wo er sich gleich in einem Freundschaftsspiel das Schienbein brach. Von 1981 bis 1982 spielte er bei Eintracht Frankfurt, ehe er zum SC zurückkehrte. 1985 wechselte „Jogi" für eine Saison zum KSC, um dann bis 1989 seine Torgefährlichkeit erneut in den Dienst des Sport-Clubs zu stellen. Löw beendete seine Fußballerkarriere in der Schweiz und wurde Trainer. Als Coach führte er den VfB Stuttgart 1997 zum Gewinn des DFB-Pokals und 1998 in das Endspiel um den Europapokal der Pokalsieger. Für den SC Freiburg erzielte Löw 81 Zweitliga-Tore.

Rolf Maier (11.4.1960)
SC-Präsident Stocker entdeckte den Defensivspieler 1980 beim FV Biberach. Der kampfstarke Schwabe spielte bis 1991 an der Dreisam, ohne für den Sport-Club je ein Tor in einem Punktspiel zu erzielen. Wegen seiner gnadenlosen Tacklings war „Rollo", wie ihn die Fans liebevoll nannten, beim Publikum sehr beliebt. Der ehemalige Jugendnationalspieler mit den langen blonden Haaren und seinem Schnauzer als Markenzeichen verkörperte dank seines Einsatzwillens und seiner Vereinstreue wie kaum ein Zweiter den Sport-Club während dessen Zweitliga-Zugehörigkeit.

Oskar Müller
Der erste Star des SC Freiburgs, beziehungsweise von seinen Vorläufern, war ein Sturmtank, ein Mittelstürmer, der gerne den direkten Weg zum Tor wählte. 1914 stand der damals erst 21 Jahre alte Müller sogar bei einem Freundschaftstreffen gegen die Schweiz (2:1) in der Nationalmannschaft. Angebote anderer Vereine wie das des FC Aarau lehnte Müller stets ab und blieb zeit seines Lebens vereinstreu. Schon früh starb er 44-jährig an einer Lungenembolie.
(Siehe auch Porträt S. 28.)

Stefan Müller (8.3.1974)
Seinen ersten Vertrag unterzeichnete Müller als Amateur beim Sport-Club bereits 1993. Der gebürtige Schopf-

heimer gilt als ein ruhiger und bescheidener Profi. Der ehemalige U-21-Nationalspieler hat sich kontinuierlich weiter entwickelt und schaffte in der Zweitliga-Saison 1997/98 den endgültigen Durchbruch beim SC. Bis zum Beginn der Saison 2001/02 brachte er es auf 88 Bundesliga-Einsätze und erzielte dabei fünf Tore. In den beiden hochtalentierten Verteidigern Boubacar Diarra und Oumar Kondé hat der kopfballstarke Stefan Müller allerdings auf seiner Position zwei exzellente Konkurrenten.

Karsten Neitzel (17.12.1967)
Mit dem Junioren-Auswahlteam der ehemaligen DDR wurde Karsten Neitzel 1986 Europameister, ein Jahr später mit der U-20 in Chile Dritter der Weltmeisterschaft. Zum SC kam der gebürtige Dresdner, der für Robotron Radeberg und Dynamo Dresden spielte, in der Saison 1994/95

für 300.000 DM von den Stuttgarter Kickers. Er absolvierte für Freiburg 18 Erstligaspiele. Neitzel blieb im Verein und ist mittlerweile Trainer der in der Oberliga spielenden SC-Amateure.

Miran Pavlin (8.10.1971)
1997 entdeckten die SC-Späher Pavlin bei Dynamo Dresden. Der defensive Mittelfeldspieler (30 Bundesliga-Spiele, ein Tor) bestach in Freiburg zwei Jahre lang dank seines Einsatzwillens und seiner Zuverlässigkeit vor allem in der Abwehrarbeit. Unzufrieden über seine Reservistenrolle im zweiten Bundesliga-Jahr, ließ sich der slowenische Nationalspieler an den Karlsruher SC ausleihen. Für 1,8 Mio. DM verpflichtete ihn nach der Europameisterschaft 2000 der FC Porto.

Altin Rraklli (17.7.1970)
Als Altin Rraklli zum SC Freiburg wechselte, war der albanische Nationalspieler in seiner Heimat schon zweimal Torschützenkönig gewesen. Ein albanischer Freiburger Politikwissenschaftler und eine Gemeinderätin gehörten zu den Strippenziehern beim preiswerten Transfer in den Schwarzwald. Der 1,74 Meter große, bisweilen schon zu temperamentvolle Stürmer war bald der Publikumsliebling und im Aufstiegsjahr 1993 der treffsicherste Freiburger Spieler. In der Bundesliga konnte er jedoch nur noch in den ersten beiden Jahren seine Stärken unter Beweis stellen. In der dritten Saison spielte er nur noch einmal über die volle Distanz. So wurde er in der Winterpause an Hertha BSC ausgeliehen. Mittlerweile spielt Rraklli beim Zweitligisten Unterhaching, trifft wieder häufiger, dürfte seine Freiburger Zeit aber nach wie vor als Höhepunkt seiner Vereinskarriere betrachten. Hier brachte er es auf 49 Einsätze in der ersten Liga (6 Tore) und 36 in der zweiten (16 Tore).

Souleyman Sané (26.2.1961)
Sané stammt aus Senegal, diente aber bei den französischen Streitkräften in Donaueschingen, bevor ihn Stocker nach Freiburg lockte. „Sammy" lebte von seiner Schnelligkeit und seinem Torinstinkt. In drei Spielzeiten erzielte der Stürmer 55 Tore für den Sport-Club. Er wurde 1988 für 650.000 DM an den 1. FC Nürnberg verkauft, später stürmte der senegalesische Nationalspieler auch noch für die SG Wattenscheid 09. Sané, der es in der Bundesliga auf 174 Einsätze und 51 Tore brachte, beendete seine Fußballerlaufbahn in Österreich.

Jörg Schmadtke (16.3.1964)
Der in Vorbereitungsspielen und Schlussminuten auch schon mal im Sturm eingesetzte Schlussmann kam in der Saison 1993/94 vom Oberligist Fortuna Düsseldorf und galt dort als Rädelsführer eines Spieleraufstands. Die Begeisterung der Fans für den Torhüter führte dazu, dass ein Schaf

auf dem Freiburger Tiergehege „Mundenhof" „Schmadtke" getauft wurde. Nachdem er in der Bundesliga das Freiburger Tor 131-mal gehütet hatte, musste Schmadtke den Verein nach dem Abstieg verlassen. Er spielte bis 1998 in Leverkusen, bevor er 1999 als Ersatz-Torwart bei Borussia Mönchengladbach seine aktive Karriere beendete, wo er zudem als Co-Trainer arbeitete. Insgesamt bestritt Schmadtke 266 Bundesliga-Spiele. In der Spielzeit 2000/01 war er beim VfR Neuss noch kurzzeitig Trainer seines ehemaligen Mannschaftskameraden Uwe Spies. Schmadtke beendete das erfolglos gebliebene Engagement dort jedoch noch vor der Winterpause, um „der Mannschaft nicht im Wege zu stehen". Ab Dezember 2001 ist er bei Alemannia Aachen als Sportdirektor tätig.

Daniel Schumann (13.2.1977)

Als Schumann 1997 seinen ersten Vertrag beim Sport-Club unterzeichnete, hatte er zunächst Pech. Wegen Leistenproblemen gelang dem Talent aus der Nachwuchsschmiede von Bayer Leverkusen nur schwer der Sprung in die Stammelf. Allerdings spielte der Computerfreak ein Jahr später eine sehr starke Saison als Manndecker und war eine feste Stütze in der deutschen U-21-Nationalmannschaft. Wenn auch nicht immer erste Wahl, ist der sachliche und zweikampfstarke Verteidiger eine wichtige Größe im SC-Kader.

Karl-Heinz Schulz (21.12.1955)

„Charly" wagte nach dem Abstieg des Freiburger FFC 1983 den Wechsel zum Sport-Club. Beim FFC war er der treue Helfer an der Seite Bentes gewesen, beim Sport-Club avancierte er zum „Denkmal" der Fans. Er war kein genialer Fußballer, aber ein zuverlässiger Leistungsträger, der stets die Volksnähe bewahrte. Als Volker Finke ihn 1991 zum Aufhören überredete, zog sich der junge Trainer den Unmut vieler Anhänger zu: Schulz, der 21 Tore für den SC erzielte, hat seinen Platz als einer der populärsten Spieler in der SC-Geschichte.

Fritz Seckinger

Mittelstürmer, Spielführer und Vereinschef beim SC-Vorläufer Freiburger Fußballverein 04. War mit seinem gefürchteten Außenrist im Fußball-Freiburg vor dem Ersten Weltkrieg Namenspatron für den Begriff „Seckinger-Schuss".

Adel Sellimi (16.11.1972)
Der Nordafrikaner kam unmittelbar vor Beginn der Saison 1998/99 zum SC Freiburg. Nach einem unbefriedigenden Anpassungsjahr explodierte der auf dem Spielfeld enorm fleißige und lauffreudige tunesische Nationalspieler leistungsmäßig: Bis zum Sommer 2001 erzielte er in 83 Spielen 22 Tore für den Sport-Club und war so der torgefährlichste Freiburger Spieler seit dem Wiederaufstieg.

Mehdi Ben Slimane (5.1.1973)
Wie sein Landsmann Baya fiel Ben Slimane dem SC-Trainer Finke bei der Endrunde um den Afrika-Pokal 1997 auf. Der sympathische Tunesier war einer der Lieblinge der Freiburger Galerie und erzielte in der zweiten

Liga sechs Tore für seinen neuen Verein. Der schnelle und schussstarke, aber auch sensible Stürmer, der sich bei der WM 1998 verletzte, konnte in der Bundesliga die in ihn gesetzten Erwartungen aber nicht wirklich erfüllen. In 44 Spielen brachte er es lediglich auf fünf Treffer.

Martin Spanring (14.10.1969)
Für eine Leihgebühr von 75.000 DM war Martin Spanring im Oktober 1993 von Fortuna Düsseldorf nach Freiburg gekommen. Der Verteidiger war bei 1860 München „groß geworden" und hatte vor seinem Gastspiel in Freiburg für Schalke 04 und Fortuna Düsseldorf 50 Bundesligaeinsätze absolviert. Mit seiner großen Klappe habe er sich oft zu weit aus dem Fenster gelehnt, sagte Spanring über seine Jahre in Nordrhein-Westfalen. In Freiburg nutzte der bereits Ausgemusterte seine Chance, spielte 92 Erstligapartien (7 Tore) und schaffte es bis auf die Auswechselbank der Nationalmannschaft. Spanring verließ den Verein nach dem Abstieg 1997 in Richtung Stuttgart, konnte beim VfB aber nicht mehr an die in Freiburg gezeigten Leistungen anknüpfen. Nach einem missglückten Intermezzo beim türkischen Erstligisten Bursaspor lebt Spanring derzeit wieder in Freiburg und ist aufgrund einer Sperre des türkischen Fußballverbandes derzeit nicht spielberechtigt.

Uwe Spies (8.7.1967)
Ein Torjäger im herkömmlichen Sinn
war Uwe Spies nie. Lieber schlug er
einen Haken zuviel, wohl wissend,
dass er den Ball so perfekt abschirmt,
dass der Gegenspieler hinter ihm
sowieso gerade verzweifelt. Seine
Spielweise trug dem 1990 vom SSV
Ulm gekommenen Mann aus Ried-
lingen begeisterte „Uwe, Uwe"-Rufe
und die Ehrenspielführerbinde der
Bunten Liga ein. Der Student der
Wirtschaftsmathematik galt als
„Strafraum-Melancholiker", als bestes
Beispiel dafür, dass die Freiburger
Kicker eben doch alle irgendwie links
und intellektuell seien. Die Anti-
Spies-Fraktion stöhnte hingegen,
sobald er in Ballbesitz kam, so laut
auf, dass Spies es meinte hören zu
können. Jedenfalls absolvierte er in
Freiburg 80 Erstliga- und 108 Zweitligaspiele, in denen er insgesamt 53
Tore erzielte. Nach reiflicher Überle-
gung verließ Spies den Verein 1997
und schnürte seine Kickschuhe drei
Jahre lang für den MSV Duisburg.
Beim VfR Neuss wollte er sich in der
Spielsaison 2000/01 nur fithalten,
kam dann doch zu ein paar Einsätzen
und musste die Runde nach einer
Knöchelverletzung beenden. Zur Saison 2001/02 ist Spies gemeinsam mit
seinem ehemaligen SC-Mannschafts-
kameraden Thomas Schmidt zu seinem „Heimatverein", dem SSV Ulm,
zurückgekehrt. Dort hat er nach
wenigen Wochen die aktive Karriere
beendet und ist Leiter der Fußball-
Abteilung geworden.

Michael Sternkopf (21.4.1970)
In einer sportlichen Krisensituation
wurde Sternkopf vom Sport-Club im
November 1996 unter Vertrag genommen. Die Ablösesumme an
Borussia Mönchengladbach betrug
600.000 DM. Zuvor hatte er bei mehreren Bundesligisten sein Glück versucht. Vom KSC wechselte „der Gullit
vom Wildpark" mit dem Nimbus
eines großen Talents zum FC Bayern
München, wurde dort seinem Ruf
nicht gerecht und konnte sich auch
bei Borussia Mönchengladbach nicht
richtig durchsetzen. „Er ist nicht der
Retter-Typ, kann uns aber eine Hilfe
sein", meinte Volker Finke über den
Neuzugang, der im Sommer 1997 den
Verein nach 16 Einsätzen schon wieder in Richtung Bielefeld verließ.

Axel Sundermann (23.1.1968)
Mit Hannover 96 wurde Sundermann 1992 deutscher Pokalsieger. Der aus der Handballstadt Lemgo stammende kopfballstarke Verteidiger kam im Sommer 1994 für 650.000 DM aus Niedersachsen nach Freiburg und trug zur Stärkung des Freiburger Defensivverhaltens bei. Als der SC schon mit seiner Vertragsverlängerung gerechnet hatte, wechselte Sundermann nach 66 Einsätzen im SC-Trikot (3 Tore) am Ende der Saison 1996/97 doch zum VfL Bochum, wo er nach wie vor spielt.

Alain Sutter (22.1.1968)
Sutter war die erste von drei Nachverpflichtungen, mit denen der Verein auf die sportliche Misere der Saison 1995/96 reagierte. Der Schweizer Nationalspieler spielte in den Überlegungen seines damaligen Arbeitgebers Bayern München keine Rolle mehr. „Wir geben keinen Spieler ab, mit Ausnahme von Sutter", hatte Manager Uli Hoeneß verkündet. „Ich habe nicht in diesen Verein gepasst", sagte Sutter. In Freiburg nutzte der eigenwillige Spielmacher anfangs seine Chance und konnte dem darniederliegenden Offensivspiel wieder kreative Impulse geben. In der Abstiegssaison 1996/97 gefiel Sutter aber fast nur noch in den Heimspielen. Er kehrte dem Verein nach 45 Einsätzen (5 Tore) noch vor Rundenende den Rücken, um das Trikot der Dallas Burns (Texas) zu tragen.

Ibrahim Tanko (25.7.1977)
Der Ghanaer hatte seine Dauerreservistenrolle bei Borussia Dortmund satt und heuerte im Winter 2000 beim Sport-Club an. Fast zur gleichen Zeit wurde er bei einer Dopingprobe des Haschischkonsums überführt. Seine Aussage, dass es sich um eine einmalige Sache gehandelt hätte, befreite ihn nicht von einer Sperre bis zum 1. April 2001, rettete ihm aber den Vertrag bei den Breisgauern. Nach seiner Sperre stand der Offensivspieler in der Saison 2000/01 noch fünfmal für den SC Freiburg auf dem Platz und schoss dabei ein Tor.

Jens Todt (5.1.1970)
Gemeinsam mit Volker Finke, unter dem er schon beim TSV Havelse trainiert hatte, kam Jens Todt 1991 nach Freiburg. Der kopfballstarke Mittelfeldspieler wurde zu einer der tragen-

Todt

den Figuren des Freiburger Aufstiegs und schließlich auch zum Nationalspieler. Neben seinen spielerischen Fähigkeiten schätzen Weggefährten besonders die Integrität Todts. Nachdem er mehrere Angebote ausgeschlagen hatte, verließ Todt den Verein 1996 in Richtung Bremen. In Freiburg hatte er 95 Erstliga- und 73 Zweitligaspiele absolviert, in denen er 14 bzw. 15 Tore erzielte. „Wenn Jens Todt nach fünf Jahren Freiburg noch einmal etwas anderes sehen will, sollte man ihm das glauben", sagte sein Teamkollege Uwe Spies über den Wechsel. So richtig glücklich wurde Todt beim SV Werder allerdings nicht. „Volker Finke verstand es besser, mich da einzusetzen, wo meine größten Stärken liegen." Derzeit spielt Todt beim VfB Stuttgart. Mehrfach hat er schon sein Können als Autor bewiesen und überlegt, nach seiner aktiven Laufbahn als Journalist zu arbeiten.

Uwe Wassmer (22.1.1966)
Immer wird er der Mann bleiben, der drei Tore gegen den FC Bayern München erzielte. Der Südbadener aus Wehr wurde vom SC Freiburg am 13. September 1992 für etwa 250.000 DM vom FC Aarau nachverpflichtet, um einen Ersatz für den verletzten Uwe Spies zu besitzen. Wassmer hatte in der Jugend beim FC Wehr gespielt und war dann von Ottmar Hitzfeld zum FC Aarau geholt worden. Nach einem einjährigen Gastspiel bei Schalke 04 und einem Intermezzo beim FC Basel war er wieder dorthin zurückgekehrt. Wassmer erwies sich in Freiburg zunächst als sehr torgefährlich, fand nach einer Verletzung aber nicht mehr zu alter Form. Er verließ den Verein in Richtung Waldhof Mannheim und kehrte als Neuzugang des SV Endingen wieder ins Südbadische zurück. Seine Bilanz für den SC Freiburg: 93 Erstligaspiele (23 Tore) und 25 Zweitligaspiele (7 Tore).

Franz Weber (12.8.1957)
Weber kam 1984 von der Spvgg Fürth nach Freiburg. Der linke Mittelfeldspieler, der bis 1989 20 Tore für den Sport-Club erzielte, beeindruckte das Publikum mit seiner eleganten Technik, seiner Spielintelligenz und seinem fairen Verhalten gegenüber Gegnern und Schiedsrichtern. Der Sportsmann vom Scheitel bis zur Sohle wechselte nach seiner Freiburger Zeit nach Ingolstadt.

Marco Weißhaupt (24.6.1972)
Der gebürtige Nordhausener hatte es in der Bundesliga zuerst beim Hamburger SV versucht. Nach nur 13 Einsätzen kehrte er zu Rot-Weiß Erfurt in den Osten zurück und wurde dort Torschützenkönig in der Regionalliga. Der wendige und kombinationsfreudige offensive Mittelfeldspieler, der 1997 nach Freiburg kam, hatte mit seinen 16 Toren maßgeblichen Anteil am Wiederaufstieg in die Bundesliga. Hier war er aber im Laufe der Zeit häufig nur noch zweite Wahl, so dass er sich nach 79 Erstliga-Einsätzen (9 Tore) im Sommer 2001 für einen Wechsel zu Hansa Rostock entschied.

Günter Wienhold (21.8.1947)
Als Torhüter hatte Wienhold bereits 69 Erstliga-Spiele für Eintracht Frankfurt absolviert, als er 1978 zum Sport-Club kam. Dank seiner Klasse und Routine hatte er einen Löwenanteil daran, dass der Aufsteiger den Klassenerhalt schaffte. Als unumstrittene Nummer eins im Tor bis 1985 sicherte er dem SC im Lauf der Jahre viele Punkte. Der auf dem Platz impulsive und enorm ehrgeizige Keeper blieb bis 1991 dem Verein als Torwarttrainer treu.

Tobias Willi (14.12.1979)
In der Saison 1999/2000 schaffte Willi den Sprung in die Stammelf der Freiburger. Das SC-Eigengewächs, dessen Vater Reinhard bereits für den Verein in den siebziger Jahren gespielt hatte, profitiert auf der rechten Außenbahn vor allem von seiner Einsatzfreude und Schnelligkeit. Dank dieser Stärken wurde er in die U-21-Nationalmannschaft berufen und gilt nach 56 Bundesliga-Einsätzen im Sommer 2001 als einer der Wunschkandidaten des FC Bayern München.

Karl-Heinz Wöhrlin (21.7.1957)
Wöhrlin war nach dem Aufstieg des SC in die zweite Liga vom BSV Schwenningen nach Freiburg gekommen. Der offensivfreudige Verteidiger (5 Tore) blieb bis 1984 und ging dann zu Bayer Uerdingen und 1987 zum Karlsruher SC. Insgesamt absolvierte er 122 Erstliga-Spiele. Der Techniker, der im Spiel das Risiko nicht scheute und vor allem das Dribbling liebte, war sogar auf dem Sprung in die Nationalmannschaft. Seine lockere Art sowie seine Spielweise brachten ihm den Spitznamen „Brasilianer" ein.

Gábor Zele (8.7.1954)
Auf Empfehlung des Liberos Volker Fass wurde der gebürtige Ungar zum Sport-Club geholt. Davor hatte Zele bei Twente Enschede in den Niederlanden und dem FSV Frankfurt gespielt. Bis 1986 interpretierte er im Dreisam-Stadion die Rolle des resoluten Vorstoppers und Manndeckers, der manchmal auch torgefährlich werden konnte (7 Treffer). Vom Sport-Club wechselte Zele zum südbadischen Verbandsligisten SC Friesenheim.

ist bitter, die Mannschaft nach einem Abstieg zu verlassen", sagte Zeyer im April 1997. Nach achtjähriger Tätigkeit für den SC hatte er sich zu einem Wechsel zum Hamburger SV entschlossen. Nach wenig erfolgreichen Gastspielen in Hamburg, Bochum und Karlsruhe ist Zeyer 2000 nach Freiburg zurückgekehrt und knüpfte wieder an die einst gezeigten Leistungen an. Im Sommer 2001 war er mit 182 Erstligaeinsätzen (23 Tore) sowie 134 Zweitligaeinsätzen (15 Tore) für die Finke-Ära der unbestritten Rekordspieler.

Andreas Zeyer (9.6.1968)
Als intelligenter Mannschaftsspieler par excellence passte Zeyer ideal in das taktische System von Volker Finke. Gemeinsam mit seinem Zwillingsbruder Michael wechselte Andreas Zeyer 1989 vom SSV Ulm nach Freiburg. Er gehörte, obwohl er selten die Schlagzeilen bestimmte, konstant zu den Stützen der Mannschaft. „Es

Der SC Freiburg in der Meisterschaft

Platzierungen, Tabellen, Kader

Sind zwei Zahlenverhältnisse angegeben, beschreibt das erste das Tor- und das zweite das Punkteverhältnis.

1904/1905
B- Klasse Oberrhein: Meister: FV 04 Freiburg

1905/1906
B- Klasse Oberrhein: Meister: FV 04 Freiburg

1906/ 1907
B-Klasse Oberrhein: Teilnehmer:
FV 04 Freiburg

1907/1908
B-Klasse Oberrhein:
3. FV 04 Freiburg 5:11, 2:6
C-Klasse Oberrhein:
1. FC Mars Freiburg 24:13, 14:6

1908/ 1909
B-Klasse Oberrhein, Bezirk 2:
2. FV 04 Freiburg 17:11, 7:5
4. FC Mars Freiburg 7:25, 3:9

1909/1910
B-Klasse Oberrhein, Bezirk 2:
1. FV 04 Freiburg
Teilnehmer: FC Union Freiburg
Gaumeisterschaft:
Frankonia Straßburg - FV 04 Freiburg 3:3
FV 04 Freiburg - Frankonia Straßburg 2:1
Spiele um Meisterschaft B-Klasse Südkreis:
FV 04 Freiburg - FV Zuffenhausen 1:5
FV Zuffenhausen - FV 04 Freiburg 3:3
FV Beiertheim - FV 04 Freiburg 3:0

1910/1911
B- Klasse Oberrhein, Bezirk 2:
Teilnehmer: SV 04 Freiburg,
FC Union Freiburg

1911/ 1912
B-Klasse Oberrhein, Bezirk 2:
2. FC Union Freiburg 16:12, 8:4
(aufstiegsberechtigt)
3. 4. SV 04 Freiburg 7:23, 1:11

FC Union Freiburg und SV 04 Freiburg fusionieren zum SC Freiburg.

1912/1913
A-Klasse Bezirk 1:
4. SC Freiburg 15:20, 10:10
B-Klasse Oberrhein, Bezirk 2, Staffel 1:
Teilnehmer: SC Freiburg II

1914 und 1915
Kein offizieller Spielbetrieb.

Frühjahrsmeisterschaft 1916
Keine Teilnahme des SC Freiburg.

Herbstmeisterschaft 1916
2. SC Freiburg 18:12, 7:5

Frühjahrsmeisterschaft 1917
Gau Oberrhein Endspiel:
SC Freiburg - SV Straßburg 2:1
(auf neutralem Platz in Offenburg)
Endspiel Südkreismeisterschaft:
SC Freiburg - SC Stuttgart 1:8 (in Karlsruhe)

Frühjahrsmeisterschaft 1918
Gau Oberrhein: 1. SC Freiburg 6:4, 4:0

Herbstmeisterschaft 1918
2. SC Freiburg 9:7, 3:1

1919/20
A-Klasse Gau Oberrhein:
1. FT/ SC Freiburg 65:7, 24:0
Aufstiegsrunde zur Kreisliga:
2. FT/ SC Freiburg 6:6, 3:5 (Aufsteiger)

1920/21
Kreisliga Südwest
6. FT/SC Freiburg 23:23, 18:18
A-Klasse Gau Oberrhein:
7. FT/ SC Freiburg 30:24, 16:12

1921/22
Kreisliga Südwest, Staffel 1:
4. FT /SC Freiburg 33:20, 17:11

1922/23
Kreisliga Südwest:
6. FT/SC Freiburg 22:31, 11:17 (Absteiger)

1923/24
Kreisliga Südbaden:
1. FT/ SC Freiburg 69:14, 27:5
Aufstiegsrunde zur Bezirksliga:
1. FT/ SC Freiburg 20:11, 11:5 (Aufsteiger)

1924/25
Bezirksliga Württemberg/Baden:
7. SC Freiburg 13:31, 8:20 (Absteiger)

1925/26
Kreisliga Südbaden:
1. SC Freiburg 91:19, 28:4
Aufstiegsrunde zur Bezirksliga:
2. SC Freiburg 16:18, 14:6 (Aufsteiger)

1926/27
Bezirksliga Württemberg/ Baden:
5. SC Freiburg 49:44, 17:19

1927/28
Bezirksliga Württemberg/Baden,
Gruppe Baden:
3. SC Freiburg 32:17, 19:9
Runde der Zweiten und Dritten,
Gruppe Südost:
5. SC Freiburg 25:29, 15:13
(hinter Wacker München, FC Nürnberg, TSV
1860 München und VfB Stuttgart)

1928/29
Bezirksliga Württemberg/Baden,
Gruppe Baden:
4. SC Freiburg 29:32, 15:13

1929/ 30
Bezirksliga Württemberg/Baden,
Gruppe Baden:
7. SC Freiburg 23:38, 8:20

1930/31
Bezirksliga Württemberg/Baden,
Gruppe Baden:
7. SC Freiburg 19:36, 11:17

1931/32
Bezirksliga Württemberg/Baden,
Gruppe Baden:
4. SC Freiburg 50:48, 18:18

1932/33
Bezirksliga Württemberg/Baden,
Gruppe Baden:
6. SC Freiburg 33:36, 18:18

1933/34
Gauliga Baden:
10. SC Freiburg 21:54, 6:30 (Absteiger)

1934/35
Bezirksliga Oberbaden, Kreise 3 und 4:
1. SC Freiburg 61:14, 29:3

1935/36
Bezirksliga Oberbaden, Kreise 3 und 4:
1. SC Freiburg 56:17, 29:7

Qualifikation zur Aufstiegsrunde Gauliga Baden u. Bezirksligameistersch. Oberbaden:
Kehler FV - SC Freiburg 1:1
SC Freiburg - Kehler FV 3:0
Aufstiegsrunde zur Gauliga Baden:
4. SC Freiburg 6:1, 2:10

1936/37
Bezirksliga Freiburg Süd, Kreise 8 und 9:
1. SC Freiburg 60:21, 30:6

1937/38
Bezirksliga Freiburg, Kreise 8 und 9:
1. SC Freiburg 59:26, 27:5
Aufstiegsrunde zur Gauliga Baden, Gruppe Süd:
2. FT/ SC Freiburg 14:8, 4:4

1938/39
Bezirksliga Freiburg, Kreise 8 und 9:
4. FT/ SC Freiburg 39:43 14:18

1939/40
2. FT/ SC Freiburg 22:16, 12:4

1940/41
Bezirksliga 8 Breisgau:
1. FT/ SC Freiburg 50:15, 18:4 (Aufsteiger)

1941/42
Bereichsliga Baden-Süd:
6. FT/ SC Freiburg 23:34, 4:16 (Absteiger)

1942/43
Bezirksliga 8 Breisgau:
2. FT/SC Freiburg 16:13, 8 :4 (Aufsteiger)

1943/44
Bereichsliga Baden-Süd:
6. FT/ SC Freiburg 12:42, 3:17

1944/45
Kein Ligaspielbetrieb

Landesliga-Südbaden, Staffel West 1946

1. FV Rastatt	51:26	26:6
2. Freiburger FC	72:15	26:6
3. FT/SC Freiburg	**39:24**	**22:8**
4. Lahrer FV	35:30	15:17
5. Offenburger FV	33:31	14:18
6. FV Emmendingen	26:37	12:20
7. SpVgg Wiehre	33:67	12:20
8. Stadt Baden-Baden	30:48	8:24
9. Kickers Haslach	20:50	7:23

In die Zonenliga Süd steigen auf: FV Rastatt, FT/SC Freiburg, Offenburger FV und der FC Konstanz (aus der Landesliga Südbaden, Staffel Ost)

Zonenliga Süd 1946/47

1. VfL Konstanz	27:19	20:8
2. SSV 1946 Reutlingen	41:23	17:11
3. SpVgg Offenburg	20:20	15:13
4. Spgde. Friedrichshafen	27:27	15:13
5. SV Rastatt	23:23	14:14
6. VfL Schwenningen	40:37	13:15
7. VfL Freiburg	**32:30**	**12:16**
8. SV Biberach	26:66	6:22

VfL Konstanz spielt um die Meisterschaft der französischen Zone:
1. FC Kaiserslautern – VfL Konstanz 8:1
VfL Konstanz – 1. FC Kaiserslautern 4:8
SG Eintracht Singen, Fortuna Freiburg, SpVgg Trossingen und SV Laupheim steigen in die Zonenliga Süd auf.

Zonenliga Süd 1947/48

1. SV Rastatt	53:19	33:11
2. SpVgg Offenburg	47:25	32:12
3. SG Eintracht Singen	44:21	25:19
4. VfL Konstanz	40:30	25:19
5. Fortuna Freiburg	39:32	25:19
6. VfL Schwenningen	41:34	24:20
7. SSV 1946 Reutlingen	38:37	23:21
8. Spgde. Friedrichshafen	39:37	21:23
9. VfL Freiburg	**30:31**	**21:23**

10. SV Biberach	32:43	18:26
11. SpVgg Trossingen	15:46	10:34
12. SV Laupheim	14:77	7:37

Spiele um die Zonenmeisterschaft:
SV Rastatt – 1. FC Kaiserslautern 0:3
1. FC Kaiserslautern – SV Rastatt 6:1

Qualifikationsspiele zur Deutschen Meister-
schaft:
SpVgg Offenburg – TuS Neuendorf 0:2
TuS Neuendorf – SpVgg Offenburg 5:1
TuS Neuendorf – SV Rastatt 3:1
Absteiger: SpVgg Trossingen, SV Laupheim
Aufsteiger: SV Tübingen, ASV Villingen

Zonenliga Süd 1948/49

1. Fortuna Freiburg	49:28	31:13
2. SV Tübingen	48:25	31:13
3. ASV Villingen	37:28	26:18
4. SG Eintracht Singen	34:22	24:20
5. SV Rastatt	53:54	23:21
6. SSV 1946 Reutlingen	34:26	22:22
7. VfL Schwenningen	31:40	21:23
8. VfL Konstanz	40:37	20:24
9. VfL Freiburg	**31:39**	**20:24**
10. Sgde. Friedrichshafen	40:51	20:24
11. SV Biberach	32:52	16:28
12. SpVgg Offenburg	26:53	10:34

Entscheidungsspiel um die Meisterschaft:
Fortuna Freiburg – SV Tübingen 5:0 (in
Schwenningen)

Spiele um die Zonenmeisterschaft:
1. FC Kaiserslautern – Fortuna Freiburg 4:0
Fortuna Freiburg – 1. FC Kaiserslautern 3:6

Qualifikationsspiel zur Deutschen Meisterschaft: Fortuna Freiburg – Wormatia Worms
0:3 (in Rastatt)

Aufsteiger: SV Kuppenheim, FV Ebingen,
Lahrer FV, SpVgg Trossingen, SV Hechingen

Zonenliga Süd 1949/50

1. SSV Reutlingen	74:33	46:14
2. SV Tübingen	67:36	41:19
3. FC Singen 04	63:34	41:19
4. Freiburger FC	61:35	40:20
5. VfL Konstanz	66:38	36:24
6. SV Kuppenheim	66:62	36:24
7. FV Ebingen	46:39	34:26
8. FC Rastatt 04	59:48	33:27
9. FC 08 Villingen	60:57	29:31
10. Lahrer FV	47:55	27:33
11. Offenburger FV	37:54	27:33
12. FT/SC Freiburg	**52:63**	**24:36**
13. VfR Schwenningen	53:67	21:39
14. VfB Friedrichshafen	35:64	21:39
15. SpVgg Trossingen	48:63	18:42
16. SV Hechingen	27:113	6:54

Qualifikationsspiele zur Deutschen Meister-
schaft:
TuS Neuendorf – Freiburger FC 4:1
Freiburger FC – TuS Neuendorf 1:2

Für die Oberliga qualifiziert: SSV Reutlingen,
FC Singen 04.
Für die 2. Liga Süd qualifiziert: SV Tübingen,
Freiburger FC, VfL Konstanz.

Für die 1. Amateurliga Südbaden qualifiziert:
SV Kuppenheim, FC Rastatt 04, FC 08 Villingen, Lahrer FV, Offenburger FV, FT/SC Freiburg.

1. Amateurliga Südbaden 1950/51

1. FC 08 Villingen	77:29	41:19
2. SV Kuppenheim	63:31	39:21
3. SC Baden-Baden	73:42	37:23
4. FC Rastatt 04	59:47	36:24
5. FT/SC Freiburg	**73:51**	**34:26**
6. SV Schopfheim	67:51	34:26
7. Offenburger FV	77:48	33:27
8. Lahrer FV	56:50	32:28
9. FV St. Georgen	65:61	31:29

10. SV Weil	63:65	31:29
11. VfR Achern	56:62	31:29
12. RW Lörrach	63:57	30:30
13. SpV Rheinfelden	49:55	28:32
14. ASV Freiburg	49:80	25:35
15. SV Ottenau	30:115	15:45
16. BW Freiburg	24:100	3:57

Aufstiegsspiele zur 2. Liga Süd:
ASV Freudenheim – FC 08 Villingen 2:0
FC 08 Villingen – ASV Freudenheim 2:0
FC 08 Villingen – ASV Freudenheim 0:1 n.V.
(in Pforzheim)

Absteiger aus der 2. Liga Süd: VfL Konstanz
Absteiger in die 2. Amateurliga: SV Ottenau,
BW Freiburg
Aufsteiger: FC Gutach, VfR Stockach, Kehler
FV

1. Amateurliga Südbaden 1951/52

1. Offenburger FV	83:32	51:17
2. SC Baden-Baden	69:25	49:19
3. VfL Konstanz	87:51	45:23
4. FT/SC Freiburg	**87:48**	**44:24**
5. FC 08 Villingen	65:47	39:29
6. RW Lörrach	65:49	39:29
7. SV Kuppenheim	60:50	39:29
8. SV Schopfheim	72:64	37:31
9. FC Gutach	71:68	35:33
10. ASV Freiburg	60:63	35:33
11. 1. FC Rheinfelden	63:67	34:34
12. FC Rastatt 04	61:61	33:35
13. VfR Achern	53:57	31:37
14. VfR Stockach	53:80	29:39
15. Lahrer FV	51:76	23:45
16. FV St. Georgen	36:83	18:50
17. SV Weil	47:93	17:51
18. Kehler FV	41:110	14:54

Offenburger FV verzichtet freiwillig auf die
Aufstiegsrunde zur 2. Liga Süd:

1. Karlsruher FV	20:6	12:4
2. Union Böckingen	12:10	9:7

3. FC Amberg	16:17	9:7
4. SC Baden-Baden	10:16	6:10
5. Olympia Lampertheim	17:26	4:12

Es steigen auf: Karlsruher FV, Union Böckingen

Absteiger in die 2. Amateurliga: FV St. Georgen, SV Weil, Kehler FV
Aufsteiger: FC Radolfzell

1. Amateurliga Südbaden 1952/53

1. Offenburger FV	64:25	46:14
2. FC 08 Villingen	84:39	45:15
3. SV Schopfheim	55:36	40:20
4. VfL Konstanz	63:46	34:26
5. SC Baden-Baden	52:45	33:27
6. FC Rastatt 04	76:74	33:27
7. SC Freiburg	**57:56**	**30:30**
8. Lahrer FV	46:49	30:30
9. FC Radolfzell	49:56	30:30
10. 1. FC Rheinfelden	58:67	27:33
11. FC Gutach	49:64	25:35
12. VfR Achern	44:61	23:37
13. RW Lörrach	40:53	22:38
14. VfR Stockach	46:66	21:39
15. ASV Freiburg	52:75	21:39
16. SV Kuppenheim	38:61	20:40

Aufstiegsrunde zur 2. Liga Süd:

1. FC Hanau 93	28:21	14:6
2. Wacker München	24:16	12:8
3. FV Daxlanden	19:17	9:11
4. VfR Aalen	15:20	9:11
5. Offenburger FV	18:24	9:11
6. ATS Kulmbach	8:14	7:13

Es steigen auf: FC Hanau 93, Wacker München

Entscheidungsspiel Abstieg:
VfR Stockach – ASV Freiburg 2:1

Absteiger in die 2. Amateurliga: ASV Freiburg, SV Kuppenheim
Aufsteiger: VfB Bühl, FV 03 Emmendingen

1. Amateurliga Südbaden 1953/54

1. Offenburger FV   72:29   42:18
2. SC Baden-Baden   58:36   39:21
3. 1. FC Rheinfelden   66:43   37:23
4. FC Rastatt 04   63:43   37:23
5. **SC Freiburg**   **62:58** **36:24**
6. Lahrer FV   56:44   35:25
7. FC Konstanz   70:56   34:26
8. FC 08 Villingen   52:51   33:27
9. FC Radolfzell   66:53   31:29
10. SV Schopfheim   44:40   28:32
11. VfB Bühl   64:64   27:33
12. VfR Achern   37:51   27:33
13. FV Lörrach   36:61   20:40
14. FC Gutach   36:63   20:40
15. VfR Stockach   45:94   19:41
16. FV 03 Emmendingen   43:84   15:45

Aufstiegsrunde zur 2. Liga Süd:
1. VfL Neustadt   30:8   15:5
2. SpVgg Weiden   27:18   12:8
3. Borussia Fulda   26:19   12:8
4. Offenburger FV   23:27   9:11
5. Amicitia Viernheim   20:22   7:13
6. FC Eislingen   11:33   5:15
Es steigen auf: VfL Neustadt, SpVgg Weiden.

Absteiger in die 2. Amateurliga: VfR Stockach, FV 03 Emmendingen
Aufsteiger: 1. SV Mörsch, SV Weil

1. Amateurliga Südbaden 1954/55

1. FC Rastatt 04   74:32   47:13
2. FC Konstanz   83:40   43:17
3. VfB Bühl   76:49   39:21
4. FC 08 Villingen   60:39   38:22
5. 1. SV Mörsch   50:41   36:24
6. Offenburger FV   75:48   35:25
7. FV Lörrach   59:61   34:26
8. SC Baden-Baden   55:41   31:29
9. Lahrer FV   49:41   29:31
10. 1. FC Rheinfelden   50:64   27:33

11. SV Schopfheim   43:50   26:34
12. SV Weil   46:81   23:37
13. FC Radolfzell   58:66   21:39
14. **SC Freiburg**   **50:70** **21:39**
15. VfR Achern   41:83   18:42
16. FC Gutach   33:96   12:48

Aufstiegsrunde zur 2. Liga Süd:
1. FC Penzberg   12:11   5:3
2. TSG Ulm 1846   7:8   4:4
3. FC Rastatt 04   7:7   3:5
Es steigen auf: FC Penzberg, TSG Ulm 1846

Absteiger in die 2. Amateurliga: VfR Achern, FC Gutach
Aufsteiger: SV Kuppenheim, VfR Stockach

1. Amateurliga Südbaden 1955/56

1. FC 08 Villingen   77:38   42:18
2. Offenburger FV   54:35   39:21
3. FC Rastatt 04   57:40   38:22
4. 1. SV Mörsch   60:45   34:26
5. FC Radolfzell   47:39   33:27
6. FC Konstanz   63:46   32:28
7. VfB Bühl   60:64   31:29
8. **SC Freiburg**   **56:58** **29:31**
9. SV Kuppenheim   44:52   28:32
10. 1. FC Rheinfelden   42:50   28:32
11. SV Schopfheim   43:44   27:33
12. FV Lörrach   56:72   27:33
13. Lahrer FV   45:58   27:33
14. SC Baden-Baden   45:43   24:36
15. VfR Stockach   43:71   23:37
16. SV Weil   28:65   18:42

Aufstiegsrunde zur 2. Liga Süd:
1. SpVgg Neu-Isenburg   13:3   8:0
2. VfR Heilbronn   5:4   6:2
3. Amicitia Viernheim   8:6   4:4
4. VfB Bayreuth   10:10   2:6
5. FC 08 Villingen   4:18   0:8
Es steigen auf: SpVgg Neu-Isenburg, VfR Heilbronn

Absteiger in die 2. Amateurliga: VfR Stockach, SV Weil
Aufsteiger: SC Südstern Singen, VfB Gaggenau

1. Amateurliga Südbaden 1956/57

1. FC Konstanz	80:30	48:12
2. Offenburger FV	79:40	48:12
3. VfB Bühl	67:48	36:24
4. SC Südstern Singen	53:42	34:26
5. Lahrer FV	61:61	34:26
6. FC 08 Villingen	58:51	33:27
7. FC Radolfzell	54:48	30:30
8. 1. SV Mörsch	50:49	30:30
9. SV Kuppenheim	46:50	30:30
10. SV Schopfheim	42:50	28:32
11. FC Rastatt 04	51:54	27:33
12. VfB Gaggenau	55:67	27:33
13. SC Baden-Baden	49:56	25:35
14. SC Freiburg	**41:56**	**23:37**
15. 1. FC Rheinfelden	39:69	15:45
16. FV Lörrach	38:94	12:48

Entscheidungsspiel Meisterschaft: FC Konstanz – Offenburger FV 3:0 (in Donaueschingen)

Aufstiegsrunde zur 2. Liga Süd:

1. Amicitia Viernheim	6:26:2
2. Borussia Fulda	9:75:3
3. VfB Friedrichshafen	7:55:3
4. FC Konstanz	9:104:4
5. 1. FC Bamberg	3:100:8

Absteiger in die 2. Amateurliga: 1. FC Rheinfelden, FV Lörrach
Aufsteiger: FC Emmendingen, FC Singen 04 II

1. Amateurliga Südbaden 1957/58

1. Offenburger FV	89:36	46:14
2. FC Rastatt 04	86:50	39:21
3. FC Konstanz	70:42	39:21
4. SV Kuppenheim	66:55	32:28
5. 1. SV Mörsch	55:62	32:28
6. FC Emmendingen	73:66	31:29
7. FC 08 Villingen	60:55	31:29
8. SC Südstern Singen	64:65	29:31
9. SC Freiburg	**56:63**	**28:32**
10. VfB Bühl	54:65	28:32
11. VfB Gaggenau	59:66	27:33
12. FC Singen 04 II	52:56	26:34
13. FC Radolfzell	40:55	25:35
14. SV Schopfheim	31:56	25:35
15. SC Baden-Baden	51:86	24:36
16. Lahrer FV	38:67	18:42

Absteiger aus der 2. Liga Süd: FC Singen 04

Aufstiegsrunde zur 2. Liga Süd:

1. VfB Friedberg	9:1	8:0
2. 1. FC Bamberg	4:3	5:3
3. VfL Neckarau	8:9	4:4
4. Offenburger FV	7:8	2:6
5. Union Böckingen	3:10	1:7

Es steigen auf: VfB Friedberg, 1. FC Bamberg

Absteiger in die 2. Amateurliga: FC Singen 04 II, SC Baden-Baden, Lahrer FV
Aufsteiger: Kehler FV, SV Wyhlen

1. Amateurliga Südbaden 1958/59

1. FC Singen 04	86:22	51:9
2. FC Konstanz	70:22	46:14
3. Offenburger FV	63:38	39:21
4. VfB Gaggenau	59:35	39:21
5. FC Rastatt 04	56:41	32:28
6. 1. SV Mörsch	59:47	32:28
7. FC 08 Villingen	57:63	32:28
8. FC Emmendingen	57:56	30:30
9. VfB Bühl	49:54	27:33
10. Kehler FV	41:47	24:36
11. SC Freiburg	**32:53**	**23:37**
12. SV Schopfheim	46:70	23:37
13. FC Radolfzell	45:77	23:37
14. SV Wyhlen	49:72	21:39

15. SV Kuppenheim	38:71	19:41
16. SC Südstern Singen	34:73	19:41

Aufstiegsrunde zur 2. Liga Süd:

1. VfR Pforzheim	11:6	5:3
2. SpVgg Bayreuth	11:10	5:3
3. FC Singen 04	9:9	5:3
4. SC Geislingen	6:8	3:5
5. VfL Marburg	6:10	2:6

Entscheidungsspiel Aufstieg: FC Singen 04 – VfR Pforzheim 5:3 n.V. (in Offenburg)
Es steigen auf: SpVgg Bayreuth, FC Singen 04.

Entscheidungsspiel Abstieg: SV Kuppenheim – SC Südstern Singen 3:1 (in Wolfach)

Absteiger in die 2. Amateurliga: SC Südstern Singen
Aufsteiger: FV St. Georgen, SC Baden-Baden

1. Amateurliga Südbaden 1959/60

1. Offenburger FV	77:45	42:18
2. FC Konstanz	94:50	40:20
3. SV Kuppenheim	63:41	39:21
4. FC Rastatt 04	67:49	39:21
5. 1. SV Mörsch	57:35	35:25
6. VfB Gaggenau	49:50	30:30
7. FC Emmendingen	53:56	30:30
8. SV Schopfheim	54:60	30:30
9. Kehler FV	46:45	29:31
10. FV St. Georgen	53:55	27:33
11. VfB Bühl	46:61	26:34
12. SC Freiburg	**57:69**	**25:35**
13. FC 08 Villingen	45:57	24:36
14. SV Wyhlen	41:72	23:37
15. SC Baden-Baden	46:63	22:38
16. FC Radolfzell	31:71	19:41

Aufstiegsrunde zur 2. Liga Süd:

1. Borussia Fulda	11:3	8:4
2. Offenburger FV	10:10	7:5
3. FC Lichtenfels	10:10	6:6
4. SC Geislingen	4:12	3:9

Es steigt auf: Borussia Fulda; in der kommenden Saison in der neugegründeten Schwarzwald-Bodensee-Liga spielen: FC Konstanz, FC 08 Villingen, FC Radolfzell.

Aufsteiger: SV Oberkirch, SV Waldkirch, FC Kandern

1. Amateurliga Südbaden 1960/61

1. Offenburger FV	90:32	48:12
2. VfB Gaggenau	67:39	41:19
3. FC Emmendingen	64:44	38:22
4. FC Rastatt 04	57:42	37:23
5. SV Oberkirch	62:59	36:24
6. SC Baden-Baden	58:39	33:27
7. Kehler FV	52:55	33:27
8. SV Schopfheim	80:62	32:28
9. 1. SV Mörsch	56:53	28:32
10. SC Freiburg	**69:80**	**26:34**
11. VfB Bühl	47:55	26:34
12. SV Kuppenheim	42:50	26:34
13. SV Waldkirch	47:65	25:35
14. FC Kandern	48:67	24:36
15. FV St. Georgen	41:67	19:41
16. SV Wyhlen	38:109	8:52

Aufstiegsrunde zur 2. Liga Süd

1. FC Haßfurt	23:9	10:2
2. TSV Heusenstamm	13:16	6:6
3. Offenburger FV	9:11	5:7
4. TV Kornwestheim	5:14	3:9

Es steigt auf: FC Haßfurt

Absteiger in die 2. Amateurliga: FV St. Georgen, SV Wyhlen
Aufsteiger: 1. FC Rheinfelden, SV Haslach i.K.

1. Amateurliga Südbaden 1961/62

1. SC Baden-Baden	71:38	42:18
2. FC Emmendingen	69:41	38:22
3. Kehler FV	40:34	36:24
4. SV Schopfheim	56:51	33:27

5. 1. SV Mörsch	52:42	31:29
6. SV Kuppenheim	42:38	31:29
7. **SC Freiburg**	**59:59**	**31:29**
8. SV Oberkirch	41:42	31:29
9. Offenburger FV	48:50	31:29
10. VfB Gaggenau	51:46	29:31
11. FC Rastatt 04	57:61	29:31
12. 1. FC Rheinfelden	50:57	27:33
13. SV Waldkirch	53:43	26:34
14. VfB Bühl	45:68	26:34
15. FC Kandern	38:65	20:40
16. SV Haslach i.K.	36:72	19:41

Aufstiegsrunde zur 2. Liga Süd

1. VfR Heilbronn	11:5	9:3
2. SC Baden-Baden	9:7	8:4
3. SC Schwenningen	11:11	6:6
4. VfL Neckarau	3:11	1:11

Es steigt auf: VfR Heilbronn

Absteiger zur 2. Amateurliga: FC Kandern, SV Haslach i.K.
Aufsteiger: Freiburger FC Am., Phönix Durmersheim

1. Amateurliga Südbaden 1962/63

1. FC Emmendingen	72:38	47:13
2. Offenburger FV	79:42	41:19
3. SV Schopfheim	83:46	39:21
4. Freiburger FC Am.	54:33	38:22
5. Kehler FV	51:33	37:23
6. FC Rastatt 04	51:49	36:24
7. SV Kuppenheim	42:46	31:29
8. 1. SV Mörsch	58:55	30:30
9. SV Oberkirch	43:45	29:31
10. VfB Gaggenau	44:47	27:33
11. Phönix Durmersheim	45:54	27:33
12. SC Baden-Baden	36:42	26:34
13. 1. FC Rheinfelden	39:52	25:35
14. **SC Freiburg**	**47:54**	**24:36**
15. SV Waldkirch	50:74	20:40
16. VfB Bühl	29:113	3:57

Wegen Einführung von Bundes- und Regionalliga gab es keine Aufstiegsrunde.

Absteiger in die 2. Amateurliga: SV Waldkirch, VfB Bühl
Aufsteiger: FV Ötigheim, FC Kandern

1. Amateurliga Südbaden 1963/64

1. FC Emmendingen	68:27	44:16
2. SV Oberkirch	72:36	42:18
3. VfB Gaggenau	42:24	40:20
4. Offenburger FV	69:38	38:22
5. SV Kuppenheim	65:45	37:23
6. SV Schopfheim	70:49	35:25
7. FC Rastatt 04	56:48	32:28
8. 1. SV Mörsch	54:47	30:30
9. SC Baden-Baden	39:41	29:31
10. Freiburger FC Am.	53:52	28:32
11. Kehler FV	26:36	28:32
12. Phönix Durmersheim	52:65	27:33
13. 1. FC Rheinfelden	41:76	21:39
14. FV Ötigheim	48:81	20:40
15. **SC Freiburg**	**36:73**	**16:44**
16. FC Kandern	50:103	13:47

Aufstiegsrunde zur Regionalliga Süd:

1. FC Emmendingen	14:12	8:4
2. VfR Heilbronn	8:6	7:5
3. FV Ebingen	15:15	6:6
4. SV Schwetzingen	10:14	3:9

Es steigt auf: FC Emmendingen

Absteiger in die 2. Amateurliga: FC Kandern
Aufsteiger: 1. FC Grenzach, FV Zell a.H.

1. Amateurliga Südbaden 1964/65

1. **SC Freiburg**	**64:31**	**44:16**
2. SV Kuppenheim	75:44	41:19
3. SV Oberkirch	58:30	39:21
4. Offenburger FV	68:33	37:23
5. SC Baden-Baden	61:41	35:25
6. FC Rastatt 04	55:44	35:25
7. 1. SV Mörsch	54:42	33:27

8. Kehler FV	40:61	28:32
9. VfB Gaggenau	40:52	26:34
10. FV Ötigheim	43:73	26:34
11. SV Schopfheim	59:70	25:35
12. Freiburger FC Am.	54:47	24:36
13. 1. FC Grenzach	53:61	24:36
14. FV Zell a.h.	45:69	23:37
15. 1. FC Rheinfelden	33:76	21:39
16. Phönix Durmersheim	38:66	19:41

Absteiger aus der Regionalliga Süd: FC Emmendingen mit 4:68 Punkten und 31:158 Toren.

Aufstiegsrunde zur Regionalliga Süd:

1. VfR Pforzheim	17:7	9:3
2. TSF Esslingen	13:10	8:4
3. SC Freiburg	**7:14**	**5:7**
4. FV Ebingen	10:16	2:10

Es steigt auf: VfR Pforzheim

Absteiger in die 2. Amateurliga: 1. FC Rheinfelden, Phönix Durmersheim.
Aufsteiger: SV Waldkirch, VfR Achern

1. Amateurliga Südbaden 1965/66

1. SV Oberkirch	69:33	47:17
2. Offenburger FV	60:34	43:21
3. SC Baden-Baden	70:52	43:21
4. FC Emmendingen	68:40	42:22
5. SV Waldkirch	76:44	39:25
6. 1. SV Mörsch	56:49	35:29
7. SV Schopfheim	56:62	34:30
8. 1. FC Grenzach	51:47	30:34
9. SC Freiburg	**50:59**	**30:34**
10. Freiburger FC Am.	56:64	29:35
11. SV Kuppenheim	54:58	28:36
12. FV Ötigheim	48:61	26:38
13. FV Zell a.h.	41:69	26:38
14. FC Rastatt 04	46:64	25:39
15. VfB Gaggenau	41:57	23:41
16. Kehler FV	45:81	23:41
17. VfR Achern	61:74	21:43

Aufstiegsrunde zur Regionalliga Süd:

1. FC Villingen 08	12:8	9:3
2. Germania Forst	14:10	8:4
3. Normannia Gmünd	8:8	5:7
4. SV Oberkirch	7:15	2:8

Es steigt auf: FC Villingen 08

Absteiger in die 2. Amateurliga: VfB Gaggenau, Kehler FV, VfR Achern
Aufsteiger: FV Lörrach, Phönix Durmersheim

1. Amateurliga Südbaden 1966/67

1. Offenburger FV	59:21	43:17
2. Freiburger FC Am.	62:34	40:20
3. 1. SV Mörsch	63:39	37:23
4. FV Lörrach	73:52	34:26
5. FC Emmendingen	60:48	34:26
6. FV Ötigheim	53:50	34:26
7. SV Oberkirch	59:50	33:27
8. SV Kuppenheim	52:43	32:28
9. SC Baden-Baden	49:49	32:28
10. SC Freiburg	**54:51**	**29:31**
11. SV Schopfheim	44:55	29:31
12. SV Waldkirch	59:59	25:35
13. FC Rastatt 04	54:58	25:35
14. 1. FC Grenzach	30:53	25:35
15. Phönix Durmersheim	42:69	23:37
16. FV Zell a.h.	32:114	5:55

Aufstiegsrunde zur Regionalliga Süd:

1. Offenburger FV	14:6	8:4
2. TSG Backnang	13:11	8:4
3. ASV Freudenheim	13:8	7:5
4. FC Tuttlingen	5:20	1:11

Es steigt auf: TSG Backnang nach Entscheidungsspiel in Pforzheim (1:0) gegen den Offenburger FV.

Absteiger in die 2. Amateurliga Südbaden: Phönix Durmersheim, FV Zell a.h.
Aufsteiger: VfR Achern, Sportfreunde Freiburg

1. Amateurliga Südbaden 1967/68

1.	SC Freiburg	61:32	42:18
2.	Offenburger FV	63:37	40:20
3.	FC Rastatt 04	58:36	40:20
4.	SV Kuppenheim	58:48	34:26
5.	FC Emmendingen	60:54	33:27
6.	1. SV Mörsch	56:50	30:30
7.	FV Lörrach	52:54	30:30
8.	VfR Achern	45:48	29:31
9.	SV Oberkirch	47:52	29:31
10.	1. FC Grenzach	47:62	28:32
11.	Freiburger FC Am.	53:45	27:33
12.	SV Waldkirch	47:46	26:34
13.	Spfr. Freiburg	50:56	26:34
14.	SC Baden-Baden	57:68	26:34
15.	FV Ötigheim	49:71	25:35
16.	SV Schopfheim	37:81	15:45

Aufstiegsrunde zur Regionalliga Süd:

1.	VfL Neckarau	13:2	9:3
2.	TSF Esslingen	12:11	8:4
3.	**SC Freiburg**	**5:13**	**4:8**
4.	FC Wangen	3:7	3:9

Es steigt auf: VfL Neckarau

Absteiger in die 2. Amateurliga: FV Ötigheim, SV Schopfheim
Aufsteiger: SV Weil, Lahrer FV

1. Amateurliga Südbaden 1968/69

1.	SV Waldkirch	52:24	41:19
2.	FC Emmendingen	67:36	39:21
3.	SV Weil	56:44	37:23
4.	Offenburger FV	73:52	36:24
5.	Spfr. Freiburg	46:39	33:27
6.	SV Kuppenheim	56:55	33:27
7.	SC Baden-Baden	44:47	31:29
8.	SV Oberkirch	37:41	31:29
9.	FV Lörrach	48:56	29:31
10.	1. SV Mörsch	49:56	28:32
11.	Lahrer FV	35:46	28:32
12.	**SC Freiburg**	**34:42**	**26:34**
13.	FC Rastatt 04	42:57	23:37
14.	VfR Achern	37:54	23:37
15.	Freiburger FC Am.	41:47	21:39
16.	1. FC Grenzach	37:58	21:39

Aufstiegsrunde zur Regionalliga Süd:

1.	VfR Heilbronn	14:9	9:3
2.	Germania Forst	9:8	7:5
3.	VfB Friedrichshafen	9:11	5:7
4.	SV Waldkirch	8:12	3:9

Es steigt auf: VfR Heilbronn

Absteiger in die 2. Amateurliga: Freiburger FC Am., 1. FC Grenzach
Aufsteiger: Bahlinger SC, Germania Bietigheim

1. Amateurliga Südbaden 1969/70

1.	SV Waldkirch	58:26	45:15
2.	FC Emmendingen	51:22	41:19
3.	Offenburger FV	57:29	40:20
4.	**SC Freiburg**	**46:35**	**34:26**
5.	Lahrer FV	46:37	34:26
6.	FC Rastatt 04	54:48	34:26
7.	FV Lörrach	52:46	32:28
8.	Bahlinger SC	42:42	32:28
9.	SV Oberkirch	55:48	30:30
10.	SC Baden-Baden	50:53	29:31
11.	SV Weil	28:41	25:35
12.	SV Kuppenheim	32:43	23:37
13.	Spfr. Freiburg	34:47	23:37
14.	Germania Bietigheim	41:58	23:37
15.	1. SV Mörsch	41:74	19:41
16.	VfR Achern	20:58	16:44

Aufstiegsrunde zur Regionalliga Süd:

1.	SV Göppingen	12:5	9:3
2.	FV Weinheim	13:9	8:4
3.	SV Tübingen	6:11	4:8
4.	SV Waldkirch	6:12	3:9

Es steigt auf: SV Göppingen.

Absteiger in die 2. Amateurliga:
1. SV Mörsch, VfR Achern
Aufsteiger: Kehler FV, Freiburger FC Am.

1. Amateurliga Südbaden 1970/71

1.	FC Emmendingen	56:22	47:13
2.	SV Waldkirch	57:27	43:17
3.	**SC Freiburg**	**53:37**	**37:23**
4.	FC Rastatt 04	59:37	36:24
5.	SC Baden-Baden	59:46	34:26
6.	SV Oberkirch	50:48	33:27
7.	FV Lörrach	55:52	32:28
8.	Bahlinger SC	50:50	29:31
9.	Kehler FV	38:38	29:31
10.	Lahrer FV	34:36	28:32
11.	Offenburger FV	52:58	28:32
12.	Spfr. Freiburg	38:49	27:33
13.	SV Weil	36:52	23:37
14.	Freiburger FC Am.	37:57	23:37
15.	SV Kuppenheim	43:52	18:42
16.	Germania Bietigheim	25:71	13:47

Aufstiegsrunde zur Regionalliga Süd

1.	SV Waldhof Mannheim	19:6	8:4
2.	FC Singen 04	12:10	8:4
3.	SpVgg Ludwigsburg	9:9	8:4
4.	FC Emmendingen	3:18	0:12

Es steigt auf: SpVgg Ludwigsburg

Absteiger in die 2. Amateurliga: SV Kuppenheim, Germania Bietigheim
Aufsteiger: SpVgg Bühlertal, VfR Rheinfelden

1. Amateurliga Südbaden 1971/72

1.	FC Rastatt 04	56:25	45:15
2.	Lahrer FV	58:29	43:17
3.	Offenburger FV	59:45	38:22
4.	FV Lörrach	57:41	34:26
5.	SV Waldkirch	48:40	31:29
6.	Bahlinger SC	38:37	29:31
7.	SC Baden-Baden	51:38	28:32
8.	**SC Freiburg**	**45:46**	**28:32**
9.	SV Oberkirch	33:39	27:33
10.	SV Weil	34:43	27:33
11.	FC Emmendingen	31:36	26:34
12.	Spfr. Freiburg	43:50	26:34

13.	Freiburger FC Am.	33:65	26:34
14.	SpVgg Bühlertal	41:58	24:36
15.	VfR Rheinfelden	45:62	24:36
16.	Kehler FV	32:50	24:36

Aufstiegsrunde zur Regionalliga Süd:

1.	SV Waldhof Mannheim	18:6	9:3
2.	FC Singen 04	8:4	9:3
3.	SSV Ulm 1846	7:13	4:8
4.	FC Rastatt 04	5:15	2:10

Es steigt auf: SV Waldhof Mannheim

Absteiger in die 2. Amateurliga: VfR Rheinfelden, SpVgg Bühlertal
Aufsteiger: FV Ötigheim, Aleman. Zähringen

1. Amateurliga Südbaden 1972/73

1.	SC Baden-Baden	60:33	44:16
2.	FC Emmendingen	51:24	42:18
3.	FV Ötigheim	63:49	40:20
4.	Bahlinger SC	41:22	39:21
5.	Offenburger FV	58:35	34:26
6.	SV Waldkirch	46:42	32:28
7.	**SC Freiburg**	**55:40**	**31:29**
8.	SV Weil	60:58	31:29
9.	Lahrer FV	45:43	30:30
10.	FC Rastatt 04	40:38	27:33
11.	FV Lörrach	51:62	26:34
12.	Spfr. Freiburg	39:50	26:34
13.	Kehler FV	34:50	23:37
14.	SV Oberkirch	40:63	21:39
15.	Freiburger FC Am.	41:64	20:40
16.	Alemannia Zähringen	29:80	14:46

Aufstiegsrunde zur Regionalliga Süd:

1.	VfR Mannheim	13:6	8:4
2.	FC 08 Villingen	14:8	7:5
3.	SSV Ulm 1846	8:11	6:6
4.	SC Baden-Baden	5:15	3:9

Es steigt auf: VfR Mannheim

Absteiger in die 2. Amateurliga: Freiburger FC Am., Alemannia Zähringen
Aufsteiger: SV Bühlertal, SV Laufenburg

VAG Torwärts

www.torwärts.de

Mit der VAG zügig am Ball.
Bequem und stressfrei.
Einfach zusteigen – rechtzeitig
zum Anpfiff an Ihrem Platz.

Zum SC-Spiel mit Linie 1
bis Römerhof

Freiburger Verkehrs AG Ganz die Freiburger Linie

Foto: Albert Josef Schmidt

Was wäre
die Woche ohne Sonntag?

„Der Sonntag in Freiburg"

Wissenswertes in und um
Freiburg auf den Punkt gebracht!

Besuchen Sie uns im Internet: www.der-sonntag.de

1. Amateurliga Südbaden 1973/74

1.	Offenburger FV	81:22	52:8
2.	FC Emmendingen	66:32	43:17
3.	SV Weil	76:38	41:19
4.	Bahlinger SC	42:30	40:20
5.	FV Ötigheim	55:40	39:21
6.	**SC Freiburg**	**62:35**	**37:23**
7.	FV Lörrach	55:50	30:30
8.	SC Baden-Baden	50:46	29:31
9.	Lahrer FV	42:44	28:32
10.	FC Rastatt 04	62:54	27:33
11.	SV Bühlertal	49:63	27:33
12.	Spfr. Freiburg	55:71	25:35
13.	SV Laufenburg	44:64	21:39
14.	SV Oberkirch	43:86	18:42
15.	Kehler FV	39:78	13:47
16.	SV Waldkirch	31:99	10:50

Absteiger aus der Regionalliga Süd:
Freiburger FC
Keine Aufstiegsrunde wegen Einführung der
2. Bundesliga.
Absteiger in die 2. Amateurliga: SV Oberkirch, Kehler FV, SV Waldkirch
Aufsteiger: SV Kirchzarten, FC Konstanz

Es wechseln die südbadischen Vereine in die
1. Amateurliga Südbaden, die in den vergangenen Jahren in der Schwarzwald-Bodensee-Liga spielten: FC 08 Villingen, FC Singen 04, DJK Konstanz, FC Gottmadingen.

1. Amateurliga Südbaden 1974/75

1.	Offenburger FV	114:44	61:15
2.	**SC Freiburg**	**87:36**	**61:15**
3.	FC Rastatt 04	77:42	52:24
4.	FC 08 Villingen	91:50	51:25
5.	FC Konstanz	73:49	50:26
6.	Freiburger FC	77:47	43:33
7.	Bahlinger SC	53:58	39:37
8.	FC Singen 04	71:66	38:38
9.	SV Weil	60:65	38:38
10.	SC Baden-Baden	75:67	37:39

11.	SV Bühlertal	54:47	37:39
12.	DJK Konstanz	65:73	36:40
13.	FC Emmendingen	51:57	35:41
14.	Lahrer FV	56:51	34:42
15.	FV Lörrach	58:65	33:43
16.	FC Gottmadingen	60:89	31:45
17.	SV Laufenburg	45:79	28:48
18.	FV Ötigheim	48:92	25:51
19.	SV Kirchzarten	29:75	22:54
20.	Spfr. Freiburg	27:119	9:67

Aufstiegsrunde zur 2. Bundesliga:

1.	SSV Reutlingen	17:7	10:2
2.	Offenburger FV	16:15	6:6
3.	VfR Aalen	12:11	6:6
4.	VfB Eppingen	7:19	2:10

Es steigt auf: SSV Reutlingen.

Absteiger in die 2. Amateurliga: FC Gottmadingen, SV Laufenburg, FV Ötigheim, SV Kirchzarten, Spfr. Freiburg
Aufsteiger: SV Kuppenheim, FC Radolfzell, 1. FC Rheinfelden

1. Amateurliga Südbaden 1975/76

1.	FC Villingen 08	76:32	50:18
2.	SC Baden-Baden	81:39	50:18
3.	Freiburger FC	71:34	50:18
4.	Offenburger FV	80:40	43:25
5.	FV Lörrach	76:41	41:27
6.	**SC Freiburg**	**67:46**	**38:30**
7.	FC Rastatt 04	58:44	38:30
8.	Bahlinger SC	46:48	36:32
9.	FC Konstanz	63:68	35:33
10.	FC Emmendingen	41:51	34:34
11.	SV Weil	51:58	31:37
12.	Lahrer FV	50:63	27:41
13.	DJK Konstanz	45:59	27:41
14.	SV Kuppenheim	41:72	27:41
15.	FC Radolfzell	43:58	26:42
16.	SV Bühlertal	49:79	25:43
17.	FC Singen 04	60:75	21:47
18.	1. FC Rheinfelden	37:108	13:55

Aufstiegsrunde zur 2. Bundesliga:

1. SpVgg Ludwigsburg	11:7	8:4
2. BSV Schwenningen	9:7	8:4
3. VfR Mannheim	11:8	6:6
4. FC 08 Villingen	3:12	2:10

Absteiger in die 2. Amateurliga
SV Bühlertal, FC Singen 04, 1. FC Rheinfelden

Aufsteiger: SV Kirchzarten, VfB Gaggenau, SC Pfullendorf

1. Amateurliga Südbaden, 1976/77

1. Freiburger FC	92:26	60:8
2. SC Freiburg	79:40	47:21
3. FC 08 Villingen	66:38	43:25
4. SV Kuppenheim	66:48	43:25
5. SV Kirchzarten	70:55	43:25
6. FC Rastatt 04	61:45	38:30
7. FC Emmendingen	46:44	37:31
8. Offenburger FV	51:49	35:33
9. FC Konstanz	59:59	34:34
10. VfB Gaggenau	50:53	34:34
11. Bahlinger SC	55:53	31:37
12. FV Lörrach	60:60	29:39
13. SC Pfullendorf	45:48	28:40
14. DJK Konstanz	46:69	28:40
15. SV Weil	62:85	27:41
16. FC Radolfzell	42:60	23:45
17. SC Baden-Baden	44:87	20:48
18. Lahrer FV	26:105	12:56

Aufstiegsrunde zur 2. Bundesliga:

1. Freiburger FC	22:5	12:0
2. SSV Reutlingen	8:11	6:6
3. SSV Ulm 1846	7:14	3:9
4. SV Neckargerach	7:14	3:9

Absteiger in die 2. Amateurliga: SC Baden-Baden, Lahrer FV

Aufsteiger: VfR Rheinfelden, FC Gottmadingen, VfR Achern

1. Amateurliga Südbaden 1977/78

1. SC Freiburg	78:28	52:16
2. FC Rastatt 04	71:34	50:18
3. FC Villingen 08	85:37	49:19
4. SV Kuppenheim	83:42	48:20
5. DJK Konstanz	73:40	47:21
6. Offenburger FV	82:42	46:22
7. SV Kirchzarten	74:45	40:28
8. SC Pfullendorf	52:43	36:32
9. SV Weil	81:77	36:32
10. Bahlinger SC	47:56	32:36
11. VfR Rheinfelden	52:86	28:40
12. VfB Gaggenau	53:69	27:41
13. FC Emmendingen	46:64	25:43
14. FC Konstanz	57:76	23:45
15. FC Gottmadingen	50:104	22:46
16. VfR Achern	49:75	21:47
17. FV Lörrach	54:99	20:48
18. FC Radolfzell	38:108	10:58

Aufstiegsrunde zur 2. Bundesliga:

1. SC Freiburg	14:6	10:2
2. SSV Ulm 1846	11:11	7:5
3. SSV Reutlingen	13:10	6:6
4. FV Weinheim	6:17	1:11

Qualifiziert für die Amateur-Oberliga Baden Württemberg: FC Rastatt 04, FC Villingen 08, SV Kuppenheim, DJK Konstanz, Offenburger FV.

2. Bundesliga Süd 1978/79

1.	TSV 1860 München	75:38	53:23
2.	SpVgg Bayreuth	86:53	52:24
3.	Wormatia Worms	66:33	50:26
4.	SpVgg Fürth	66:45	49:27
5.	Karlsruher SC	77:50	47:29
6.	Kickers Offenbach	86:62	43:33
7.	FC Homburg	65:47	43:33
8.	1. FC Saarbrücken	70:58	41:35
9.	Stuttgarter Kickers	68:59	41:35
10.	Eintracht Trier	58:57	36:40
11.	MTV Ingolstadt	62:82	35:41
12.	FSV Frankfurt	59:66	34:42
13.	Freiburger FC	58:57	33:43
14.	FV Würzburg 04	40:62	33:43
15.	**SC Freiburg**	**51:75**	**32:44**
16.	SV Waldhof Mannheim	46:56	31:45
17.	FC Hanau 93	72:98	29:47
18.	FC Augsburg	55:89	28:48
19.	KSV Baunatal	49:67	26:50
20.	Borussia Neunkirchen	47:84	24:52

Aufsteiger in die 1. Bundesliga: TSV 1860 München
Absteiger aus der 1. Bundesliga: 1. FC Nürnberg, SV Darmstadt 98

Absteiger in die Oberliga: FC Hanau 93, FC Augsburg, KSV Baunatal, Borussia Neunkirchen
Aufsteiger: VfR Bürstadt, SSV Ulm 1846, ESV Ingolstadt, Röchling Völklingen

Für den SC Freiburg spielten (Einsätze/Tore): Wienhold 34, Zeitvogel 3, Müller 1; Steinwarz 32, Smukalla 9/1, Martinelli 6, Deinert 32/4, Wöhrlin 28/1, Gelfert 14, Bury 33/2, Binder 37/2, Zacher 15/5, Willi 14/1, Dörflinger 37/20, Baum 7, J. Löw 33/4, Crnjanin 7/1, Treuheit 10, Bührer 26, Ehret 1, Fass 27, Zele 24/2, Susser 17/8, Steinkirchner 20

2. Bundesliga Süd 1979/80

1.	1. FC Nürnberg	88:38	61:19
2.	Karlsruher SC	104:52	59:21
3.	Stuttgarter Kickers	94:54	52:28
4.	SV Darmstadt 98	81:42	48:32
5.	1. FC Saarbrücken	69:56	47:33
6.	**SC Freiburg**	**68:54**	**46:34**
7.	SpVgg Fürth	56:61	44:36
8.	Kickers Offenbach	78:64	43:37
9.	Freiburger FC	78:83	43:37
10.	Wormatia Worms	67:73	38:42
11.	SV Waldhof Mannheim	57:69	38:42
12.	FC Homburg	58:62	37:43
13.	SpVgg Bayreuth	77:82	37:43
14.	VfR Bürstadt	57:68	37:43
15.	Eintracht Trier	60:57	36:44
16.	SSV Ulm 1846	51:57	36:44
17.	ESV Ingolstadt	57:89	34:46
18.	FSV Frankfurt	63:97	32:48
19.	MTV Ingolstadt	58:81	29:51
20.	Röchling Völklingen	49:101	22:58
21.	FV Würzburg 04	42:82	21:59

Aufsteiger in die 1. Bundesliga: 1. FC Nürnberg, Karlsruher SC
Absteiger aus der 1. Bundesliga: keiner

Absteiger in die Oberliga: MTV Ingolstadt, Röchling Völklingen, FV Würzburg 04
Aufsteiger: Hessen Kassel, FC Augsburg, Borussia Neunkirchen, VfB Eppingen

Für den SC Freiburg spielten (Einsätze/Tore): Wienhold 39, Müller 2; Fass 31, Bury 37/3, Zele 32/1, Wöhrlin 30/1, Piller 31/1, H. Schüler 7, Schulzke 35/5, Binder 40/2, J. Löw 38/14, W. Schüler 36/14, Backes 6, Reich 35/12, Steinwarz 1, Deinert 18/2, Zitzer 31/6, Tochtermann 24/4, Dämpfling 25/2, Crnjanin

2. Bundesliga Süd 1980/81

1.	SV Darmstadt 98	85:42	55:21
2.	Kickers Offenbach	87:42	50:26
3.	Stuttgarter Kickers	81:40	48:28
4.	Hessen Kassel	59:35	48:28
5.	SSV Ulm 1846	59:39	47:29
6.	SV Waldhof Mannheim	65:43	45:31
7.	**SC Freiburg**	**57:50**	**41:35**
8.	Eintracht Trier	56:52	41:35
9.	SpVgg Bayreuth	60:53	39:37
10.	Freiburger FC	76:75	39:37
11.	FC Homburg	66:69	38:38
12.	Wormatia Worms	60:70	37:39
13.	VfR Bürstadt	54:66	37:39
14.	SpVgg Fürth	54:54	35:41
15.	FSV Frankfurt	51:76	32:44
16.	ESV Ingolstadt	62:92	31:45
17.	1. FC Saarbrücken	43:61	28:48
18.	FC Augsburg	55:88	24:52
19.	Borussia Neunkirchen	44:85	23:53
20.	VfB Eppingen	44:86	22:54

Aufsteiger in die 1. Bundesliga: SV Darmstadt 98

Absteiger aus der 1. Bundesliga: FC Schalke 04, TSV 1860 München, Bayer Uerdingen

Für die eingleisige 2. Bundesliga qualifiziert: Kickers Offenbach, Stuttgarter Kickers, Hessen Kassel, SSV Ulm 1846, SV Waldhof Mannheim, SC Freiburg, SpVgg Bayreuth, Freiburger FC, Wormatia Worms, SpVgg Fürth

Für den SC Freiburg spielten (Einsätze/Tore): Wienhold 38, Wöhrlin 35, Dämpfling 32/3, Zele 26, Bury 36/1, Binder 38/6, Piller 35/2, Bente 16/3, Tochtermann 23/4, Meisel 12/2, Reich 7/1, M Löw 18/2, Zitzer 27/2, Schulzke 24/2, Birner 23/10, Reiss 25/8, Maier 6, H. Schüler 14/5, Fass 25, Dörflinger 11/4

2. Bundesliga 1981/82

1.	FC Schalke 04	70:35	51:25
2.	Hertha BSC Berlin	84:47	48:28
3.	Kickers Offenbach	70:67	46:30
4.	TSV 1860 München	87:56	45:31
5.	Hannover 96	72:52	45:31
6.	SV Waldhof Mannheim	51:44	44:32
7.	Stuttgarter Kickers	76:55	43:33
8.	Hessen Kassel	56:46	43:33
9.	Alemannia Aachen	47:39	41:35
10.	Fortuna Köln	70:72	39:37
11.	RW Essen	60:62	38:38
12.	Bayer Uerdingen	47:57	38:38
13.	VfL Osnabrück	49:59	37:39
14.	SpVgg Fürth	61:60	35:41
15.	**SC Freiburg**	**49:54**	**34:42**
16.	Union Solingen	51:62	33:43
17.	SG Wattenscheid 09	41:62	31:45
18.	Wormatia Worms	34:74	24:52
19.	Freiburger FC	52:88	23:53
20.	SpVgg Bayreuth	40:76	22:54

Aufsteiger in die 1. Bundesliga: FC Schalke 04, Hertha BSC Berlin

Absteiger aus der 1. Bundesliga: SV Darmstadt 98, MSV Duisburg

Absteiger in die Amateur-Oberliga: TSV 1860 München (Lizenz-Entzug), Wormatia Worms, Freiburger FC, SpVgg Bayreuth Aufsteiger in die 2. Bundesliga: BV Lüttringhausen, FC Augsburg, FSV Frankfurt, TuS Schloß Neuhaus

Für den SC Freiburg spielten (Einsätze/Tore): Wienhold 38; Wöhrlin 35, Dämpfling 18/1, Zele 32, Tochtermann 9, Schulzke 36/1, Piller 36/8, Jüllich 28/1, Maier 25, Binder 38/5, Reich 3/1, Reiß 9/2, Birner 29/11, H. Schüler 12, M. Löw 19/2, Meisel 27/5, Ludwig 27/5, Benz 19/6, Kruppa 2, Grzelak 22, Schneider 14

2. Bundesliga 1982/83

1. SV Waldhof Mannheim	83:38	52:24
2. Kickers Offenbach	77:45	50:26
3. Bayer Uerdingen	65:44	48:28
4. Hessen Kassel	69:54	45:31
5. Stuttgarter Kickers	78:51	44:32
6. Fortuna Köln	76:50	43:33
7. SV Darmstadt 98	77:61	42:34
8. SC Freiburg	**50:45**	**42:34**
9. Alemannia Aachen	49:53	40:36
10. VfL Osnabrück	66:65	38:38
11. MSV Duisburg	55:57	37:39
12. Hannover 96	70:72	36:40
13. BV Lüttringhausen	53:76	34:42
14. RW Essen	56:60	33:43
15. SG Wattenscheid 09	59:65	33:43
16. Union Solingen	56:76	32:44
17. FC Augsburg	32:54	32:44
18. SpVgg Fürth	55:75	31:45
19. FSV Frankfurt	50:86	26:50
20. TuS Schloß Neuhaus	43:92	22:54

Aufsteiger in die 1. Bundesliga: SV Waldhof Mannheim, Kickers Offenbach, Bayer Uerdingen
Absteiger aus der 1. Bundesliga: Karlsruher SC, Schalke 04, Hertha BSC Berlin

Absteiger in die Oberliga: FC Augsburg, SpVgg Fürth, FSV Frankfurt, TuS Schloß Neuhaus
Aufsteiger in die 2. Bundesliga: 1. FC Saarbrücken, SSV Ulm 1846, RW Oberhausen, SC Charlottenburg

Für den SC Freiburg spielten (Einsätze/Tore):
Wienhold 38; Wormuth 24/1, Wöhrlin 36/1, Zele 15, Schulzke 35/2, Schulz 35/5, J. Löw 33, Binder 36/4, Meisel 37/10, Benz 35/5, Besl 19/1, Birner 2/1, Jüllich 23, Maier 28, Piller 36/5, Grzelak 22, Schöpperle 1, Weiss 1, Reich 1, H. Schüler 1/1, Ludwig 15/4, Fabri 1

2. Bundesliga 1983/84

1. Karlsruher SC	94:45	57:19
2. Schalke 04	95:45	55:21
3. MSV Duisburg	69:41	50:26
4. Hessen Kassel	68:39	48:28
5. Union Solingen	70:54	44:32
6. Alemannia Aachen	49:43	44:32
7. SC Freiburg	**50:49**	**43:33**
8. Stuttgarter Kickers	54:52	39:37
9. Fortuna Köln	66:65	38:38
10. 1. FC Saarbrücken	61:69	38:38
11. Hertha BSC Berlin	64:57	37:39
12. SV Darmstadt 98	48:72	35:41
13. SSV Ulm 1846	58:68	32:44
14. Hannover 96	54:69	32:44
15. SG Wattenscheid 09	58:74	32:44
16. RW Oberhausen	51:62	31:45
17. RW Essen	48:63	29:47
18. SC Charlottenburg	29:47	29:47
19. VfL Osnabrück	46:66	29:47
20. BV Lüttringhausen	36:87	18:58

Aufsteiger in die 1. Bundesliga: Karlsruher SC, Schalke 04
Absteiger aus der 1. Bundesliga: 1. FC Nürnberg, Kickers Offenbach

Absteiger in die Oberliga: RW Essen, SC Charlottenburg, VfL Osnabrück, BV Lüttringhausen
Aufsteiger in die 2. Bundesliga: BW 90 Berlin, FC Homburg, FC St. Pauli, VfR Bürstadt

Für den SC Freiburg spielten (Einsätze/Tore):
Wienhold 16, Grüninger 22; Schulzke 32/1, Wöhrlin 32/2, Bury 11, Zele 35/3, Briem 15/1, Mähn 36/6, Schulz 35/1, Binder 28, Löw 31/17, Birner 9/1, Rudolf 34/2, Stickroth 33/3, Dämgen 36/6, Maier 24, Stächelin 15/3, Krajczy 17/1, Stetter 14/1, Reiß 8, Kruppa 1

2. Bundesliga 1984/85

1.	1. FC Nürnberg	71:45	50:26
2.	Hannover 96	79:58	50:26
3.	1. FC Saarbrücken	70:41	49:27
4.	Hessen Kassel	72:48	49:27
5.	Alemannia Aachen	60:46	43:33
6.	Union Solingen	64:70	41:35
7.	BW 90 Berlin	66:56	39:37
8.	**SC Freiburg**	**45:49**	**38:38**
9.	Stuttgarter Kickers	51:49	37:39
10.	SG Wattenscheid 09	61:68	36:40
11.	Fortuna Köln	57:67	36:40
12.	RW Oberhausen	64:70	35:41
13.	MSV Duisburg	56:63	35:41
14.	Hertha BSC Berlin	50:59	35:41
15.	SV Darmstadt 98	52:64	35:41
16.	FC Homburg	57:58	34:42
17.	FC St. Pauli	48:59	33:43
18.	VfR Bürstadt	48:56	31:45
19.	Kickers Offenbach	43:56	30:46
20.	SSV Ulm 1846	48:81	22:54

Aufsteiger in die 1. Bundesliga: 1. FC Nürnberg, Hannover 96, 1. FC Saarbrücken
Absteiger aus der 1. Bundesliga: Arminia Bielefeld, Karlsruher SC, Eintracht Braunschweig

Absteiger in die Oberliga: FC St. Pauli, VfR Bürstadt, Kickers Offenbach, SSV Ulm 1846
Aufsteiger in die 2. Bundesliga: Viktoria Aschaffenburg, VfL Osnabrück, SpVgg Bayreuth, Tennis Borussia Berlin

Für den SC Freiburg spielten (Einsätze/Tore):
Grüninger 37, Wienhold 1; Rudolf 25/1, Zele 35/1, Stächelin 22/1, Dämgen 34/2, Maier 26, Kruppa 17, Schulz 34/6, Weber 38/8, Mähn 20/3, Meisel 25/2, Reiß 4, Stickroth 25/3, Menger 24/1, Pilipovic 34/10, Löffler 27/3, Schulzke 2, Lais 28, Schöpperlc 2, Wendt 13/4

2. Bundesliga 1985/86

1.	FC Homburg	75:42	49:27
2.	BW 90 Berlin	76:48	47:29
3.	Fortuna Köln	64:52	46:30
4.	Arminia Bielefeld	60:47	45:31
5.	Hessen Kassel	58:47	44:32
6.	Stuttgarter Kickers	73:55	43:33
7.	Karlsruher SC	64:50	43:33
8.	Alemannia Aachen	56:45	43:33
9.	SG Wattenscheid 09	63:56	43:33
10.	SV Darmstadt 98	63:57	41:35
11.	RW Oberhausen	61:60	37:39
12.	Eintracht Braunschweig	65:62	36:40
13.	Viktoria Aschaffenburg	57:59	35:41
14.	VfL Osnabrück	48:57	35:41
15.	Union Solingen	48:64	34:42
16.	**SC Freiburg**	**54:62**	**33:43**
17.	Hertha BSC Berlin	50:62	31:45
18.	SpVgg Bayreuth	40:73	31:45
19.	Tennis Borussia Berlin	48:73	29:47
20.	MSV Duisburg	34:86	15:61

Aufsteiger in die 1. Bundesliga: FC Homburg, BW 90 Berlin
Absteiger aus der 1. Bundesliga: Hannover 96, 1. FC Saarbrücken

Absteiger in die Oberliga: Hertha BSC Berlin, SpVgg Bayreuth, Tennis Borussia Berlin, MSV Duisburg
Aufsteiger in die 2. Bundesliga: FC St. Pauli, RW Essen, SSV Ulm 1846, FSV Salmrohr

Für den SC Freiburg spielten (Einsätze/Tore):
Grüninger 38; Maier 25, Lay 35/1, Löffler 27/4, Vujacic 33/1, Menger 20, Schulz 32/2, Lais 34/1, Stickroth 34/7, Sane 37/18, Hauck 34/5, Löw 36/12, Weber 33/1, Köppel 1, Güldenpenning 4, Stächelin 7, Noetzel 10/1, Zele 20, Bury 6

2. Bundesliga 1986/87

1. Hannover 96	86:48	56:20
2. Karlsruher SC	79:49	52:24
3. FC St. Pauli	63:45	49:27
4. SV Darmstadt 98	72:48	47:29
5. Alemannia Aachen	55:36	46:30
6. VfL Osnabrück	69:66	44:32
7. Stuttgarter Kickers	72:55	42:34
8. SC Freiburg	**59:56**	**39:37**
9. Arminia Bielefeld	58:55	38:38
10. RW Essen	70:69	38:38
11. SG Wattenscheid 09	59:66	38:38
12. Union Solingen	61:65	35:41
13. SSV Ulm 1846	55:63	35:41
14. Fortuna Köln	51:66	35:41
15. 1. FC Saarbrücken	53:71	34:42
16. RW Oberhausen	52:55	33:43
17. Eintracht Braunschweig	52:47	32:44
18. Viktoria Aschaffenburg	47:72	24:52
19. Hessen Kassel	40:75	22:54
20. FSV Salmrohr	48:94	21:55

Aufsteiger in die 1. Bundesliga: Hannover 96, Karlsruher SC
Absteiger aus der 1. Bundesliga: Fortuna Düsseldorf, BW 90 Berlin

Absteiger in die Oberliga: Eintracht Braunschweig, Viktoria Aschaffenburg, Hessen Kassel, FSV Salmrohr
Aufsteiger in die 2. Bundesliga: Kickers Offenbach, SV Meppen, SpVgg Bayreuth, BVL 08 Remscheid

Für den SC Freiburg spielten (Einsätze/Tore):
Grüninger 37, Lehmann1; Maier 34, Schulz 26/1, Schweizer 11, Lais 28, Vujacic 24/1, Krieg 15, Lay 35/1, Hauck 37/2, Löw 36/16, Weber 37/4, Meisel 31/1, Schaub 37/13, Siegmund 12, Sane 36/18, Menger 23, Löffler 21/1, Rapolder 9

2. Bundesliga 1987/88

1. Stuttgarter Kickers	89:49	51:25
2. FC St. Pauli	65:38	47:29
3. SV Darmstadt 98	50:34	47:29
4. SG Wattenscheid 09	62:48	47:29
5. Fortuna Düsseldorf	63:38	46:30
6. Alemannia Aachen	60:45	46:30
7. BW 90 Berlin	65:48	43:33
8. Kickers Offenbach	56:49	39:37
9. VfL Osnabrück	47:47	38:38
10. SC Freiburg	**61:63**	**38:38**
11. RW Essen	53:60	34:42
12. Fortuna Köln	58:67	34:42
13. 1. FC Saarbrücken	57:67	34:42
14. SV Meppen	55:72	34:42
15. Union Solingen	48:65	34:42
16. RW Oberhausen	48:54	33:43
17. SpVgg Bayreuth	55:66	33:43
18. BVL 08 Remscheid	54:74	29:47
19. SSV Ulm 1846	51:75	29:47
20. Arminia Bielefeld	29:67	22:54

Aufsteiger in die 1. Bundesliga: Stuttgarter Kickers, FC St. Pauli
Absteiger aus der 1. Bundesliga: FC Homburg, FC Schalke 04

Absteiger in die Oberliga: RW Oberhausen (Lizenz-Entzug), BVL 08 Remscheid, SSV Ulm 1846, Arminia Bielefeld
Aufsteiger in die 2. Bundesliga: Eintracht Braunschweig, Hertha BSC Berlin, Viktoria Aschaffenburg, FSV Mainz 05

Für den SC Freiburg spielten (Einsätze/Tore):
Haas 38; Schulz 25/2, Maier 24, Löffler 11/2, Lay 34/3, Vujacic 19/2, Higl 37/2, Löw 21/7, Weber 35/3, Sane 34/19, Kerber 4, Schaub 33/6, Hauck 26, Kurt 21/2, Haslbeck 28, Krieg 22, Schweizer 28/8, Streich 21/2, Bernhard 14, Jung 8, Boiger 1, Bury 1

2. Bundesliga 1988/89

1. Fortuna Düsseldorf	85:52	49:27
2. FC Homburg	55:36	47:29
3. 1. FC Saarbrücken	53:43	46:30
4. Fortuna Köln	80:57	45:31
5. SC Freiburg	**66:52**	**42:34**
6. SG Wattenscheid 09	68:58	42:34
7. Alemannia Aachen	58:55	41:35
8. BW 90 Berlin	56:54	41:35
9. Eintracht Braunschweig	43:43	38:38
10. SV Meppen	55:54	37:39
11. SV Darmstadt 98	56:57	37:39
12. FC Schalke 04	58:51	36:40
13. Hertha BSC Berlin	45:44	36:40
14. VfL Osnabrück	58:66	36:40
15. Kickers Offenbach	51:53	35:41
16. RW Essen	54:60	35:41
17. SpVgg Bayreuth	52:60	34:42
18. Viktoria Aschaffenburg	47:60	34:42
19. FSV Mainz 05	44:76	29:47
20. Union Solingen	24:77	20:56

Aufsteiger in die 1. Bundesliga: Fortuna Düsseldorf, FC Homburg
Absteiger aus der 1. Bundesliga: Hannover 96, Stuttgarter Kickers

Absteiger in die Oberliga: Kickers Offenbach (Lizenz-Entzug), Viktoria Aschaffenburg, FSV Mainz 05, Union Solingen
Aufsteiger in die 2. Bundesliga: MSV Duisburg, Preußen Münster, Hessen Kassel, SpVgg Unterhaching

Für den SC Freiburg spielten (Einsätze/Tore): Haas 36, Hartenbach 4; Bartels 1, Bernhard 10, Maier 23, Lay 33/3, Moutas 30/9, Higl 36/8, Pfahler 28/1, Buck 37, Majka 33/10, Hermann 29/7, Weber 37/4, Schweizer 31/5, Krieg 7, Marsing 16/1, Hoping 5, Schulz 32/1, Kurt 17/6, Löw 22/2, Bury 1, Remark 18/8, Staib 3

2. Bundesliga 1989/90

1. Hertha BSC Berlin	65:39	53:23
2. SG Wattenscheid 09	70:35	51:25
3. 1. FC Saarbrücken	58:33	46:30
4. Stuttgarter Kickers	68:48	45:31
5. FC Schalke 04	69:51	43:33
6. RW Essen	49:46	42:34
7. Eintracht Braunschweig	55:51	39:37
8. Hannover 96	53:43	38:38
9. BW 90 Berlin	46:52	37:39
10. MSV Duisburg	50:58	37:39
11. SV Meppen	47:57	36:40
12. Preußen Münster	45:65	36:40
13. SC Freiburg	**53:52**	**34:42**
14. Fortuna Köln	48:60	34:42
15. VfL Osnabrück	58:69	33:43
16. SV Darmstadt 98	43:55	33:43
17. Hessen Kassel	35:64	33:43
18. SpVgg Bayreuth	54:59	31:45
19. Alemannia Aachen	52:63	30:46
20. SpVgg Unterhaching	43:61	29:47

Aufsteiger in die 1. Bundesliga: Hertha BSC Berlin, SG Wattenscheid 09
Absteiger aus der 1. Bundesliga: FC Homburg, SV Waldhof Mannheim

Absteiger in die Oberliga: Hessen Kassel, SpVgg Bayreuth, Alemannia Aachen, SpVgg Unterhaching
Aufsteiger in die 2. Bundesliga: FSV Mainz 05, VfB Oldenburg, TSV Havelse, 1. FC Schweinfurt 05

Für den SC Freiburg spielten (Einsätze/Tore): Haas 31, Hartenbach 6, Wienhold 1; Schulz 34/2, Maier 19, Janz 27/11, Schweizer 37/9, Schäfer 33, A. Zeyer 27, M. Zeyer 34/2, Buck 28, Majka 24/11, Pfahler 33/3, Moutas 34/11, Dum 12, Marsing 25, Bernhard 23/1, Mammana 2, Krieg 1, Lay 19, Klemenz 12/1, Trieb 14/1

2. Bundesliga 1990/91

1. FC Schalke 04	64:29	57:19
2. MSV Duisburg	70:34	53:23
3. Stuttgarter Kickers	63:32	51:25
4. FC Homburg	42:37	45:31
5. 1. FC Saarbrücken	47:30	44:32
6. BW 90 Berlin	55:42	44:32
7. SV Waldhof Mannheim	60:47	42:34
8. FSV Mainz 05	45:52	41:35
9. SC Freiburg	**54:48**	**40:36**
10. Hannover 96	49:49	38:38
11. Fortuna Köln	51:53	37:39
12. VfB Oldenburg	58:53	36:40
13. Eintracht Braunschweig	53:52	35:41
14. VfL Osnabrück	51:55	35:41
15. RW Essen	49:52	34:42
16. SV Meppen	35:42	34:42
17. SV Darmstadt 98	46:54	33:43
18. Preußen Münster	35:59	29:47
19. TSV Havelse	44:82	19:57
20. 1. FC Schweinfurt 05	26:95	13:63

Aufsteiger in die 1. Bundesliga: FC Schalke 04, MSV Duisburg, Stuttgarter Kickers
Absteiger aus der 1. Bundesliga: FC St. Pauli, Bayer Uerdingen, Hertha BSC

Absteiger in die Oberliga: RW Essen (Lizenz-Entzug), Preußen Münster, TSV Havelse, 1. FC Schweinfurt 05
Aufsteiger in die 2. Bundesliga: FC Carl Zeiss Jena, Chemnitzer FC, Hallescher FC, VfB Leipzig, RW Erfurt (aus der Oberliga Ost der neuen Bundesländer), TSV 1860 München

Für den SC Freiburg spielten (Einsätze/Tore):
Sachs 25, Haas 13; Schulz 33/1, Maier 20, Schäfer 36, Golombek 29/3, Braun 30, Schweizer 31/7, Marsing 29, M. Zeyer 36, Schlotterbeck 33/16, Klemenz 11/1, Spies 36/10, Janz 24/5, A. Zeyer 35/3, Simon 2, Renner 5, Pfahler 26/3, Lay 17/1, Gluhacevic 13/2, Majka 4

2. Bundesliga 1991/92

Vorrunde, Gruppe Süd:

1. SC Freiburg	**41:25**	**28:16**
2. FC Saarbrücken	38:24	27:17
3. Carl Zeiss Jena	28:21	27:17
4. SV Waldhof Mannheim	27:17	26:18
5. FC Chemnitz	26:19	26:18
6. FC Homburg	27:22	24:20
7. Mainz 05	29:25	21:23
8. Hallescher FC	27:32	20:24
9. VfB Leipzig	29:33	19:25
10. 1860 München	19:24	19:25
11. Darmstadt 98	26:36	19:25
12. RW Erfurt	21:60	8:36

Meisterrunde Süd:

1. FC Saarbrücken	52:30	42:22
2. SV Waldhof Mannheim	44:31	38:26
3. SC Freiburg	**52:41**	**37:27**
4. FC Chemnitz	35:30	36:28
5. Carl Zeiss Jena	39:36	33:31
6. FC Homburg	41:36	32:32

Aufsteiger in die 1. Bundesliga: Bayer Uerdingen, 1. FC Saarbrücken

Absteiger aus der 1. Bundesliga: Stuttgarter Kickers, FC Hansa Rostock, MSV Duisburg, Fortuna Düsseldorf

Für den SC Freiburg spielten (Einsätze/Tore):
Andreas Zeyer 32/3, Michael Zeyer 32/6, Uwe Spies 32/11, Andree Fincke 32/11, Jens Todt 31/4, Thomas Schmidt 31/1, Martin Braun 30/8, Ralf Kohl 30/0, Rolf Maier 27/0, Michael Pfahler 18/2, Paul Caligiuri 18/0, Carsten Eisenmenger 18/0, Volker Ruoff 17/0, Christian Simon 17/6, Mario Barczyk 13/0, Gerd Sachs 10/0, Midhat Gluhacevic 8/0, Michael Renner 4/0, Thomas Ehreiser 4/0, Andreas Bornemann 1/0.

2. Bundesliga 1992/93

1. SC Freiburg	102:57	65:27
2. MSV Duisburg	65:40	60:32
3. VfB Leipzig	66:45	58:34
4. SV Waldhof Mannheim	66:53	55:37
5. Hertha BSC	82:55	53:39
6. Fortuna Köln	56:44	50:42
7. FC Chemnitz	64:56	50:42
8. FC Carl Zeiss Jena	66:59	50:42
10. SV Meppen	41:43	47:45
11. FC Hansa Rostock	54:52	46:46
12. FSV Mainz 05	54:58	46:46
13. Wuppertaler SV	55:50	45:47
14. VfL Wolfsburg	65:69	45:47
15. Stuttgarter Kickers	60:59	43:49
16. FC Homburg	50:53	43:49
17. FC St. Pauli	47:52	43:49
18. SpVgg Unterhaching	58:67	42:50
19. Eintracht Braunschweig	65:73	41:51
20. VfL Osnabrück	63:72	41:51
21. Fortuna Düsseldorf	45:65	34:58
22. VfB Oldenburg	57:90	34:58
23. FC Remscheid	50:83	33:59
24. SV Darmstadt 98	43:79	32:60

Aufsteiger in die 1. Bundesliga: SC Freiburg, MSV Duisburg, VfB Leipzig
Absteiger aus der 1. Bundesliga: VfL Bochum, Bayer Uerdingen, 1. FC Saarbrücken

Für den SC Freiburg spielten (Einsätze/Tore): Maximilian Heidenreich 46/7, Martin Braun 45/2, Thomas Seeliger 45/5, Uwe Spies 41/8, Jens Todt 41/6, Andreas Zeyer 40/7, Thomas Schmidt 40/1, Altin Rraklli 38/14, Ralf Kohl 37/3, Carsten Eisenmenger 35/0, Oliver Freund 31/3, Damir Buric 25/3, Thomas Vogel 23/1, Volker Ruoff 23/0, Andree Fincke 16/3, Christian Simon 15/3, Stefan Beneking 12/0, Martin Käfer 11/0, Michael Pfahler 11/0, Austin Berry 11/0, Thomas Schweizer 1/0

1. Bundesliga 1993/94

1. FC Bayern München	68:37	44:24
2. 1.FC Kaiserslautern	64:36	43:25
3. Bayer 04 Leverkusen	60:47	39:29
4. Borussia Dortmund	49:45	39:29
5. Eintracht Frankfurt	57:41	38:30
6. Karlsruher SC	46:43	38:30
7. VfB Stuttgart	51:43	37:31
8. SV Werder Bremen	51:44	36:32
9. MSV Duisburg	41:52	36:32
10. B.Mönchengladbach	65:59	35:33
11. 1.FC Köln	49:51	34:34
12. Hamburger SV	48:52	34:34
13. Dynamo Dresden	33:44	30:38
14. FC 04 Schalke	38:50	29:39
15. SC Freiburg	**54:57**	**28:40**
16. 1.FC Nürnberg	41:55	28:40
17. SG 09 Wattenscheid	48:70	23:45
18. VfB Leipzig	32:69	17:51

Aufsteiger in die 1. Bundesliga: VfL Bochum, Bayer Uerdingen, München 1860
Absteiger aus der 1. Bundesliga: 1. FC Nürnberg, Wattenscheid 09, VfB Leipzig

Für den SC Freiburg spielten (Einsätze/Tore): Jens Todt 34/6, Rodolfo Esteban Cardoso 33/12, Jörg Schmadtke 33/0, Martin Braun 32/2, Maximilian Heidenreich 32/1, Oliver Freund 30/2, Andreas Zeyer 28/6, Ralf Kohl 24/3, Thomas Vogel 24/0, Altin Rraklli 21/6, Thomas Schmidt 21/0, Damir Buric 20/1, Thomas Seeliger 19/2, Uwe Wassmer 16/7, Martin Spanring 13/1, Paschalis Seretis 12/0, Christian Simon 11/1, Alexander Borodjuk 10/2, Uwe Spies 7/2, René Linderer 6/0, Martin Käfer 2/0, Stefan Beneking 1/0, Austin Berry 1/0, Jan Seifert 1/0

1. Bundesliga 1994/95

1.	Borussia Dortmund	67:33	49:19
2.	SV Werder Bremen	70:39	48:20
3.	**SC Freiburg**	**66:44**	**46:22**
4.	1. FC Kaiserslautern	58:41	46:22
5.	B. Mönchengladbach	66:41	43:25
6.	FC Bayern München	55:41	43:25
7.	Bayer 04 Leverkusen	62:51	36:32
8.	Karlsruher SC	51:47	36:32
9.	Eintracht Frankfurt	41:49	33:35
10.	1. FC Köln	54:54	32:36
11.	FC 04 Schalke	48:54	31:37
12.	VfB Stuttgart	52:66	30:38
13.	Hamburger SV	43:50	29:39
14.	TSV 1860 München	41:57	27:41
15.	Bayer 05 Uerdingen	37:52	25:43
16.	VfL 1848 Bochum	43:67	22:46
17.	MSV Duisburg	31:64	20:48
18.	Dynamo Dresden	33:68	16:52

Aufsteiger in die 1. Bundesliga: Hansa Rostock, FC St. Pauli, Fortuna Düsseldorf
Absteiger aus der 1. Bundesliga: VfL Bochum, MSV Duisburg, Dynamo Dresden

Für den SC Freiburg spielten (Einsätze/Tore):
Jörg Schmadtke 34/0, Uwe Spies 34/13, Jörg Heinrich 33/7, Jens Todt 32/4, Andreas Zeyer 32/5, Rodolfo E. Cardoso 30/16, Axel Sundermann 29/1, Ralf Kohl 27/5, Thomas Vogel 27/0, Martin Spanring 25/4, Maximilian Heidenreich 23/1, Uwe Wassmer 22/4, Martin Braun 19/0, Altin Rraklli 17/0, Oliver Freund 14/0, Damir Buric 13/2, Alexander Borodjuk 7/0, Paschalis Seretis 7/0, Stefan Müller 5/1, Karsten Neitzel 5/0, Stefan Beneking 1/0

1. Bundesliga 1995/96

1.	Borussia Dortmund	76:38	68
2.	FC Bayern München	66:46	62
3.	FC 04 Schalke	45:36	56
4.	B. Mönchengladbach	52:51	53
5.	Hamburger SV	52:47	50
6.	Hansa Rostock	47:43	49
7.	Karlsruher SC	53:47	48
8.	TSV 1860 München	52:46	45
9.	SV Werder Bremen	39:42	44
10.	VfB Stuttgart	59:62	43
11.	**SC Freiburg**	**30:41**	**42**
12.	1. FC Köln	33:35	40
13.	Fortuna Düsseldorf	40:47	40
14.	Bayer 04 Leverkusen	37:38	38
15.	FC St. Pauli	43:51	38
16.	1. FC Kaiserslautern	31:37	36
17.	Eintracht Frankfurt	43:68	32
18.	KFC Uerdingen	33:56	26

Aufsteiger in die 1. Bundesliga: VfL Bochum, Arminia Bielefeld, MSV Duisburg
Absteiger aus der 1. Bundesliga: 1. FC Kaiserslautern, Eintracht Frankfurt, KFC Uerdingen

Für den SC Freiburg spielten (Einsätze/Tore):
Jörg Schmadtke 34/0, Andreas Zeyer 34/2, Martin Spanring 32/1, Ralf Kohl 29/0, Jens Todt 29/4, Maximilian Heidenreich 28/0, Oliver Freund 27/0, Axel Sundermann 27/1, Alain Sutter 25/1, Harry Decheiver 22/11, Nikola Jurcevic 22/2, Uwe Wassmer 18/3, Thomas Rath 17/1, Thomas Vogel 16/0, Damir Buric 15/0, Steffen Korell 15/1, Stefan Müller 15/0, Karsten Neitzel 11/0, Altin Rraklli 11/0, Uwe Spies 10/2, Jörg Heinrich 8/0, Paschalis Seretis 8/1, Andreas Bornemann 3/0, Alexander Borodjuk 3/0, Stefan Beneking 2/0

1. Bundesliga 1996/97

1. FC Bayern München	68:34	71
2. Bayer 04 Leverkusen	69:41	69
3. Borussia Dortmund	63:41	63
4. VfB Stuttgart	78:40	61
5. VfL 1848 Bochum	54:51	53
6. Karlsruher SC	55:44	49
7. TSV 1860 München	56:56	49
8. SV Werder Bremen	53:52	48
9. MSV Duisburg	44:49	45
10. 1. FC Köln	62:62	44
11. B. Mönchengladbach	46:48	43
12. FC 04 Schalke	35:40	43
13. Hamburger SV	46:60	41
14. Arminia Bielefeld	46:54	40
15. Hansa Rostock	35:46	40
16. Fortuna Düsseldorf	26:57	33
17. SC Freiburg	**43:67**	**29**
18. FC St. Pauli	32:69	27

Aufsteiger in die 1. Bundesliga: 1. FC Kaiserslautern, VfL Wolfsburg, Hertha BSC Berlin
Absteiger aus der 1. Bundesliga: Fortuna Düsseldorf, SC Freiburg, FC St. Pauli

Für den SC Freiburg spielten (Einsätze/Tore): Maximilian Heidenreich 31/2, Jörg Schmadtke 30/0, Uwe Spies 29/3, Damir Buric 26/3, Andreas Zeyer 25/2, Oliver Freund 23/1, Nikola Jurcevic 23/3, Steffen Korell 23/0, Martin Spanring 22/1, Dieter Frey 21/1, Thomas Vogel 21/0, Alain Sutter 20/4, Uwe Wassmer 20/7, Harry Decheiver 19/6, Thomas Rath 19/1, Michael Sternkopf 16/0, Michael Wagner 16/0, Michael Frontzeck 15/1, Marouene Guezmir 14/1, Ralf Kohl 14/1, Axel Sundermann 10/1, Paschalis Seretis 9/0, Stefan Marasek 8 /0, Stefan Müller 4/0, Dietmar Hummel 3/0, Karsten Neitzel 2/0, Stefan Beneking 1/0

2. Bundesliga 1997/98

1. Eintracht Frankfurt	50:32	64
2. SC Freiburg	**57:36**	**61**
3. 1. FC Nürnberg	52:35	59
4. FC St. Pauli	43:31	56
5. FC Gütersloh	43:26	55
6. Fortuna Köln	53:53	46
7. Fortuna Düsseldorf	52:54	46
8. Energie Cottbus	38:36	45
9. SpVgg Greuther Fürth	32:32	45
10. FSV Mainz 05	55:48	44
11. SpVgg Unterhaching	41:35	44
12. Stuttgarter Kickers	44:47	44
13. KFC Uerdingen	36:40	43
14. SG Wattenscheid 09	41:41	40
15. VfB Leipzig	31:51	39
16. FC Carl Zeiss Jena	39:63	33
17. FSV Zwickau	32:55	28
18. SV Meppen	35:61	27

Aufsteiger in die 1. Bundesliga: Eintracht Frankfurt, SC Freiburg, 1. FC Nürnberg
Absteiger in die Regionalliga: VfB Leipzig, FC Carl Zeiss Jena, FSV Zwickau, SV Meppen

Für den SC Freiburg spielten (Einsätze/Tore): Timo Reus 23/0, Bosko Boskovic 6/0, Dietmar Hummel 6/0; Andreas Bornemann 1/0, Damir Buric 20/0, Boubacar Diarra 19/0, Torben Hoffmann 33/2, Steffen Korell 31/1, Stefan Müller 30/2, Daniel Schumann 13/1, Jörn Schwinkendorf 21/3, Zoubaier Baya 29/6, Michael Frontzeck 29/1, Ali Günes 13/1, Marouene Guezmir 7/0, Thomas Herz 8/0, Levan Kobiashvili 15/1, Ralf Kohl 20/0, Miran Pavlin 31/4, Marco Weißhaupt 33/16, Mehdi Ben Slimane 28/6, Marco Buchheit 2/0, Alexander Iashvili 24/4, Uwe Wassmer 25/7

1. Bundesliga 1998/99

1. Bayern München	76:28	78
2. Bayer Leverkusen	61:30	63
3. Hertha BSC Berlin	59:32	62
4. Borussia Dortmund	48:34	57
5. 1. FC Kaiserslautern	51:47	57
6. VfL Wolfsburg	54:49	55
7. Hamburger SV	47:46	50
8. MSV Duisburg	48:45	49
9. 1860 München	49:56	41
10. FC Schalke 04	41:54	41
11. VfB Stuttgart	41:48	39
12. SC Freiburg	**36:44**	**39**
13. Werder Bremen	41:47	38
14. Hansa Rostock	49:58	38
15. Eintracht Frankfurt	44:54	37
16. 1. FC Nürnberg	40:50	37
17. VfL Bochum	40:65	29
18. Borussia M'gladbach	41:79	21

Absteiger in die 2. Bundesliga: 1. FC Nürnberg, VfL Bochum, Borussia Mönchengladbach
Aufsteiger in die 1. Bundesliga: SpVgg Unterhaching, Arminia Bielefeld, SSV Ulm 1846

Für den SC Freiburg spielten (Einsätze/Tore): Richard Golz 34/0; Zoubaier Baya 32/6, Mehdi Ben Slimanne 22/1, Damir Buric 1/0, Boubacar Diarra 16/0, Michael Frontzeck 17/0, Ali Günes 32/4, Stefan Hampl 4/0, Lars Hermel 24/0, Torben Hoffmann 20/2, Alexander Iashvili 11/6, Levan Kobiashvili 26/3, Ralf Kohl 28/2, Steffen Korell 16/1, Stefan Müller 26/1, Miran Pavlin 29/1, Thomas Radlspeck 1/0, Mike Rietpietsch 13/0, Daniel Schumann 25/0, Jörn Schwinkendorf 5/0, Adel Sellimi 30/1, Uwe Wassmer 17/2, Marco Weißhaupt 28/6, Tobias Willi 2/0, Levan Tskitishvili 14/0

1. Bundesliga 1999/2000

1. Bayern München	73:28	73
2. Bayer Leverkusen	74:36	73
3. Hamburger SV	63:39	59
4. 1860 München	55:48	53
5. 1. FC Kaiserslautern	54:59	50
6. Hertha BSC	39:46	50
7. VfL Wolfsburg	51:58	49
8. VfB Stuttgart	44:47	48
9. Werder Bremen	65:52	47
10. SpVgg Unterhaching	40:42	44
11. Borussia Dortmund	41:38	40
12. SC Freiburg	**45:50**	**40**
13. FC Schalke 04	42:44	39
14. Eintracht Frankfurt	42:44	39
15. Hansa Rostock	44:60	38
16. SSV Ulm	36:62	35
17. Arminia Bielefeld	40:61	30
18. MSV Duisburg	37:71	22

Absteiger in die 2. Bundesliga: SSV Ulm 1846, Arminia Bielefeld, MSV Duisburg
Aufsteiger in die 1. Bundesliga: 1. FC Köln, VfL Bochum, Energie Cottbus

Für den SC Freiburg spielten (Einsätze/Tore): Richard Golz 33/0, Timo Reus 1/0; Boubacar Diarra 27/0, Lars Hermel 26/0, Oumar Kondé 25/1, Stefan Müller 25/2, Steffen Korell 12/0, Daniel Schumann 12/0, Andreas Bornemann 3/0, Levan Kobiashvili 33/6, Andreas Zeyer 33/4, Marco Weißhaupt 30/2, Tobias Willi 29/0, Zoubaier Baya 25/4, Ralf Kohl 19/1, Abder Ramdane 19/2, Ali Günes 14/2, Björn Dreyer 6/0, Levan Tskitishvili 3/1, Miran Pavlin 1/0, Adel Sellimi 27/11, Mehdi Ben Slimane 22/4, Florian Bruns 22/1, Alexander Iashvili 22/1, Stefan Hampl 2/0

1. Bundesliga 2000/2001

#			
1.	Bayern München	62:37	63
2.	FC Schalke 04	65:35	62
3.	Borussia Dortmund	62:42	58
4.	Bayer Leverkusen	54:40	57
5.	Hertha BSC	58:52	56
6.	**SC Freiburg**	**54:37**	**55**
7.	Werder Bremen	53:48	53
8.	1. FC Kaiserslautern	49:54	50
9.	VfL Wolfsburg	60:45	47
10.	1. FC Köln	59:52	46
11.	1860 München	43:55	44
12.	Hansa Rostock	34:47	43
13.	Hamburger SV	58:58	41
14.	Energie Cottbus	38:52	39
15.	VfB Stuttgart	42:49	38
16.	SpVgg Unterhaching	35:59	35
17.	Eintracht Frankfurt	41:68	35
18.	VfL Bochum	30:67	27

Absteiger in die 2. Bundesliga: SpVgg Unterhaching, Eintracht Frankfurt, VfL Bochum Aufsteiger in die 1. Bundesliga: Borussia Mönchengladbach, 1. FC Nürnberg, FC St. Pauli

Für den SC Freiburg spielten (Einsätze/Tore): Richard Golz 34/0; Boubacar Diarra 34/1, Lars Hermel 8/0, Oumar Kondé 15/1, Stefan Müller 13/1, Daniel Schumann 21/1, Zoubaier Baya 28/5, Vladimir But 24/4, Soumaila Coulibaly 28/2, Björn Dreyer 3/1, Sebastian Kehl 25/2, Levan Kobiashvili 31/7, Ralf Kohl 5/0, Abder Ramdane 26/3, Levan Tskitishvili 20/0, Marco Weißhaupt 21/1, Tobias Willi 25/0, Ferydoon Zandi 7/0, Andreas Zeyer 30/4, Florian Bruns 3/0, Regis Dorn 15/4, Alexander Iashvili 26/4, Adel Sellimi 26/10, Ibrahim Tanko 5/1.

Der SC Freiburg im DFB-Pokal

1975/76
1. Runde: SC Freiburg - Victoria Hamburg 2:1
2. Runde: 1. FC Köln - SC Freiburg 8:2

1976/77
1. Runde: SC Freiburg - Stuttg. Kickers 1:6

1978/79
1. Runde: SC Freiburg - RW Essen 3:1
2. Runde: SC Freiburg - FC Tailfingen 2:0
3. Runde: RW Oberhausen - SC Freiburg 1:1 und 0:0 n.V., 3:2 n.E.

1979/80
1. Runde: Karlsruher SC - SC Freiburg 5:1

1980/81
1. Runde: SC Freiburg - Bremer SV 4:2
2. Runde:
1. FC Köln - SC Freiburg 1:1 und 1:3 n.V.
3. Runde: SC Freiburg - Hes. Kassel 2:1 n.V.
Achtelfinale:
Eintracht Braunschweig - SC Freiburg 1:0

1981/82
1. Runde: TSV Marktl - SC Freiburg 0:4
2. Runde: Aleman. Aachen - SC Freiburg 2:1

1982/83
1. Runde: Fortuna Köln - SC Freiburg 2:0

1983/84
1. Runde: SC Freiburg - Union Solingen 3:2
2. Runde: SC Freiburg - Hamburger SV 1:4

1984/85
1. Runde: SV Darmstadt 98 - SC Freiburg 3:0

1985/86
1. Runde: Hannover 96 - SC Freiburg 3:1

1986/87
1. Runde: Viktoria Köln - SC Freiburg 2:5
2. Runde:
Fortuna Köln - SC Freiburg 1:1 n.V. und 2:1

1987/88
1. Runde: Arminia Bielefeld - SC Freiburg 1:4
2. Runde: Fortuna Köln - SC Freiburg 1:0

1988/89
1. Runde: FSV Salmrohr - SC Freiburg 2:0

1989/90
1. Runde: Un. Solingen - SC Freiburg 1:3 n.V.
2. Runde: SC Freiburg - Karlsruher SC 1:2

1990/91
1. Runde: SV Hilden-Nord - SC Freiburg 2:1

1991/92
1. Runde: FC Berlin - SC Freiburg 0:2
2. Runde:
Bergmann Borsig Berlin - SC Freiburg 2:1

1992/93
1. Runde: Freilos
2. Runde: SC Freib. - Hertha BSC Berlin 2:4

1993/94
1. Runde: Kilia Kiel - SC Freiburg 0:8
2. Runde: SC Freiburg - Fortuna Köln 4:1
3. Runde: SC Freib. - Eintr. Frankfurt 5:3 n.V.
Achtelfinale: SC Freib. - Hansa Rostock 3:0
Viertelfinale:
SC Freiburg - Tennis Borussia Berlin 0:1

1994/95
1. Runde: Stuttg. Kickers - SC Freiburg 3:1

1995/96
1. Runde: Heider SV - SC Freiburg 1:6
2. Runde: SC Freiburg - Arminia Bielefeld 1:0
Achtelfinale:
SC Freiburg - Borussia Dortmund 0:1 n.V.

1996/97
1. Runde: KFC Uerdingen - SC Freiburg 0:2
2. Runde:
SV Waldhof Mannheim - SC Freiburg 0:1
Achtelfinale:
SC Freiburg - VfB Stuttgart 1:1 n.V., 2:4 n.E.

1997/98
1. Runde: 1. FC Saarbrücken - SC Freib. 1:0

1998/99
1. Runde: Chemnitzer FC - SC Freiburg 1:2
2. Runde: Spfr. Siegen - SC Freiburg 1:0

1999/2000
1. Runde: 1. FC Pforzheim - SC Freiburg 0:2
2. Runde: SV Babelsb. 03 - SC Freib. 2:4 n.V.
Achtelfinale:
SC Freiburg - Energie Cottbus 2:0
Viertelfinale:
Stuttgarter Kickers - SC Freiburg 1:0

2000/01
1. Runde: SC Pfullendorf - SC Freiburg 1:3
2. Runde: SC Freiburg - Werder Bremen 1:0
Achtelfinale:
SC Freiburg - Bayer Leverkusen 3:2
Viertelfinale:
VfB Stuttgart - SC Freiburg 2:1 n.V.

2001/02 (bis Redaktionsschluss 30.9.2001)
1. Runde: Yesilyurt Berlin - SC Freiburg 2:4
1. Runde: SC Freiburg (A) - Schalke 04 0:1

Ligapokal 2001
Borussia Dortmund - SC Freiburg 4:2

Rekorde und Pleiten in der 1. Bundesliga

(1993 bis 1997 und 1998 bis 2001)

Die meisten Einsätze beim SC:

1.	Andreas Zeyer	182
2.	Ralf Kohl	147
3.	Jörg Schmadtke	131
4.	Maximilian Heidenreich	114
5.	Richard Golz	101
6.	Jens Todt	95
7.	Oliver Freund	94
8.	Uwe Wassmer	93
9.	Martin Spanring	92
10.	Levan Kobiashvili	90

Die SC-Torschützenkönige:

1993/94 Rodolfo Esteban Cardoso	12
1994/95 Rodolfo Esteban Cardoso	16
1995/96 Harry Decheiver	11
1996/97 Uwe Wassmer	7
1998/99 Zoubaier Baya	6
und Alexander Iashvili	
und Marco Weißhaupt	
1999/00 Adel Sellimi	11
2000/01 Adel Sellimi	10

Die besten SC-Torschützen insgesamt:

1.	Rodolfo E. Cardoso	28
2.	Uwe Wassmer	23
3.	Andreas Zeyer	23
4.	Adel Sellimi	22
5.	Uwe Spies	20
6.	Harry Decheiver	17
7.	Levan Kobiashvili	16
8.	Zoubaier Baya	15
9.	Jens Todt	14
10.	Ralf Kohl	12

Die höchsten SC-Heimsiege:

17.09.99 gegen Hansa Rostock	5:0
09.12.00 gegen den VfL Bochum	5:0
23.08.94 gegen Bayern München	5:1
19.04.97 gegen den FC St.Pauli	4:0
12.08.00 gegen den VfB Stuttgart	4:0
31.03.01 gegen Eintracht Frankfurt	5:2
22.04.01 gegen 1.FC Kaiserslautern	5:2
14.08.93 gegen Wattenscheid 09	4:1
11.12.93 gegen Borussia Dortmund	4:1
05.05.95 gegen 1.FC Kaiserslautern	4:1
16.09.00 gegen Energie Cottbus	4:1
19.05.01 gegen den VfL Wolfsburg	4:1
14.10.94 gegen den Hamburger SV	3:0
09.12.94 gegen Schalke 04	3:0
08.04.95 gegen den MSV Duisburg	3:0
12.03.99 gegen Hansa Rostock	3:0
28.08.99 gegen 1860 München	3:0
05.11.99 gegen den MSV Duisburg	3:0

Die höchsten SC-Auswärtssiege:

23.04.94 beim VfB Stuttgart	4:0
02.11.96 beim MSV Duisburg	4:1

Die höchsten SC-Heimniederlagen:

21.02.97 gegen den Hamburger SV	0:4
21.10.95 gegen den Hamburger SV	0:3
13.04.96 gegen den Karlsruher SC	0:3
24.02.01 gegen 1860 München	0:3

Aaaabseits!

Die höchsten Auswärtsniederlagen des SC in der Bundesliga:

20.11.99 bei Bayern München	1:6
04.11.00 beim Hamburger SV	0:5
10.03.95 bei Werder Bremen	1:5
20.08.96 beim Hamburger SV	1:5
22.10.94 bei 1860 München	0:4
14.09.96 bei 1860 München	0:4

Die torreichsten Spiele des SC Freiburg in der Bundesliga:

22.09.96 bei Bayer Leverkusen	3:5
31.03.01 gegen Eintracht Frankfurt	5:2
22.04.01 gegen 1. FC Kaiserslautern	5:2
31.03.00 gegen SpVgg Unterhaching	4:3
12.04.97 bei Borussia M'gladbach	3:4
12.03.00 bei Werder Bremen	2:5

2. Bundesliga

Die meisten Einsätze für den SC in der zweiten Liga:

1.	Karl-Heinz Schulz	287	1982-91
2.	Rolf Maier	285	1980-92
3.	Joachim Löw	252	1978-80, 1982-84, 1985-89
4.	Reinhard Binder	219	1978-84
5.	Gabor Zele	219	1978-86
6.	Günter Wienhold	205	1978-85, 1989-90
7.	Karl-Heinz Wöhrlin	197	1978-84
8.	Franz Weber	180	1984-89
9.	Udo Lay	176	1985-91
10.	Hans-Peter Schulzke	164	1979-85

Die Serien des SC in der 1. Bundesliga:

Die längste Zeit ohne einen Gegentreffer:
12. Dezember 2000 bis 24. Februar 2001
509 Minuten
Torwart: Richard Golz

Die längste Zeit ohne einen Torerfolg in der Bundesliga:
15. Februar 1997 bis 8. März 1997
428 Minuten

Die meisten Siege in Folge: 4
(26. November 1994 bis 17. Februar 1995
und 25. März bis 15. April 1995)

Die meisten Niederlagen in Folge: 8
(23. November 1996 bis 12. März 1997)

Die meisten Spiele ohne Niederlage: 10
(18. November 2000 bis 17. Februar 2001)

Die meisten Spiele ohne Unentschieden: 15
(11. Mai bis 2. November 1996)

Die meisten Spiele ohne Sieg: 14
(16. November 96 bis 12. April 1997)

Das erste Bundesligator des SC:
07.08.93 bei Bayern München
1:3 durch Oliver Freund

Trainer und Präsidenten des SC Freiburg

Die Trainer ab 1946

1946 bis 1949:   Andreas Munkert
1949 bis 1950:   Arthur Mattes
1950 bis 1953:   Andreas Munkert
1953 bis 1955:   Willi Hornung
1956 bis 1958:   Kurt Mannschott
1960 bis 1963:   Hans Roggow
1963 bis 1964:   Hanns Faber
1964 bis 1969:   Hans Diehl
1969 bis 1972:   Edgar Heilbrunner
01.07.1972 bis 30.09.1978:   Manfred Brief
30.09.1978 bis 30.06.1979:   Heinz Baas
01.07.1979 bis 30.06.1980:   Jupp Becker
01.07.1980 bis 24.01.1981:   Norbert Wagner
25.01.1981 bis 30.06.1981:   Horst Zick/
   Karl-Heinz Bente/Walter Seiter
01.07.1981 bis 30.06.1882:   Lutz Hangartner
01.07.1982 bis 30.06.1983:   Werner Olk
01.07.1983 bis 30.06.1984:   Fritz Fuchs
01.07.1984 bis 1/1986:   Anton Rudinsky
25.01. 1986 bis 22.03.1986:   Jupp Becker
23.03. 1986 bis 30.06.1986:   Horst Zick/
   Kurt Rettenberger
01.07.1986 bis 12/1988:   Jörg Berger
01.01.1989 bis 08.04.1989:   Fritz Fuchs
09.04.1989 bis 30.06.1989:   Uwe Ehret
01.07.1989 bis 26.08.1989:   Lorenz-G. Köstner
27.08.1989 bis 26.11.1989:   Uwe Ehret
12/1989 bis 30.06.1990:   Bernd Hoss
01.07.1990 bis 30.06.1991:   Eckhard Krautzun
seit 01.07. 1991   Volker Finke

Für die Zeit vor 1963 unvollständig.

Präsidenten des SC Freiburg

Sportverein 04:
August Herstedt, Kaufmann
Max Weißel, Bankbeamter
Fritz Seckinger, Justizbeamter
Josef Krafer, Fabrikant
Ernst Siebler, Kaufmann

Schwalbe/ FC Union:
Hugo Müller, Diplom Ingenieur
Otto Klein, Gastwirt „Zum deutschen Haus"
Karl Keller, Verwaltungs-Obersekretär
Karl Federer, Zahnarzt

Sport-Club Freiburg bis 1929
Dr. Rohrer, Zahnarzt
Hermann Sachs, Bankdirektor
Oskar Mattes, Fabrikant
Hermann Weber, Oberpostinspektor
Albert Schreiber, Prokurist
Oskar Mattes, Fabrikant
Albert Spannagel, Kaufmann
Dr. J. Teusch, Arzt
Willy Jäger, Fabrikant
Josef Engesser, Direktor

Sport-Club Freiburg seit 1946
Dr. Heiner Zilg (FT/SC)
Hubert Pfaff
Fritz Zipfel
Karl Ardast
Helmut Köbele
Dr. Friedrich Würmlin
Gundolf Fleischer
Heinz Stoll
Achim Stocker

Unser Beitrag zur europäischen Verständigung:

„Was diesen Fußball-Brockhaus unverwechselbar macht, ist seine stimmige Mischung zwischen Mega-Statistik zu rund 8.000 Klubs und der hochspannende Lesestoff. Rund um das Leder erfüllt Hardy Grüne einen Bildungsauftrag. Er verquickt in seinen Länderkapiteln sportliche, geschichtliche und politische Entwicklung. Auch in der Diaspora schludert der Weltenbummler nicht. Ob er ausführlich Andorra, Faröer, Lettland oder das Mutterland des modernen Fußballs, England, porträtiert, stets liegt eine fundierte und kompetente Recherche zu Grunde. Aus jeder der 512 kleingedruckten Seiten im Hardcover-Einband strotzen Akribie und Hingabe." (Remscheider Generalanzeiger)

Enzyklopädie der europäischen Fußballvereine
512 Seiten, 500 Fotos, 5.000 Embleme
89 DM
ISBN: 3-89784-163-0

Enzyklopädie der europäischen Fußballvereine

Hardy Grüne

Die Erstliga-Mannschaften Europas seit 1885

Die SC-Fanklubs

„Kinzigtal-Füchse"
Kontakt: Dietmar
Tannenweg 4
77781 Biberach
Tel: 07835 - 65301
Fax: 07835 - 54353
homepage:
http://www.kinzigtalfuechse.de

„Knaddly´s"
Kontakt: Siefert, Wolfram
Bommergasse 50
77942 Mahlberg
Tel: 07825 - 9849
homepage:
http://www.knaddlys.de

„Markgräfler Schreihälse"
Kontakt: Zöbelin, Frank
Baslerstr. 9a
79540 Lörrach
Tel: 07621 - 166819
e-mail:
zoeby@gmx.de

„Dreisam Bobbele"
Kontakt: Rill, Bernd
Roethestr. 27
79312 Emmendingen
Tel: 07641 - 931076
Fax: 07641 - 915450
dreisam.bobbele@gmx.de
homepage:
http://www.dreisam-bobbele.de

„Schwarzwaldfüchse"
Kontakt: Jerkovic, Benno
Eschholzstr. 30
79106 Freiburg
Tel: 0761 - 2022999
e-mail:
schwarzwaldfuechse@gmx.de
homepage:
www.schwarzwaldfuechse.de

„Dreisam Magic 95 e. V."
Kontakt: Schmid, Marc
Belchenstr. 36
79336 Herbolzheim
Tel: 07643 - 913157
Fax: 07643 - 913159
e-mail:
dreisam-magic-95@dreisam-magic-95.de
homepage:
http://www.dreisam-magic-95.de

„Alsterfüchse"
Kontakt: Zwerger, Kristian
Alsterdorferstr. 161
22297 Hamburg
Tel: 040 - 510917
Fax: 040 - 63774632
e-mail:
alsterfuechse@gmx.de

„Black-Forest Eagles"
Kontakt: Hauser, Marco
Im Großacker 28
79252 Stegen
Tel: 07755 - 919364
e-mail:
blackforest.eagles@freenet.de

„Hofsgrund e.V."
Kontakt: Komann, Christian
Silberbergstr. 26
79254 Oberried-Hofsgrund
Tel: 07602 - 920060
Fax: 07602 - 920061
homepage:
www.fanclub-hofsgrund.de

„Wälder Furtwagen"
Kontakt: Mark, Peter
Bismarkstr. 26
78120 Furtwangen
Tel: 07723 - 3223

„Hegau Füchse Hohentwiel"
Kontakt: Sigg, Oliver
Krähenburgstr. 35
78224 Singen-Schlatt
Tel: 07731 - 948060

„Elzach"
Kontakt: Volk, Ulrich
Ladhof 7a
79215 Elzach
Tel: 07662 - 6197

„SC Hexen"
Kontakt: Mark, Vreni
Beethovenstr. 22c
79100 Freiburg
Tel: 0761 - 74030
Fax: 0761 - 75664

„Torpedo Kinzigtal"
Kontakt: Kimmig, Martin
Bachgasse 8
77716 Haslach i.K.
Tel: 07832 - 2043
Fax: 0764 - 571404

„Regio Füchse"
Kontakt: Lörracher, Rolf
Wölblinstr. 52
79539 Lörrach
Tel: 07621 - 45104
Fax: 07621 - 41339

„Torschußpanik Lörrach e.V."
Kontakt: Weber, Christian
Salzertstr. 49
79540 Lörrach
Tel: 07621 - 422625
Torschusspanik@addcom.de

„Bleichtalfüchse"
Kontakt: Bury, Hans Georg
Dragonerstr. 56
79336 Herbolzheim-Broggingen
Tel: 07643 - 4740

„Dreisam-Finken"
Kontakt: Hündöl, Sibel
Karl-Berner-Str. 12
79117 Freiburg
Tel: 0761 - 6964507

„Ortenau 90"
Kontakt: Weber, Michael
Mozartstr. 1
77975 Ringsheim
Tel: 07822 - 78506
Fax. 07822 - 9913

„Himmelsstürmer"
Kontakt: Paasch, Udo
Buchenstr.5
79862 Höchenschwand
Tel: 07755 - 919459
Fax: 07652 - 880

„Nienburg/Weser"
Kontakt: von Oppen, Rainer
Breslauer Str. 8
37170 Uslar
Tel: 05571 - 914237
Rainer.von-Oppen@t-online.de

„Fair Play Hochrhein"
Kontakt: Wagener, Joachim
Blauenstr. 22
79650 Schopfheim
Tel: 07622 - 62716

„Lebenshilfe - Füchse"
Kontakt: Völling, Frank
Drei-Ähren-Str.1
79115 Freiburg
Tel: 0761 - 473623

„Flank'se e.V."
Kontakt: Schafferath, Stefan
Hügelheimerweg 7
79114 Freiburg
Tel: 0171 - 3882351
Fax: 07666 - 610548

„Adler e.V."
Kontakt: Schwer, Markus
Mösle 9
79871 Eisenbach
Tel: 0172 - 7092563
Fax: 07669 - 310

„Tifosi"
Kontakt: Frank, Markus
Fridolinstr.6
79189 Bad Krotzingen
Tel: 07633 - 160916

„Lauterbach"
Kontakt: Rebmann, Monika
Unterdorf 99
78730 Lauterbach

„Baden Express"
Kontakt: Schaudel, Ralf
Obere Brunnenstr.2
79336 Herbolzheim
Tel: 07643 - 8393

„Jetzt erst recht"
Kontakt: Bodamer, Marco
Im Alten Ziel 5
79853 Lenzkirch - Kappel
Tel: 0173 - 6585864

„Oberwinden"
Kontakt: Dorer, Karola
Kollnauer Str. 15
79183 Waldkirch
Tel: 07681 - 23413

„Flinke Füchse"
Kontakt: Otto, Gisela
Görlitzerstr. 6
79664 Wehr
Tel: 07762 - 9746

„Goldener Löwen"
Kontakt: Augstein, Detlef
Hauptstr. 125
79650 Schopfheim
Tel: 0171 - 1775199

„Bregtäler Furtwangen"
Kontakt: Eloo Thomas
Bahnhofstr. 4
79199 Kirchzarten
Tel: 07661 - 988951

„Deaf-Power"
Kontakt: Anette Güntert
Hauriweg 12
79110 Freiburg
Tel: 0172 - 7385254
Fax: 07661 - 8971636

„Die Wilde 13"
Kontakt: Schick, Rudolf
Scheinbergstr.26
79689 Maulburg
Tel: 07622 - 7861
Fax: 07622 - 677015

„Goalgetler United"
Kontakt: Fazis, Stefan
Läubinstr. 26/1
79576 Weil a. Rh.
Tel: 07621 - 770724
Fax: 07621 - 78986

„Breisgau Zäpfle 2000"
Kontakt: Langer, Andres
Schillerstr. 60
79312 Emmendingen
Tel: 07641 - 931076

„Lions '99"
Kontakt: Mahler, Lothar
Mühlgasse 10
72293 Glatten
Tel: 07443 - 171751
Fax: 07443 - 171751

„Löwenexpress Frauenpower"
Kontakt: Wagemann, Klaus
Eisenbahnstr.49
79341 Kenzingen
Tel: 07644 - 7747

„Mallorca Füchse e.V ."
Kontakt: Disch, Tobias
Fuhrmannsgasse 1
79108 Freiburg
Tel: 0761 - 2023193

„Baden Power"
Kontakt: Mahriello, Christian
Hauptstr. 407
79576 Weil a. Rh.
Tel: 07621 - 791889

„No Names"
Kontakt: Kuschke, Sven
Klarastr. 97
79106 Freiburg
Tel: 0761 - 288832

„Panem et Circenses"
Kontakt: Stasch, Uwe
Enggasse 2
79291 Merdingen
Tel: 0173 - 7000611
md_enterprice@yahoo.de

„SC Junkies"
Kontakt: Klaiber, Matthias
Schlippehof 6
79100 Freiburg
Tel:0761 - 8975137

Fahrnau
Kontakt: Hoerner, Markus
Hohe Moehrstr. 20
79650 Schopfheim
Tel: 07622 - 2118
Fax: 07622 - 2118

„Spree-Bobbele"
Sitz: Berlin
Kontakt: Giesecke, Markus
e-mail:
Spree-Bobbele@gmx.de

Die Vorstandschaft der Fangemeinschaft

1. Vorsitzender
Marc Schmid
Belchenstr. 36
79336 Herbolzheim
Tel.: 07643 - 913157
Fax: 07643 - 913159
marc.schmid@fangemeinschaft.de

2. Vorsitzender
Bernd Rill
bernd.rill@fangemeinschaft.de

Schriftführer
Markus Kupferer
markus.kupferer@fangemeinschaft.de

Kassenwart
Andreas Schmälzle
andreas.schmaelzle@fangemeinschaft.de

Beisitzer
Benno Jerkovic

Fanbeiräte

Benno Jerkovic
benno.jerkovic@fangemeinschaft.de

Axel Blumenstein
axel.blumenstein@fangemeinschaft.de

Wolfram Siefert
www.fangemeinschaft.de

Die Mannschaft im Sommer 2001 auf Langeoog. Stehend von links: Co-Trainer Achim Sarstedt, Levan Tskitishvili, Andreas Zeyer, Volker Hügel, Soumaila Coulibaly, Giorgi Kiknadse, Zaza Zamtaradse, Richard Golz, Manuel Schoppel, Boubacar Diarra, Physiotherapeuten Uwe Vetter und Andy Schillinger, Cheftrainer Volker Finke, Ibrahim Tanko, Mannschaftsarzt Hermann Roesinger, Stefan Müller, Sebastian Kehl, Ferydoon Zandi, Timo Reus, Vladimir But, Lars Hermel und Daniel Schumann. Vorn sitzend oder hockend von links: Levan Kobiashvili, Abder Ramdane, Alexander Iashvili, Michele Borrozzino, Regis Dorn, Fabian Gerber, Florian Bruns, Adel Sellimi, Tobias Willi, Co-Trainer Karsten Neitzel, Oumar Kondé.

Wissenswertes zum Verein

Anschrift:
Schwarzwaldstraße 193, 79117 Freiburg
http://www.sc-freiburg.de
E-Mail: scf@scfreiburg.de

Geschäftsstelle:
Telefon (0761) 3 85 51- 0, Telefax (0761) 3 85 51- 50
Montag bis Freitag von 9 bis 17 Uhr, Donnerstag von 9 bis 18 Uhr geöffnet

Vorstand:
Vorsitzender: Achim Stocker, Regierungsdirektor
Stellvertretende Vorsitzende: Fritz Walter Keller, Kaufmann und
Winzer; Dr. Heinrich Breit, Steuerberater (Schatzmeister)

Manager: Andreas Rettig
Cheftrainer: Volker Finke, Co-Trainer: Achim Sarstedt
Trainer Amateure: Karsten Neitzel
Leitung Fußballschule: Andreas Bornemann

Mannschaftsarzt: Dr. Hermann Roesinger, Dr. Andreas Schmidt
Mannschaftsorthopäde: Dr. Dieter Heinold
Sportphysiotherapeut: Andy Schillinger
Masseur: Uwe Vetter
Zeugwart und Mannschaftsbetreuer: Torsten Bauer

Marketing:
Hanno Franke, Tel. (0761) 3 85 51-27, Udo Bangerter Tel. (0761) 3 85 51-28
Ältestenrat:
Vorsitzender: Peter Martin, Luftverkehrskaufmann

Dreisam-Stadion:

Fassungsvermögen: 25.000

Rollstuhlfahrer: Neue Plätze auf der neuen Ost- bzw. Gegentribüne und der Südtribüne sind über den Westeingang/ Haupttribüne (Zufahrt über Fritz-Geiges-Str.) erreichbar.

Eintrittspreise: von 16 DM (Stehplatz Erwachsene/ermäßigt 13 DM) bis 60 DM (Gegentribüne Block DD-HH)

Ab der Spielzeit 2001/02 beginnt der Kartenvorverkauf immer am Montag knapp drei Wochen vor dem jeweiligen Heimspiel. Karten sollten nach Möglichkeit persönlich abgeholt werden. Da viele Stadionbesucher Dauerkartenbesitzer sind, gibt es für jedes Spiel nur kleine freie Kartenkontingente. Schriftlich können Karten nur mit einem beigelegten Blanko-Verrechnungsscheck (nicht per Fax oder E-Mail) bestellt werden. Empfohlen wird eine Alternativbestellung (Beispiel: „Falls keine Sitzplätze mehr vorhanden sind, würde ich auch Stehplätze nehmen oder Sie schicken meine Bestellung zurück"). Die Gebühr der Kartenbestellung beträgt 10 DM (bei Auslandsschecks 20 DM). Der Versand der Karten erfolgt per Einschreiben. Bei besonders stark nachgefragten Spielen (z.b. gegen Bayern München oder VfB Stuttgart) behält sich der Verein eine Kontingentierung der Karten auf maximal vier Karten pro Person vor. Ansonsten gilt der Posteingang.

Anfahrtswege:

Mit öffentlichen Verkehrsmitteln: Vom Hauptbahnhof mit der Straßenbahnlinie 1 in Richtung Littenweiler bis zur Haltestelle Römerhof. Von dort fünf Minuten Fußweg bis ins Stadion. An Spieltagen fährt die Straßenbahn im 3-Minuten-Takt. Die Eintrittskarte zum Spiel gilt als Fahrschein zum Stadion. Mit dem Auto: Autobahn A5, Ausfahrt Freiburg Mitte, dann B 31 Richtung Freiburg. Weiter geradeaus in Richtung Donaueschingen. Achtung: Direkt beim Stadion stehen an Spieltagen so gut wie keine Parkplätze zur Verfügung. Park-and-Ride-Plätze befinden sich an der Paduaallee im Freiburger Westen (von dort Straßenbahnlinie 1), an der Bissierstraße (von dort Linie 5 bis Bertoldbrunnen, dann Linie 1 bis Römerhof), an der Munzingerstraße (Sonderlinien zum Stadion), an der Lassbergstraße im Freiburger Osten (zwölf Minuten Fußweg ins Stadion) und am Freiburger Hauptbahnhof.

Literatur

Adam, Willi und Riedel, Thomas: Das große Tabellenbuch, Fußball in Südbaden von 1898 bis 2000, Belchen-Verlag, Freiburg, 2000.

Badischer Sportbund: Jubiläumsschrift zum 50-jährigen Bestehen, 1999, darin: S. 23 bis S. 27: Phase der Konsolidierung: Prof. Joseph Glaser folgt auf Dr. Fredy Stober.

Brüggemeier, Franz Josef, u.a. (Hg.): Der Ball ist rund. Die Fußballausstellung, Essen 2000

Fäßler, Peter: Die Anfänge des Fußballs in Freiburg, Unveröffentlichtes Manuskript, Freiburg 1998

Fischer, Gerhard und Lindner, Ulrich: Stürmer für Hitler, Vom Zusammenspiel zwischen Fußball und Nationalsozialismus, Göttingen, 1999

Glaser, Joseph: Es war einmal…, Erinnerungen, geschrieben für Synodos, Jahresschrift des erzbischöflichen Studienheimes St. Georg, Freiburg, 1967

Gillmeister, Heiner: The Tale of Little Franz and Big Franz. The Foundation of Bayern Munich FC, in: Soccer and Society, 1,2 (2000), S. 80-106.

Gillmeister, Heiner: Der Mann, der das Wunder von Wankdorf erst möglich machte, in: FAZ 17. Dezember 1997a.

Gillmeister, Heiner: The First European Soccer Match. Walter Bensemann, a twenty-six-year-old German student, set the ball rolling…, in: The Sports Historian, 17 (1997b) 2, S. 1-13.

Grömminger, Alex: Sportclub Freiburg live; die Saison 1994/95: vom Klassenerhalt in den Uefa-Cup, hrsg. von Alex Grömminger und SC Freiburg, Freiburg, 1995

Herko, Christoph: Ohne Schiri habt ihr keine Chance, Die besten Fan-Gesänge zum SC Freiburg, Belchen-Verlag, Freiburg, 2000.

Kauer, Robert: Phänomen Freiburg, Band 1 bis Band 3, wero-press, Freiburg, 1993, 1994, 1995

Kirchhofer, Werner: 100 Jahre Freiburger FC, Ein Stück Freiburger Stadtgeschichte, Freiburg, 1997

Kohl, Bert: SC-Comic: Buntesliga-Ballerei, Freiburg, 1995

Maikranz, Horst: Nasenleim für den SC Freiburg, Kinderbuch, wero-press, Freiburg, 1998

Mebes, Gilles, Der SC Freiburg und der Ernst des Lebens, Belchen-Verlag, Freiburg, 1999

Nägele, Attü: Erinnerungen an Sepp Glaser und die Mannschaft, in: FFC-Vereinsnachrichten, 9/10, Freiburg, 1969, S.6 bis 11

Nedden, Dietrich zur (Hrsg.): Das Freiburg-Fieber; ein Lesebuch zum SC Freiburg, Frankfurt, Simaden, 1995

Reebstock, Marc/ Saalmüller, Jörg: Der 12. Mann: Die Fußballfans des SC Freiburg, Oberried, 1996

25 Jahre SC Freiburg, Festschrift zum Jubiläum, Freiburg, 1929

Zeitungen

Badische Zeitung, Stuttgarter Zeitung, Zeitung zum Sonntag, Der Sonntag

Freiburger Zeitung, Der Sportbericht Stuttgart, Rundschau Sport-Club Freiburg (ab 1923)

Zeitschriften und Jahrbücher

Der Spiegel, kicker, Hattrick, kicker-Almanach

Fanzines

Ja gut, Fanman

Internet

www.sc-freiburg.de – Offizielle Homepage des SC Freiburg

www.knaddlys.de – Eine der vielen Fan-Homepages mit Links zu anderen Fanklubs.

www.home.t-online.de/barbaraUliFriedrich/scf.htm – Private Homepage mit umfangreicher Statistik zum SC Freiburg.

Zu den Autoren

Toni Nachbar (Jg. 1963) und **Otto Schnekenburger** (Jg. 1965; Erich-Schairer-Journalistenpreis) studierten in Freiburg Geschichte und Politikwissenschaften. Seit dem Studium sind sie journalistisch tätig; heute arbeiten sie als Sportredakteure der Zeitung „Der Sonntag" in Freiburg und berichten regelmäßig über diesen Verein.

Fotonachweis

Albert Josef Schmidt: Seiten 2/3, 7, 8, 66/67, 111, 116, 121, 128, 133, 137, 140, 143, 147, 150, 152, 155, 159, 161, 163, 165, 166, 168/169, 172, 177, 179, 187, 190, 193, 195, 203, 206, 208, 211, 223, 227, 231, 233, 237, 239, 246 (l.), 249, 250 (u.), 252, 256, 257, 258, 298
Agentur Horst Müller: Seiten 103, 197, 199, 201, 209, 215, 219
Otto Schnekenburger: Seiten 183, 229, 243, 246 (r.), 248, 250 (o.), 255, 260
Archiv Badische Zeitung: Seiten 49, 51, 55, 60, 63, 65, 72, 75
SC-Festschrift von 1929: Seiten 23, 25, 27, 31, 35, 40/41
Stadtarchiv Freiburg: Seiten 38/39; Peter Wüst: Seite 68; F. Hartung: Seite 77; A+S Müller: Seite 83; Dieter Baumann: Seiten 100, 109; Herbert Rudel: Seite 113; Josef Vogt: Seite 119; Michael Heuberger: Seite 221; Roderich Gebel: Seite 254; Archiv Glaser: Seite 21; sowie weitere Privatarchive

FUSSBALLBÜCHER IM VERLAG DIE WERKSTATT

Dietrich Schulze-Marmeling / Hubert Dahlkamp
Die Geschichte der Fußball-Weltmeisterschaften
480 Seiten, gebunden, ISBN 3-89533-336-0, € 24,90

Die große Geschichte der Fußball-Weltmeisterschaften: von der Premiere 1930
bis zum globalen Event von heute. Mit Spieler-Lexikon, Fotos und
umfangreichem Statistik-Teil.

Werner Skrentny (Hg.)
Das große Buch der deutschen Fußballstadien
400 Seiten, A4, gebunden, ISBN 3-89533-306-9, € 39,90

Geschichte, Architektur und Mythos der 340 wichtigsten Fußballstadien in
Deutschland. „Mit diesem Kompendium ist ein Meisterwerk gelungen." (taz)
„Ein wichtiges, zuverlässig recherchiertes Nachschlagewerk" (Die Welt).

Fordern Sie unseren Sonderprospekt Sportbücher an:
VERLAG DIE WERKSTATT
www.werkstatt-verlag.de
werkstatt-verlag@t-online.de
Lotzestr. 24a, 37083 Göttingen